Sascha P. Veitl
Alles wird gut

SASCHA P. VEITL

Alles wird gut

JAHRESLESEBUCH

HERDER

FREIBURG · BASEL · WIEN

*Ich widme dieses Buch
dem liebevollsten und treuesten
Begleiter meines Lebens:
mir.*

Umschlaggestaltung: Finken & Bumiller, Stuttgart
Umschlagmotiv: William Blair Bruce, Landschaft
mit Mohnblumen. Toronto Art Galery of Ontario
Bilder im Innenteil: Wolfgang Müller, Oberried

Alle Rechte vorbehalten – Printed in Germany
© Verlag Herder Freiburg im Breisgau 2002
www.herder.de
Druck und Bindung:
fgb · freiburger graphische betriebe 2002
www.fgb.de
Gedruckt auf umweltfreundlichem,
chlor- und säurefrei gebleichtem Papier
ISBN 3-451-27864-2

INHALT

1. Ein neues Jahr − 2. Es ist Zeit - für »mich« − 3. Kontra geben −
4. Im Schoß der Geborgenheit − 5. Schluss mit lustig −
6. Wege zu dir − 7. Weggehen können und doch sein wie ein Baum −
8. Klarheit in mir − 9. Schritt für Schritt − 10. Mein Leid anvertrauen −
11. Zukunft, Gegenwart, Vergangenheit − 12. Die Zeit füllen mit
wichtigen Dingen − 13. In eigenen Werken mich selbst bemerken −
14. Vom Regen in die Traufe − 15. Frei von Zwang Veränderungen
erwarten − 16. Fremde Mächte in unserem Leben − 17. Am Ball
bleiben − 18. Die Kraft der Gedanken − 19. Sein wie die Welt −
20. Segel setzen 21. Meinen Beitrag leisten − 22. Mit Grenzen
umgehen − 23. Ängste annehmen − 24. Meinen Mittelpunkt finden −
25. Aus eigener Kraft − 26. Die Zeit helfen lassen − 27. Frieden
schließen mit Fehlern 28. Meine Kräfte konzentrieren −
29. Gesundheit durch gute Gedanken 30. Zurück zu mir selbst −
31. Im Heute leben

1. Ein Platz im Herzen − 2. Balsam oder Gift − 3. Gute Gedanken
wachsen lassen − 4. In Gesellschaft anderer Menschen −
5. Gesunde Prioritäten setzen − 6. Entweder oder - sowohl als auch −
7. Mir meine Wünsche erfüllen − 8. Sein wie ein Vogel −
9. Loslassen - immer wieder loslassen − 10. Der Körper als Heimat −

JULI
Quellen des Lebens

1. Großzügig denken – 2. Wissen, was ich will – 3. Quellen unseres
Lebens – 4. Von Angesicht zu Angesicht – 5. Endpunkte hinnehmen
6. Leben ohne Umschweife – 7. »Propheten« prüfen – 8. Gewinn
oder Verlust? – 9. Wieder lieben – 10. Nachwehen akzeptieren –
11. Mündig sein – 12. Vieles dürfen, nichts müssen – 13. Mich
auffangen lassen von Gottes Hand – 14. Schlechte Tage weiterziehen
lassen – 15. Nebensächlichkeiten gut sein lassen – 16. Aufhören,
Opfer zu sein – 17. Abschied nehmen – 18. Unser gutes Recht
einfordern – 19. Vom Bitten und Wollen – 20. Voranschreiten –
21. Fragen ohne Antwort – 22. Ich vertraue dir, Gott –
23. Nach einem Plan leben – 24. Lebenskunst statt Lebenskampf –
25. In Bewegung bleiben – 26. Ängste wahrnehmen und loslassen –
27. Fehler haben eine Botschaft – 28. Mit Verlusten leben –
29. Voller Selbstvertrauen Veränderungen annehmen –
30. Dem eigenen Ziel vertrauen – 31. Miteinander sprechen

AUGUST
Alles hat seine Zeit

1. Rebellion und Versöhnung – 2. Meinen Platz finden –
3. Erwartetes einladen – 4. Geduld haben – 5. Leichtigkeit und
Offenheit – 6. Das Feuer löschen – 7. Danke, Leben, für … –
8. Mein Herz öffnen – 9. Mit meinen Kräften Haus halten –
10. Gott um Hilfe bitten – 11. Lichter des Lebens –
12. Über den eigenen Schatten springen – 13. Den Glauben behalten –
14. Alles braucht seine Zeit – 15. Gedanken können beflügeln –
16. Veränderungen erwarten können – 17. Frei sein von Konkurrenz –
18. Verantwortung übernehmen im Hier und Jetzt – 19. Bewertungen
fallen lassen – 20. Taten statt Worte – 21. Einfachheit zulassen –

22. Mich verbünden mit anderen Menschen – 23. Schmerzvolle
Erinnerungen annehmen und loslassen – 24. Den Mut haben,
Dinge offen zu lassen – 25. Akzeptieren, was das Leben uns nimmt –
26. Abstand gewinnen – 27. Mich abgrenzen vom Leid anderer
Menschen – 28. Das Leben ist mein – 29. Mein eigener Therapeut
sein – 30. Vorbild statt Belehrung – 31. Hemmschuhe ausziehen

1. Eigene Wege gehen und dennoch Kind bleiben – 2. Für mich
bin ich – 3. Freudenspender hegen und pflegen – 4. Ich werde
erkennen – 5. Mich durchschauen in meinen Vorurteilen –
6. In der Einfachheit der Dinge – 7. All-ein sein oder eins mit
dem All sein – 8. Denken, Fühlen und Tun auf Reisen schicken –
9. Spielraum spüren – 10. Inmitten eines überreichen Universums –
11. Zukunft als Raum der Freiheit – 12. Ich bin willkommen –
13. Wenn die Zeit reif ist – 14. Richtig oder falsch? – 15. Erwartungen
äußern – 16. Belastungen begrenzen – 17. Negative Bilder
verabschieden – 18. Im Glauben leben, dass es keine Verluste gibt –
19. Meine eigene Welt lieben und genießen – 20. Leben mit
Zuversicht – 21. Ziele visualisieren – 22. Den Prüfstand verlassen –
23. Ich habe die Wahl – 24. Von Löwen und Mäusen – 25. Von alten
Zeiten – 26. Glaube und Vertrauen – 27. Wer sagt, dass ...? –
28. Mich absichern – 29. Bekanntes Unglück statt unbekanntes
Glück – 30. Mich entspannen

18. Alles, was ich wirklich brauche, wird sein − 19. Natur und Kultur −
20. Das Gefühl der Gefühllosigkeit − 21. Projektionen erkennen −
22. Von Zügen abspringen, die nicht »nach Hause« fahren −
23. Die Schönheit in mir − 24. Mich selbst lieben − 25. Die Kraft
umzukehren − 26. Ich bin glücklich − 27. Bedürfnis nach Gefühl −
28. Mich führen lassen − 29. Harmonie zwischen Freiheit und
Geborgenheit − 30. Mich trauen zu trauern

DEZEMBER

1. Abwehr im Bund mit mir selbst − 2. Von der Vorfreude −
3. Das Erleben der Leblosigkeit − 4. Das Schneckenhaus verlassen −
5. Ereignisse jähren sich − 6. Lebensplanung unter Vorbehalt −
7. Aufhören, mich im Kreis zu drehen − 8. Gutes tun für mich selbst −
9. Dinge in Angriff nehmen − 10. Sein, was ich bin − 11. Ich habe
die Kraft, die alles schafft − 12. Einem Stern folgen − 13. Trauer um
mich selbst − 14. Das Leben lieben − 15. Wie der Bauer auf dem
Schachfeld − 16. Ich will − 17. Manchmal habe ich Angst −
18. Veränderung braucht Zeit − 19. Mir frei nehmen −
20. Die Bedürfnisse unseres inneren Kindes beachten −
21. Weihnachten rückt näher − 22. Wunsch und Hoffnung −
23. Ruhe und Stille − 24. Geschenke, die wir bekommen - nicht nur
zu Weihnachten − 25. Feiertage oder Trauertage? − 26. Den Nagel
auf den Kopf treffen − 27. Menschen, die uns begleiten −
28. Echt sein − 29. Zeit haben fürs Leben − 30. Offene Wünsche
als Zeichen der Lebendigkeit − 31. Wieder ein Jahr

ZUM GELEIT

»Alles wird gut« – haben diese Worte Sie angesprochen? »Alles wird gut« – das hat auch meine Seele angesprochen. »Alles wird gut« – das könnte eine Mutter zu ihrem Kind sagen, wenn es nachts nach einem Traum aufwacht und weint, wenn es krank ist oder sich fürchtet. Würde diese Mutter lügen, wenn sie fast instinktiv und aus einer tiefen inneren Quelle heraus wie selbstverständlich sagt: »Alles wird gut«? Oder könnte es sein, dass sie für sich selber innerlich spürt, dass letztlich irgendwann, irgendwie alles einen guten Weg geht, dass letztlich alles eingebunden ist in einen guten, göttlichen Plan?

Ich glaube das, weil ich in meinem Leben so manches Mal die Erfahrung gemacht habe, dass im Nachhinein oft klarer wird, warum geschehen »musste«, was geschah. Ich glaube dagegen nicht, wie immer die genaueren Umstände auch aussehen mögen, dass irgendwer in diesem Leben besonders bevorzugt, vernachlässigt oder gar vergessen wird. Ich glaube nicht daran, dass ich kämpfen muss, um zu erhalten, was ich brauche. Ich glaube nicht, dass meine Existenz oder irgendetwas in meinem Leben nur aus einem dummen Zufall heraus geschieht, ohne Sinn, einfach so ...

»Alles wird gut« – darin steckt Vertrauen. Darin steckt die Anerkennung einer höheren Kraft, die für uns sorgt. Mehr noch: ein liebevoller und gewollter Plan, der Verantwortung dafür trägt, dass entsteht, was entstehen soll und darf – in unserem Leben.

In meinen Texten – am besten am Ende eines Tages zu lesen, vielleicht kurz vor dem Einschlafen, weil in solchen Momenten das Tor zu unserer Gefühlswelt weiter geöffnet ist als an anderen Stunden des Tages – geht es vor allem darum, den Fluss unseres persönlichen Lebens vertrauensvoll fließen zu lassen. Es geht darum, uns dem Strom, der Richtung ... und dem Ziel anzuvertrauen, auch wenn wir weder das eine noch das andere heute, jetzt und hier genau durchschauen können. Die Texte laden ein zu wünschen, zu hoffen, zu erwarten und trotzdem loszulassen und auf die für uns gute Erfüllung zu vertrauen.

13

Aus dem Vertrauen heraus können wir getrost loslassen und den Lauf der Dinge geschehen lassen. Wir lassen geschehen, was geschehen soll – nicht mehr und auch nicht weniger.

»Alles wird gut« – so oder so ähnlich münden die Tagestexte in klar und positiv bekräftigende Worte und bringen auf den Punkt, worum es jeweils geht. Solche so genannten Affirmationen lasse ich selber gerne durch mehrmaliges Wiederholen auf mich wirken und beobachte, welche Saite sie in mir zum Klingen bringen. Manchmal schreibe ich solche Sätze auf kleine Kärtchen und stecke sie in meinen Geldbeutel oder lege sie an einen Platz, wo ich sie öfter sehen und mich an sie erinnern kann, damit sie sich meiner Seele einprägen – Gutes soll einen Platz in meinem Herzen haben.

Lassen Sie zu, dass die für Sie ansprechenden Affirmationen Zugang finden zu Ihrem Inneren und ebenso irgendwann, irgendwie sich dann von innen nach außen zeigen. Wer weiß, was ein solches Wort, eine Affirmation in Ihnen, für Sie bewirken kann?

Was ich Ihnen und mir aus ganzem Herzen wünsche, ist das Vertrauen, das die Kraft gibt, heute vieles gut sein und morgen alles gut werden zu lassen.

Sascha Veitl

JANUAR

Im Heute leben

EIN NEUES JAHR

Ein neues Jahr –
was wird es mir bringen?
Schönes? Gutes? Erwartetes?
Oder Unangenehmes?
Schlechtes?
Unvorhergesehenes?

Ein neues Jahr –
was wird es mir nehmen?
Geliebtes?
Angenommenes?
Vertrautes?
Oder Überdrüssiges?
Überflüssiges?
Unerwünschtes?

Ein neues Jahr –
vieles wird kommen, bleiben,
vieles wird gehen.

Ich erwarte von allem das Beste!

Ein neues Jahr –
Ich bin bereit ...

ES IST ZEIT – FÜR »MICH«

Viele wurden in ihrer Kindheit konsequent darin unterwiesen, stets freundlich und lächelnd »ja« und »danke« zu sagen. Viele hatten nicht die Möglichkeit, zuerst nachzudenken, in sich hinein zu fühlen und sich dann in Ruhe für ein »Ja« oder ein »Nein« zu entscheiden. Vielen blieb das Gefühl der wahren und aufrichtigen Dankbarkeit versagt, weil kein Raum war für eigene Empfindungen, wenn sie wieder einmal aufgefordert waren, »danke« zu sagen. Ein Sprachprogramm mit wenigen Textbausteinen wurde installiert, in ihnen selbst. Gratis mitgeliefert bekamen wir das Gefühl, nicht tauglich zu sein, aus uns selbst heraus Situationen einschätzen und Entscheidungen treffen zu können. Damit entstand eine Unsicherheit dem Leben gegenüber und eine Angst vor dem eigenen »Ich«.

Je mehr es unserer Umwelt gelang, uns zu unterdrücken, unser eigenes »Wollen« und »Nehmen«, unser »Kontra« und »Gegen« klein zu halten, desto attraktiver wurden wir für gewisse Menschen. Je weniger wir zu sagen hatten, desto mehr konnten andere reden. Je weniger wir einen Plan hatten, desto mehr konnten andere über uns bestimmen. Je weniger wir wir selbst waren, desto mehr konnten andere sie selbst sein und uns noch mehr unterdrücken.

Nun ist es Zeit, damit Schluss zu machen. Wir können uns selbst für ein »Ja« oder ein »Nein« entscheiden. Wir können aus uns selbst heraus einem Gefühl die richtigen Worte folgen lassen, indem wir z. B. »danke« sagen, wenn wir dankbar sind. Wir können einem Gefühl die richtigen Taten folgen lassen, indem wir z. B. Dinge, die wir nicht wollen, nicht annehmen, indem wir sie ablehnen, klar und bestimmt sagen: »Nein, das will ich nicht!«

Es ist Zeit, dass wir uns nun selbst die Möglichkeit geben, das zu sagen, was wir fühlen, und das zu tun, was unserem Gefühl entspricht. Es ist Zeit, für uns selbst einzustehen.

Es ist Zeit für »MICH« ...

KONTRA GEBEN

Es gibt Menschen, die demonstrieren überall und jederzeit ohne einen nachvollziehbaren Anlass, ohne Grund. Es sind Menschen mit einem gewissen Widerstand gegen alles und jeden. Menschen, die nicht mehr zu unterscheiden wagen, ob ihr Kontra der Sache oder Situation gegenüber angemessen oder unangemessen ist. Die Psychiatrie kennt für dieses Phänomen einen Namen: »querulatorische Persönlichkeit«.

Das Gegenteil davon sind Menschen die zu allem und jedem gegenüber ein »Ja« und »Amen« sagen – Menschen, die sich leicht führen und manipulieren lassen. Menschen mit einer herabgesetzten Fähigkeit, angestaute Affekte nach außen abzuführen. Die Psychiatrie hat auch hierfür eine Bezeichnung gefunden: »emotional-instabile Persönlichkeit«.

Wobei die erste Form für die Umwelt schwieriger zu verkraften ist als für die betroffenen Person, führt die zweite Form zu schwerwiegenden Konfliktsituationen mit sich selbst. Der Erste kämpft und kämpft, der Zweite wird angegriffen und angegriffen.

Wir müssen uns auf nichts davon einlassen. Beides ist ungesund und schadet nur uns selbst. Wir können ebenso lernen, destruktive und zerstörerische Wut in Zaum zu halten, wie wir auch lernen können, unsere latent vorhandene Wut zu spüren und ihr mehr und mehr Ausdruck zu verleihen. Wut muss heraus – gar keine Frage. Und am besten gleich da, wo sie entsteht. Empfinden wir Wut oder Zorn, so hat dies immer einen Grund. Einen Grund, dem wir nachgehen sollten. Diese Wut ehrlich zu äußern, mit klaren Worte und stimmigen Handlungen Kontra zu geben, wenn es für uns wichtig und richtig ist, das ist das Ziel – und befreit.

Ich kann kontra geben …

Im Schoss der Geborgenheit

»Wenn du auf dem Meere bist, bin ich das Wasser.
Ich lasse dich nie aus meinem Schoß fallen.«
Paula Ludwig: An meinen Sohn

Was hätte ich gegeben, wenn meine Mutter mit solchen Worten jemals zu mir gesprochen hätte? Was würde ich noch heute dafür geben, würde sie es tun? Wie stünden wir da, hätten wir uns überall und jederzeit der Liebe eines uns wichtigen Menschen sicher sein können? Was hätten wir mitbekommen an Selbstvertrauen und Geborgenheit? Wie sehr könnten wir uns sicher fühlen – im Leben und in dieser Welt?

Nicht alle hatten das Glück, in dem Wissen aufzuwachsen, dass sie geliebt werden. Nicht alle von uns wurden geliebt. Viele mussten sehr früh lernen, dass die Aufmerksamkeit, die sie sich wünschen, an Bedingungen geknüpft ist, ihnen nur dann zu teil wird, wenn sie sich nach den Vorstellungen anderer verhalten. Viele leben noch heute in Abhängigkeit von Eltern, Partnern, Arbeitgebern ..., um endlich zu bekommen, was sie all die Jahre nicht bekamen: das Gefühl, wichtig und richtig zu sein.

Wenn immer wir ein Defizit in diesem Bereich spüren, können wir selbst folgende Sätze zu uns sagen. Wir lesen sie uns immer wieder vor – solange bis die Leere in uns der Geborgenheit weicht. Während wir uns dabei vorstellen, dass unsere Mutter, unser Vater, ein Engel, Gott – wer auch immer – zu uns spricht, können wir uns in die Worte ganz versenken und kommen somit in Kontakt mit einer unbegrenzten allumfassenden Geborgenheit:

»Wenn du auf dem Meer bist, bin ich das Wasser.
Ich lasse dich nie aus meinem Schoß fallen.«

SCHLUSS MIT LUSTIG

Vielleicht wurde uns beigebracht, nett und freundlich zu sein, immer und überall, jedem gegenüber – bloß nicht zu uns selbst. Vielleicht wollte unsere Umgebung uns so haben, dass wir stets bemüht sind, es immer allen recht zu machen – ohne dabei jedoch an uns selbst zu denken. Na und? Jetzt ist Schluss mit lustig!

Es muss aufhören, dass wir immer »ja« und »Amen« sagen. Es muss aufhören, dass wir immer gehorchen, Befehle empfangen und ausführen. Es muss aufhören, dass wir uns selbst betrügen, uns selbst die Schuld dafür geben, dass alles so ist, wie es ist. Es muss endlich aufhören, dass wir uns weiter und weiter, immer wieder und immer wieder unterwerfen. Endlich Schluss damit!

Wir müssen anfangen, uns selbst wahrzunehmen. Wir müssen anfangen, uns selbst wahrzunehmen, auch anzunehmen. Wir müssen anfangen, uns mitzuteilen, uns zu zeigen, so, wie wir sind, ohne zuvor eine Auswahl zu treffen. Wir müssen anfangen, fremde Rollen abzulegen und selbst Regie zu übernehmen. Wir müssen anfangen, unserer Umwelt mitzuteilen, dass wir nicht irgendwer sind, sondern dass wir WIR sind.

Schluss damit,
mich zu verleugnen.
Ich bin ICH ...

WEGE ZU DIR

»Ich möchte den Weg geh'n von mir zu dir.
Aber immer verirr ich mich wieder vor meine eigene Tür.«
ERIKA BURKART, HORIZONT IM GEGENLICHT

Die meisten Menschen streben danach, sich anzuschließen an einen Menschen, den sie lieben. Diesen Weg zu geh'n von mir zu dir fällt aber alles andere als leicht. Warum ist es so schwer, uns einzulassen auf einen anderen Menschen? Warum können wir uns nicht hingeben, ganz und gar mit unserer Aufmerksamkeit bei jemand anderen sein? Wie kommt es, dass wir uns immer wieder verirren, vor unserer eigenen Tür?

Zunächst einmal sollten wir nicht von Verirren sprechen, wenn wir uns vor der eigenen Tür befinden. Bei uns oder in unserer Nähe zu sein ist überhaupt Voraussetzung dafür, dass wir uns auf den Weg machen können zu jemand anderem. Werden wir jedoch dabei immer wieder abgelenkt und kommen vom Weg ab, finden wir uns vor unserer eigenen Tür, so haben wir vermutlich noch einiges bei uns selbst zu klären.

Erst wenn wir bereit sind, uns selbst zu sehen, können wir auch einen anderen sehen. Erst wenn wir bereit sind, uns selbst zu akzeptieren, können wir auch einen anderen akzeptieren. Erst wenn wir zulassen, dass wir uns selbst lieben, können wir auch einen anderen lieben. Erst wenn wir unser Ich gefunden haben, können wir auch das Du finden.

Zunächst gesteh ich mir ein, bei mir selbst zu sein.
Ich vertraue in mir auf das Öffnen der Tür.
Von selbst erschließen sich dann
die Wege zu dir ...

21

WEGGEHEN KÖNNEN
UND DOCH SEIN WIE EIN BAUM

»Man muss weggehen können
und doch sein wie ein Baum ...«
HILDE DOMIN, ZIEHENDE LANDSCHAFT

Wenn das Leben sich verändert und neue Situationen schafft, wenn es
uns Menschen nimmt und andere bringt, wir eine Arbeitsstelle verlieren und eine neue finden, aus der alten Wohnung ausziehen in eine andere hinein, so ist dies ganz natürlich mit einer gewissen Angst verbunden. Veränderung ist immer ein Schritt in eine neue, unklare
Richtung. Es bedeutet, sich auf den Weg zu machen, ohne schon die
genaue Richtung oder das Ziel zu kennen. Es bedeutet weggehen von
Orten, die bislang ein Stück Heimat waren.

Doch manchmal müssen wir gehen – ob wir wollen oder nicht. Und
trotz all der Unsicherheiten die wir spüren, wenn wir gewohnte Ord-
nungen verlassen, können wir dennoch sein wie ein Baum. Wir können uns besinnen auf unsere Wurzeln und deren Verankerung in uns
spüren. Wir können diese Wurzeln noch tiefer, noch kräftiger und stärker in den Boden einsinken lassen. Wir können festhalten an dem, was
wir sind, und an allem, was uns umgibt. Wir können verwurzelt sein,
sicher und fest. Wir können aufrecht stehen, gerade gewachsen, stolz
dem Himmel entgegen. Wir können unsere Äste ausbreiten, in alle
Richtungen hin uns dehnen und strecken. Wir können unsere Blätter
im Wind tanzen und in der Sonne funkeln lassen. Wir können Früchte
tragen, üppig und satt. Wir können abwarten, bis jede einzelne Frucht
in uns reif ist, ihren Ast zu verlassen. Wir können ebenso den Zeitpunkt abwarten, bis wir reif sind, unseren Platz zu verlassen um wo-
anders neue Wurzeln zu schlagen.

Lass mich sein wie ein Baum,
wenn es Zeit für mich ist wegzugehen ...

KLARHEIT IN MIR

Wir verbringen viel Zeit damit,
- die Beziehungen, die wir mit anderen Menschen führen, zu deuten,
- die Handlungen und Bemerkungen der anderen zu interpretieren,
- die vermuteten Erwartungen unserer Mitmenschen zu erfüllen.

Können wir dadurch erreichen,
dass wir uns unserer Freunde jemals sicher sein werden?

Wir verbringen viel Zeit damit,
- das, was wir wollen, geschickt zu verschlüsseln,
- das, was uns stört, dennoch zu dulden,
- darauf zu warten, bis uns unsere Wünsche von den Lippen
  abgelesen werden.

Können wir dadurch erwarten,
dass wir jemals erhalten, wonach wir uns sehnen?

Wir verbringen viel Zeit damit,
- das, was wir fühlen, zu verdrängen,
- das, was wir denken, zu umschreiben,
- das, was wir tun, zu verstecken.

Können wir dadurch erwarten,
dass wir selbst und unsere Umwelt
uns jemals schätzen und lieben,
so wie wir sind?

Es ist Klarheit in mir ...

SCHRITT FÜR SCHRITT

Manche Veränderungen geschehen sehr plötzlich und unvorhergesehen. Ohne sie zu planen und in Schritte aufzuteilen, treten sie unerwartet ein. Andere wiederum erfordern die Initiative von uns selbst. Es sind Veränderungen, die sich erst dann ereignen, wenn bestimmte Bedingungen und Voraussetzungen erfüllt und Umstände gegeben sind. So müssen wir etwa erst von einer alten Beziehung loslassen, bevor wir eine neue aufbauen können. Vermutlich werden wir den neuen Partner erst dann antreffen, wenn wir uns vom alten verabschiedet haben ...

Wenn wir Veränderungen wünschen, kann es hilfreich sein, uns zuvor über gewisse Dinge Klarheit zu verschaffen. So sollten wir uns z. B. die Frage stellen, inwieweit das Gewünschte uns und unseren Bedürfnissen überhaupt entspricht. Passt es zu uns und zu dem, was wir sind, oder zu dem, was wir sein möchten? Ebenso von Bedeutung sind die Fragen: »Was versprechen wir uns davon? Was soll anders oder vor allem besser werden? Was würde es bedeuten, geschähe wirklich, was wir uns wünschen?« Und vor allem: »Was ist zu tun? Genügt es, nur darauf zu warten, oder ist es erforderlich, gewisse Vorbereitungen zu treffen?«

Wenn wir ein angestrebtes Ziel erreichen wollen, liegt es an uns, in welchem Tempo, mit welchen Wegbegleitern wir welchen Weg beschreiten. Genauso wenig, wie es sinnvoll ist, den Weg zum Ziel mit ermüdender Eile und Hetze anzutreten, sollten wir auch nicht unnötig Rast machen oder auf Umwegen wandern. Wenn wir – das Ziel vor Augen – uns Schritt für Schritt aufmachen, unser Vorhaben zu erreichen, wenn wir – mit dem notwendigen Proviant ausgerüstet – auf die Erfüllung vertrauen, sind wir auf dem richtigen Weg.

Schritt für Schritt
erreiche ich mein Ziel –
alles wird gut ...

MEIN LEID ANVERTRAUEN

»Geteiltes Leid ist halbes Leid.«
DEUTSCHES SPRICHWORT

Sich anzuvertrauen, das, was man ist und was einen beschäftigt, anderen mitzuteilen, über seine Wünsche und Ängste mit Freunden zu sprechen, all das kann so heilsam sein.

Wenn wir uns anderen Menschen, einer heilsamen Macht oder Gott anvertrauen, steckt dahinter der Gedanke, uns trauen zu können. Wir trauen uns, private und persönliche Bereiche unseres Lebens jemand anderen gegenüber aufzudecken. Wir trauen uns, diese Dinge gemeinsam zu betrachten und gemeinsam nach einer Lösung zu suchen. Wir lassen zu, dass Verdecktes sich öffnet und dass »meines« zu »unserem« wird.

Gibt es in meinem Leben keinen Menschen, keine Macht oder keinen Gott meines Vertrauens, kann ich all das, was mich bewegt, auch mir selbst anvertrauen. Ich kann darauf vertrauen, dass in mir die Kraft der Bewältigung ruht, die Lösung eines Problems oder die Antwort auf meine Frage. Ich kann darauf vertrauen, dass aus mir selbst heraus der Impuls der richtigen Entscheidung entsteht, zum richtigen Zeitpunkt, am richtigen Ort.

Ebenso ist es möglich, mein Leid meinem Leid selbst anzuvertrauen. Das heißt, gerade in der Situation, in der wir uns befinden – scheint sie auch noch so ausweglos – dennoch darauf zu hoffen, den dazugehörigen Weg zu finden, ja aus einem Problem selbst heraus dessen Lösung entstehen zu lassen – wie Phönix aus der Asche.

In traue mich,
mich anzuvertrauen ...

ZUKUNFT, GEGENWART, VERGANGENHEIT

»Wer mit allem Tun und Sinnen immer in die Zukunft starrt,
wird die Zukunft nie gewinnen und verliert die Gegenwart.«
J. WOLFF

Wenn wir mit »allem Tun und Sinnen immer in die Zukunft starren«, sind wir vermutlich mit unserer derzeitigen oder vergangenen Lebenssituation alles andere als zufrieden. Vermutlich gibt es einiges, was wir verändern wollen – was jedoch erst in der Zukunft, im Laufe der Zeit, nach und nach möglich scheint. Vielleicht aber haben wir uns die Haltung, die darin besteht, die Energie voll und ganz dem Künftigen zu widmen, irgendwann in der Vergangenheit angeeignet. Vielleicht in einer besonders schwierigen Zeit, aus der unbewussten Absicht heraus, leichter über sie hinweg zu kommen.

Auf eine bessere Zukunft zu hoffen kann bedeuten, dass wir gedanklich einen Lebensabschnitt überspringen: Im Geist und in unserer Vorstellung nehmen wir einen imaginären Zeitraum und mit ihm verbunden die erträumten Veränderungen vorweg. Dadurch wird es – zumindest in der Phantasie – möglich, uns vom »unerfüllten« Gestern oder Heute direkt ins »paradiesische« Morgen zu katapultieren.

Die Zukunft zu planen – ohne angemessenen Einbezug der Vergangenheit oder Gegenwart – kann nicht gut gehen. Ohne zu wissen, wer wir (geworden) sind, was wir heute, jetzt und hier, brauchen und bedürfen – wie soll uns all das in der Zukunft zuteil werden und tatsächlich glücklich machen? Wie sollen wir bekommen, was wir uns wünschen, oder loswerden, was wir nicht wollen? Wie sollen wir jemals in der Gegenwart die Gegenwart genießen können, wenn wir uns heute nur darin üben, die Zukunft als lebenswert zu betrachten?

Alles war, ist und wird gut …

Die Zeit füllen mit wichtigen Dingen

Die Zeit, die wir haben, dieses Leben zu leben, ist begrenzt. Was immer mit uns geschah, was immer wir an Geschehnissen noch erwarten – die Zeit dafür ist begrenzt.

Wir können so tun, als wüssten wir nicht um die Endlichkeit unseres Daseins. Wir können aber auch im Bewusstsein der Vergänglichkeit unser Leben leben.

Dabei kommt es nicht darauf an, dass wir möglichst vieles in das Leben, das wir führen, hineinstopfen, oder versuchen, es künstlich auszufüllen oder aufzublasen wie einen Ballon, voll bis an die Grenze seines Fassungsvermögens, dass er nur noch platzen oder davonfliegen kann. Ebenso sollten wir darauf verzichten, mit der tickenden Stoppuhr an unsere Aufgaben heranzugehen, aus Angst irgendetwas zu versäumen.

Letztendlich kommt es darauf an, dass wir ein Bewusstsein entwickeln für Dinge, die uns wichtig oder unwichtig sind. Es kommt darauf an zu unterscheiden, was wir gern oder ungern, frei oder fremdbestimmt tun oder auch lassen. Vor allem aber sollten wir herausfinden, ob wir noch länger bereit sind, das Leben eines Fremden zu führen, oder ob sich mehr und mehr der Wunsch in uns aufdrängt, endlich unser eigenes Leben zu leben.

Ich erlaube mir, die Zeit meines Lebens
mit für mich wichtigen Dingen
zu verbringen ...

IN EIGENEN WERKEN SICH SELBST BEMERKEN

»Wirke! Nur in seinen Werken
kann der Mensch sich selbst bemerken.«
FRIEDRICH RÜCKERT

Auf der Suche nach uns selbst wissen wir nicht immer, warum wir tun, was wir tun. Nicht in allem, was wir unternehmen oder bewerkstelligen, erkennen wir uns wieder oder handeln gar deshalb, weil wir ein inneres Bedürfnis dazu verspüren. Vieles, dem wir tagtäglich nachkommen, geschieht aus einer Pflicht und dem Gefühl der Verantwortung. Wie steht es dabei jedoch um uns, wenn wir Dinge tun, die nicht aus uns selbst heraus entstehen, wenn wir Befehle ausführen oder Antworten auf Fragen suchen, die nicht unsere sind? Wie können wir mit den eigenen Interessen und Werten umgehen?

Wir sollten ein gesundes Gegengewicht schaffen zu all den Tätigkeiten, denen wir zwangsläufig nachkommen müssen, um z. B. unseren Lebensunterhalt zu sichern. So können wir die Freizeit ganz gezielt für uns nutzen – auf vielfältigste Art und Weise. Wenn wir nicht mehr wissen, was wir gerne tun oder wie ein eigenes Werk aussehen könnte, weil wir mit unseren Bedürfnissen nicht mehr wie früher in Verbindung stehen, kann ein Blick in die Vergangenheit – vielleicht zurück bis in die Kindheit – helfen. Sicher hatten wir früher eine Vorstellung davon, was wir tun wollten wenn aus uns erst einmal erwachsene und selbstständige Menschen geworden sind.

Heute sind wir erwachsen und haben viele Möglichkeiten, Dinge zu tun, die wir gerne tun, oder uns mit Themen zu beschäftigen, die uns wirklich interessieren. Wir können ein bejahendes Bewusstsein entwickeln für das, was wir sind, und einen Schöpferstolz für das, was wir erschaffen.

Mich in meinen eigenen Werken
selbst zu bemerken ...

VOM REGEN IN DIE TRAUFE

Wenn wir denken, wir könnten einfach so davonlaufen, alles hinter uns lassen und ganz von vorne anfangen, wenn wir dies tatsächlich denken, so täuschen wir uns.

Je schneller wir vor etwas davonlaufen, desto eher sehen wir uns mit Ähnlichem konfrontiert. Je häufiger wir einer Sache den Rücken zudrehen, desto öfter zwingt uns das Leben, ihr ins Gesicht zu sehen. Je weiter wir uns zu entfernen versuchen vom Hier und Jetzt, desto mehr werden wir wieder zurückgeführt in die Nähe ungelöster Konflikte.

Wir sollten versuchen, die Aufgaben des Lebens zu lösen und deren Lektionen zu lernen. Dadurch, dass wir uns wehren, verdrängen oder vermeiden, ändern wir nicht das Geringste an der eigentlichen Situation. Dadurch, dass wir von einem Problem weg in eine andere Richtung schauen und uns von ihm abwenden, existiert dieses weiterhin, auch wenn wir es im Moment nicht sehen.

Solange wir vor dem Regen fliehen, führen wir ein Leben in Flucht. Erst wenn wir nachfragen, woher diese Angst vor dem Nasswerden kommt und was es mit uns zu tun hat, kann sich etwas ändern. Wenn wir nicht akzeptieren, dass wir dann und wann im Regen stehen, weil Regen ebenso wie Sonne zum Leben gehört, sollten wir uns nicht wundern, wenn wir uns eines Tages in der Traufe wiederfinden.

Dies geschieht nicht, weil wir bestraft werden sollen, sondern weil das Leben will, dass wir lernen, uns zu entwickeln und mit ihm zu wachsen – Aufgaben und Lektionen, die wir nicht annehmen, erhalten wir wieder und wieder, bis wir letztendlich bereit dazu sind.

Leben! – Lass mich lernen, im Regen zu steh'n
und dabei dennoch die Sonne zu seh'n ...

FREI VON ZWANG,
VERÄNDERUNGEN ERWARTEN

Jeder weiß, wie es ist, wenn er sich etwas ganz stark wünscht, wenn er einen Zustand erreichen will und dafür bereit ist, fast jeden Preis zu zahlen – koste es, was es wolle!

Nicht immer geht die Rechnung auf. Nicht immer sind unsere Bemühungen mit Erfolg gekrönt. Manchmal hoffen und handeln wir und unternehmen alles uns Mögliche für die Erfüllung eines Vorhabens – und dennoch verwirklicht es sich nicht.

In anderen Fällen erhalten wir, wonach wir uns sehnten. Und vielleicht sieht es anfänglich noch danach aus, als hätte sich all unser Warten, Hoffen und Handeln gelohnt. Doch bald schon kann es sein, dass wir die Erfahrung machen, dass das Gewünschte gar nicht zu uns passt, uns nicht auf die erhoffte Art und Weise glücklich macht. Die Enttäuschung ist groß, oft entsteht Wut oder Zorn für all die Energie und Kraft, die wir zuvor aufbrachten, uns selbst zu täuschen.

Es macht einerseits Sinn, zu wünschen und zu wollen, danach zu handeln und auf die Verwirklichung zu vertrauen. Es macht jedoch keinen Sinn, mit all unserer Kraft, Zeit oder Geld uns an einer Sache zu verbeißen und in ihr das Allheilmittel unseres Lebens zu sehen.

Frei von inneren Zwängen
kann ich erwarten und geschehen lassen,
was für mich geschehen soll ...

FREMDE MÄCHTE IN UNSEREM LEBEN

»Macht ist die Fähigkeit,
etwas zu machen.«

In welcher Hände Macht, in welche »Fähigkeit, etwas zu machen« legen wir unser Leben? Ist es die Macht des Großen oder Kleinen, des Weiten oder Engen, des Hellen oder Dunklen? Ist es die Macht des Guten oder Bösen, des Ich oder des Du, des Meinen oder Deinen?

Es gibt so viele Mächte! Rationalisten und Denker widmen ihr Leben der Wissenschaft. Sensible Menschen vertrauen dem Gefühl und der Intuition. Technisch orientierte Menschen streben nach Fortschritt. Romantiker lieben die Vergangenheit. Naturverbundene lehnen sich an einen Baum und Gläubige an einen Gott.

In einer Zeit, in der vieles möglich und machbar ist, hat auch vieles Macht über uns. So kann z. B. Geld über mich Macht haben, wenn es für mich machbar ist, dadurch vermögend und wohlhabend zu werden. Ein Arzt z. B. kann Macht über mich haben, wenn es für ihn machbar ist, mich zu heilen.

Bei alldem, was machbar scheint und machbar ist, sollten wir uns nicht zu vielen und fremden Mächten verschreiben. Wir sollten uns stets fragen, ob es sich überhaupt lohnen kann, wenn andere oder anderes, außerhalb unserer selbst Macht über uns besitzen.

Ich bin mächtig genug,
aus meinem Leben etwas zu machen ...

31

AM BALL BLEIBEN

Ein Ball,
- mit Form und Farbe,
- mit Größe und Gewicht,
- mit Durchmesser und Umfang,
- mit einem Gesicht!

Unsere Träume sind wie ein Ball!

Ein Ball,
- den wir werfen
- oder rollen,
- den wir von uns schleudern
- oder auffangen und festhalten sollen?

Was fange ich mit ihnen an?

Ich bin und bleibe
in Verbindung mit meinen Träumen
und erkenne, was zu tun ist.
Ist es Zeit loszulassen, lasse ich los.
Ist es Zeit, sie zu verwirklichen,
werde ich sie verwirklichen ...

DIE KRAFT DER GEDANKEN

».. denn meine Gedanken zerreißen die Schranken
und Mauern entzwei: Die Gedanken sind frei.«
VOLKSLIED: DIE GEDANKEN SIND FREI

Die Fähigkeit zum komplizierten Denken ist eines der bedeutsamsten Merkmale, die den Menschen von Tieren und Pflanzen unterscheidet. Das verstandesmäßige Erfassen von Eindrücken und Zusammenhängen, das zu Schlussfolgerungen und Urteilen führt, macht es überhaupt erst möglich, die Welt, das Leben und sich selbst als solches zu erkennen und zu beurteilen. Das Denken ist Voraussetzung für geplantes und bewusst strukturiertes Handeln und in vielen Fällen der Anfang einer Veränderung. So war es meist ein innerer Gedanke, genährt von einem Bedürfnis und begleitet von einem Gefühl, der im Laufe der Zeit durch Fantasie, Planung und Verstand strukturiert in eine äußere Form umgesetzt wurde.

Mit unseren Gedanken säen wir schon heute, was mir morgen ernten. Unsere Gedanken sind entweder Reaktionen auf unsere Gefühle oder lassen wiederum Gefühle entstehen. Mit unseren Gedanken und Gefühlen steuern wir unser Erleben und die Bewertung dessen, was um und in uns ist. Unsere Gedanken streben letztendlich nach Verwirklichung dessen, was wir erwarten und erdenken.

Mit unseren Gedanken haben wir ein mächtiges Werkzeug und Instrument zur Hand, mit dessen Hilfe wir schon heute unsere Zukunft formen und beeinflussen können. Was wir heute erdenken, kann morgen Wahrheit sein.

Meine Gedanken und ich –
wir sind frei ...

SEIN WIE DIE WELT

»Wir wurden hineingeboren in eine Welt,
aus ihr selbst heraus,
um in ihr zu leben.«

Eine Welt
– des Wassers, süß und salzig …
Eine Welt
– der Gezeiten, Ebbe und Flut …
Eine Welt
– des Landes, feurig und vereist …
Eine Welt
– der Berge und Täler, hoch und tief …
Eine Welt
– der Himmelsrichtungen, Nord und Ost, Süd und West …
Eine Welt
– der Himmelsgestirne, Sonne, Mond und Sterne …
Eine Welt
– der Jahreszeiten, Frühling, Sommer, Herbst und Winter …
Eine Welt
– der Tageszeiten, Tag und Nacht …
Eine Welt
– der vielen Gesichter …

Ich bin Kind einer Welt
mit vielen Gesichtern.
Ich habe das Recht,
wie sie zu sein …

Segel setzen

Wir alle befinden uns auf einem riesigen Meer des Lebens. Auf einem Meer der Gefühle, Gedanken und Handlungen unserer selbst oder der anderen. Ein Meer, das so groß scheint wie die Unendlichkeit und so tief, dass man den Grund gar nicht erahnen kann. Ein Meer, auf dem wir treiben, ohne dabei immer Land zu sehen.

Es kommt auf uns selbst und unsere Reise an, auf deren Richtung und Ziel, wie wir die Fahrt auf den Wellen erleben. Manchen kann die See nicht rau genug sein, während andere ständig dafür beten, dass die Wogen sich glätten. Die einen genießen die Weite des Meeres, während die anderen die Enge der Schiffe und Boote erfahren. Während einige versuchen, frei im Wasser mit den Fischen zu schwimmen, wünschen sich die anderen Schwimmwesten fürs Land.

Wollen wir das Ziel unserer Reise erreichen, alle Stürme und Gefahren überstehen und ankommen am Hafen unseres Lebens, so sollten wir uns immer wieder auf unseren Kurs besinnen. Wir sollten uns orientieren an den Gestirnen des Himmels bei Nacht und an dem, was wir sehen bei Tag. Wir sollten den Kurs an einem Kompass ausrichten, den wir selbst immer wieder auf seine Tauglichkeit hin überprüfen. Wir sollten einen Anker setzen, wenn es Zeit ist, die Reise zu unterbrechen, oder fremde Riffe großräumig umfahren, wenn die Gefahr besteht, auf Grund zu laufen. Wir sollten vor allem damit beginnen, Kapitän auf dem Schiff unseres Lebens zu werden und die Segel – unserem Kurs gemäß – zu setzen.

Ich setze die Segel –
meinem Kurs gemäß ...

MEINEN BEITRAG LEISTEN

Immer wieder sind wir aufgefordert, unseren Beitrag zu leisten. So zahlen wir Monat für Monat Steuern, Abgaben und Gebühren für alle möglichen Dinge oder Anlässe. Sie sind der Preis, den wir bezahlen, um bestimmte Leistungen überhaupt erst in Anspruch nehmen zu können. Wir tun dies in der Regel aus dem Wissen heraus, dass alles seinen Preis hat und dass es gewisse Dienste nicht umsonst geben kann. Wir tun dies, weil wir mit der Überzeugung leben, dass, wer nehmen will, auch etwas geben muss.

Aber nur in den wenigsten Fällen besteht unser Aufgabe darin, einen – von außen – festgelegten Be(i)trag – ausgedrückt in einer Währungseinheit – zu leisten. Viel zu komplex und vielschichtig ist das Leben – unser Leben –, als dass wir auf klar aufgeschlüsselte Rechnungen warten und diese bequem per Computer von zu Hause aus begleichen könnten. Sicher, das Leben mahnt an, wenn wir vergessen, eine überfällige Leistung zu erbringen; doch geschieht dies nicht immer auf so direkte Art und Weise, dass wir daraus eine eindeutige Aufforderung entnehmen könnten.

Allein in der Bereitschaft, meinen Beitrag zu leisten, stecken der Wille und die Fähigkeit, Verantwortung für mich selbst und mein Leben zu übernehmen. Wenn ich bereit dazu bin, mich an den eigenen Entwicklungen zu beteiligen, dem Schicksal an die Hand zu gehen, mich einzulassen auf notwendige Schritte und Veränderungen, schaffe ich die Voraussetzung dafür, dass geschehen kann, was geschehen soll, bevor etwas anderes geschehen muss.

Manches in meinem Leben
braucht meine Unterstützung,
meinen Beitrag,
mein Engagement ...

36

MIT GRENZEN UMGEHEN

Im Leben stoßen wir immer wieder an Grenzen: geographische und politische Grenzen beispielsweise zwischen Kontinenten, Ländern und Nationen oder an Grenzen der Natur wie Flüsse, Berge, Meere oder an zwischenmenschliche wie Sprache, Sitten und Bräuche. Grenzen innerhalb einer Gesellschaft, die als Normen und Werte, als Tugenden oder Moral bezeichnet werden. Grenzen auch im einzelnen Menschen durch Gewissen und Zweifel.

Zunächst besteht eine Aufgaben darin, sie überhaupt wahrzunehmen – die inneren wie die äußeren. Wir erkennen Grenzen häufig daran, dass wir verärgert, enttäuscht oder wütend werden, sobald wir auf sie stoßen. Wir fühlen uns behindert in unserem Streben und erhalten die Aufforderung, eine neue Lösung zu finden oder auf eine neue Weise mit einer Sache umzugehen.

Haben wir die momentanen Grenzen unseres Lebens erkannt und wahrgenommen, müssen wir uns entscheiden, welche davon wir annehmen oder aber überwinden wollen. Manche Grenzen müssen wir akzeptieren, auch wenn es schwer fällt; andere wollen wir akzeptieren, weil durch ihre anleitende oder einnehmende Art unbewusste Ängste in uns gebunden werden und wir dabei so etwas wie Geborgenheit, Sicherheit und Halt erfahren. Grenzen können aber auch ganz bewusst und gewollt erweitert oder versetzt werden. Wir können an ihnen arbeiten, uns über sie hinwegsetzen oder an ihnen lernen, was es heißt zu experimentieren. Wir können sie zurücklassen, über sie hinauswachsen oder neue, eigene Grenzen setzen.

Ich bestimme selbst,
wie ich mit Grenzen umgehe ...

ÄNGSTE ANNEHMEN

Wir alle haben Ängste. Wir alle kennen – mehr oder weniger – das Gefühl der Furcht und machen uns Sorgen über gewisse Dinge. Für jeden von uns gibt es Zeiten, in denen wir uns – mehr noch als zu anderen – schreckhaft, nervös oder beunruhigt erleben. Für nicht wenige Menschen dauern diese Zeiten gar ein Leben lang an.

Wir haben als Menschen Angst – vor uns selbst, vor den anderen und auch vor dem Leben an sich. Wir haben Angst, weil das Leben uns ständig mit ungelösten Konflikten konfrontiert, weil es uns immer wieder neue Aufgaben stellt, ohne dass wir diese bewusst angefordert hätten. Wir haben Angst, weil wir das Morgen noch nicht sehen, weil wir weder die Fragen noch die Antworten erahnen, mit denen wir uns auseinander zu setzen haben. Weil wir nicht wissen, wer wir sind, haben wir Angst, dem Leben ausgeliefert zu sein, eine Rolle zu bekommen, die wir nicht spielen wollen.

Vielleicht erleben wir uns als hilflos, weil das Leben nun mal alles andere als kontrollierbar ist. Wir können es – und wenn wir es noch so exakt planen – nicht einengen und klein machen, auf eine Größe reduzieren, die für uns überschaubar und überprüfbar erscheint. Das Leben nimmt, was es nimmt, und gibt, was es gibt. Das Leben ist, wie es ist. Und auch unsere Ängste sind zunächst einmal das, was sie sind. Wollen wir mit ihnen möglichst gut leben oder streben wir an, sie zu verringern, ihrer Herr zu werden, so kommen wir nicht daran vorbei, sie vorerst anzusehen und wahrzunehmen – genau so, wie sie sind. Dann erst, wenn wir sie wahrgenommen und auch angenommen haben, können sie leiser und schwächer werden; dann erst haben sie es nicht mehr nötig, uns gar so laut und stark auf sich aufmerksam zu machen. Dann erst können sie von uns weggehen.

Ihr, meine Ängste – ich nehme euch an ...

Meinen Mittelpunkt finden

Solange
ich nicht damit aufhöre,
– mich selbst zu verleugnen,
– mich selbst zu verneinen,
– mich selbst zu widerrufen,

Solange
ich nicht damit anfange,
– mich um mein eigenes Wohl zu sorgen,
– mich um meine eigenen Wünsche zu kümmern,
– mich meinem Willen entsprechend zu verhalten,

werde ich nicht
meine
Mitte
finden.

Ich höre auf, mich von mir weg zu bewegen.
Ich fange an, auf mich zuzugehen.
Ich finde zu dem Ort, der meine Mitte ist ...

AUS EIGENER KRAFT

Wie oft ertappen wir uns dabei, wieder einmal auf andere zu hoffen, auf jene Menschen, die sowohl fähig als auch bereit dazu sind, uns unsere Wünsche von den Lippen abzulesen und ohne zu zögern den Versuch wagen, diese auch zu erfüllen? Wie oft muss daraus die Erfahrung der Enttäuschung folgen?

Wie gut tut es dagegen, endlich selbst anzupacken, dem Leben eine neue Richtung zu geben, selbst Ursache dafür zu sein, dass geschieht, was wir schon lange erhoffen! Wie heilsam und versöhnend kann sich unsere Beziehung zum Leben und zur eigenen Person verwandeln, wenn wir beginnen, uns selbst zu geben, was wir vermissen, oder loszulassen, was uns zerstört!

Auf die Unterstützung von außen zu vertrauen – durch einen anderen Menschen, das Schicksal oder durch Gott – macht umso mehr Sinn, als wir auch in uns selbst bereit sind, die Voraussetzungen für gewünschte Veränderungen zu schaffen. Wenn wir damit beginnen, aus uns selbst heraus, aus eigener Kraft zu leben, werden wir feststellen, dass plötzlich »äußere« Kräfte zu »inneren« werden.

Alle Kraft,
die ich brauche,
lebt in mir ...

DIE ZEIT HELFEN LASSEN

»Die Zeit heilt alle Wunden.«
ALTES SPRICHWORT

Die Zeit heilt nicht alle Wunden! Die Zeit allein tut wenig! Sie kann nur helfen zu heilen, wenn wir selbst bereit dazu sind, Heilung zuzulassen.

Ob Wut oder Trauer, Zorn oder Trübsinn uns gerade umtreiben – es ist heilsam, darauf zu vertrauen, dass wir die Kraft finden, diese Gefühle zu gegebener Zeit loslassen zu können. Wenn wir eine Erfahrung gemacht haben, die uns schmerzvolle Gefühle und Stimmungen bereitet, selbst wenn wir manchmal denken, wir stünden unser derzeitiges Leben nicht länger durch, wenn wir im Glauben leben, unfähig zu sein, keine Ordnung ins Chaos bringen zu können, so kann dennoch alles Belastende und Bedrückende mit der Zeit gehen und weiterziehen, *wenn* wir es zulassen.

Was es braucht, ist, uns einzulassen auf unsere Wunden und ihren Schmerz, bereit zu sein, die »Behandlungen«, die für die Genesung notwendig sind, geschehen zu lassen. Was es braucht, ist, dem inneren Arzt und den eigenen Heilkräften zu vertrauen, damit unsere Wunden heilen können. Schließlich werden sie heilen – im Laufe der Zeit, eingebettet in einen natürlichen Rhythmus der Gesundung.

Unsere Wunden werden heilen, aber auch Narben bilden – Narben, die uns erinnern und die Verbindung aufrecht halten zu dem, was war. Narben jedoch, die uns nicht daran hindern können, wieder zu leben und zu lieben.

Ich vertraue auf Heilung –
die Zeit wird dabei helfen ...

FRIEDEN SCHLIESSEN MIT FEHLERN

»Hätte ich noch einmal die Wahl,
ich würde alles ganz anders machen!«

Es macht keinen Sinn, unaufhörlich seine Vergangenheit und die in ihr getroffenen Entscheidungen kritisch zu bewerten. Es macht keinen Sinn, sich die Schuld dafür zu geben, dass das Leben so kam, wie es kam. Gestern ist gestern. Vorbei ist vorbei. Wie weh es auch tut, wir können die Uhr nicht zurückdrehen.

Wir können jedoch versuchen, im Nachhinein uns noch einmal in die vergangene Zeit hineinzuversetzen – hineinzufühlen, wie es uns erging, was uns trieb, was uns bewegte an äußeren Umständen und inneren Haltungen, als wir taten, was wir taten. Wir können erneut ein wenig von dem in uns spüren, was uns zu einem früheren Zeitpunkt auf eine bestimmte Weise handeln ließ. So werden wir die Hintergründe verstehen, unser Handeln und uns selbst und schließlich damit beginnen, endlich Frieden zu schließen.

Habe ich die Kraft, meine »Fehler« loszulassen, und höre ich damit auf, mich selbst mit vorwurfsvollen Gedanken zu bestrafen, dann schaffe ich die Voraussetzung, dass mein Leben wieder in einen natürlicheren Rhythmus einmündet, in dem gesunde und heilsame Veränderungen und alles für mich Vorgesehene geschehen können. Lass ich den Gedanken los, etwas »falsch« gemacht zu haben, dann kann ich endlich wieder etwas »richtig« machen und vielleicht geschieht es – und mir wird plötzlich klar, dass nichts in meinem Leben ein Fehler war, sondern ein gewolltes Stück meines Weges.

Ich schließe Frieden mit allem, was geschah,
und vertraue darauf, dass nichts
in meinem Leben ein Fehler war …

MEINE KRÄFTE KONZENTRIEREN

Wenn wir unsere Kräfte

wie
- Glaube, Hoffnung, Wunsch,
- Vorstellung, Fantasie, Einfallsreichtum,
- Vergebung, Freundschaft, Versöhnung,
- Liebe, Hingabe und Vertrauen

in Form von Gedanken, Gefühlen oder Handlungen
konzentrieren

durch
- Weitsicht, Offenheit,
- Echtheit, Wahrheit,
- Deutlichkeit und Klarheit

wird
Altes und Schlechtes gehen
und
Neues und Gutes entstehen!

Ich habe die Macht und die Kraft,
mein Leben und mein Erleben
zum Guten zu wenden.

Dadurch, dass ich meine Kräfte
auf das Gute konzentriere,
schaffe ich eine neue Wirklichkeit ...

GESUNDHEIT DURCH GUTE GEDANKEN

»Die Gesunden und die Kranken
haben ungleiche Gedanken.«
SPRICHWORT

Gedanken sind nicht nur Gedanken; sie streben danach, sich zu verwirklichen. So stecken in jedem Gedanken ein Keim und eine Kraft für Entwicklung und Veränderung. Sie gehen mit Gefühlen einher und bestimmen unser Handeln. Gedanken treiben uns an oder lassen uns vermeiden. Gedanken machen gesund oder krank.

Was es braucht, ist, damit zu beginnen, uns zu erkennen in dem, was wir denken. Was sind das für Gedanken am Morgen, wenn ich das Geräusch des Weckers wahrnehme? Erlebe ich es dankbar als Hilfe, als liebevolle Aufforderung, den Tag, der auf mich wartet, nicht zu versäumen, ihn für mich zu nutzen? Oder erleide ich einen Höllenlärm, der mich wieder– wie fast täglich – aus der Geborgenheit des Schlafes reißt, rücksichtslos, rabiat? Was denke ich, wenn mir Gutes widerfährt? Denke ich: Das kann nicht sein, ein Zufall, ich habe es gar nicht verdient? Oder freue ich mich, weil mir etwas zuteil geworden ist, das wie für mich geschaffen ist? Was denke ich, wenn mir »Schlechtes« wiederfährt? Was denke ich den ganzen lieben Tag lang?

Gedanken haben Kraft und Macht. Kein Gedanke ist neutral. In jedem Gedanken steckt eine positive oder negative Kraft. In jedem Gedanke steckt etwas Heilsames oder Zerstörerisches. Hinter jedem Gedanke steckt vor allem ein Mensch, der seine Umwelt und das, was in ihr geschieht, auf seine ganz persönliche Art zu deuten versucht. Mehr noch: ein Mensch der genau durch diese Gedanken ein Stück persönliche Zukunft zu schaffen vermag - auch Gesundheit.

Meine Gedanken schaffen Gesundheit und Glück ...

ZURÜCK ZU MIR SELBST

Immer dann, wenn wir Pflichten erfüllen, Aufträge ausführen, Befehle entgegennehmen, wenn wir sollen oder müssen, befinden wir uns in einem fernen Land. Ein Land, das weit abseits liegt von dem, was man innere Heimat nennt. Ein Land mit fremden Sitten und Gebräuchen. Ein Land der Fremde und des Fremdbestimmten. Ein Land, in dem wir uns einsam und allein, angreifbar und empfindsam fühlen.

Wenn wir zurückkehren zu uns selbst, zu den eigenen Wünschen und Bedürfnissen, wenn wir wieder dort angekommen sind, wo wir wir selbst sein können, befinden wir uns zu Hause. Hier können wir loslassen von den Rollen und Programmen, die uns einschränken und beengen. Hier fühlen wir uns wohl und gesund. Hier sind wir in bester Gesellschaft.

Wir haben die Möglichkeit – trotz all unserer täglichen Reisen in die Ferne –, immer wieder die Heimreise anzutreten, umzukehren und bei uns selbst anzukommen. Wenn wir z. B. unseren Arbeitstag als fremd und unbefriedigend erleben, können wir zumindest dafür sorgen, dass der Feierabend uns gehört und so wird, wie wir es uns wünschen. Wir können umkehren, wann immer wir bereit dazu sind, die Pflichten, Ansprüche und Erwartungen Fremder abzustreifen, zurückzulassen. Wir können aufbrechen und immer wieder zurück zu uns selbst finden. Wir können den Abstand zur Welt genießen und sein, was wir sind, und loslassen, was nicht an den Ort unserer Heimat gehört.

Wo ich auch bin –
ich finde zurück zu mir ...

IM HEUTE LEBEN

»Lass das lange Vorbereiten.
Fang dein Leben an bei Zeiten.«
ALBUMVERS

Vermutlich haben wir einen Plan. Die meisten von uns haben einen. Einen Plan von einer besseren Zukunft. Wir haben eine Vorstellungen davon – mehr oder weniger konkret –, in welche Richtung sich unser Leben verändern soll. Wir vertrauen auf Verwirklichung und erwarten Besserung.

Das allein genügt meist nicht. Nur zu wünschen und zu vertrauen ist häufig nicht genug. Es gilt, heute zu beginnen zu sähen, was wir morgen ernten wollen. Wir müssen in uns und in unserem Leben die Voraussetzungen dafür schaffen, dass wachsen kann, was wir uns wünschen. Wir müssen schon heute ein wenig von dem vorwegnehmen, was wir morgen ersehnen.

In jedem Anliegen steckt zugleich eine Aufforderung. Wenn wir morgen glücklicher sein möchten, müssen wir schon heute damit beginnen, unser derzeitiges Glück besser wahr- und anzunehmen. Wenn wir uns morgen ausgeglichener und entspannter fühlen wollen, fangen wir am besten noch heute damit an, entsprechende Situationen zu schaffen. Wenn wir morgen weniger arbeiten möchten, so kommen wir nicht daran vorbei, unser Bedürfnis nach Anerkennung und die Haltung des Perfektionismus ein Stück weit schon heute loszulassen. Alles Planen und alles Vorbereiten macht letztendlich nur dann Sinn, wenn wir bereit sind, einen Teil des Erwünschten schon beizeiten, im Heute zu leben.

Wer nur im Morgen lebt, ist heute tot.
Ich lebe heute …

Der Sehnsucht vertrauen

Ein Platz im Herzen

»Wenn auch das Leben mir dich nahm,
in meinem Herzen hast du deinen Platz.«

Es tut weh, Verluste zu betrauern. Es tut weh, Verlierer zu sein. Wenn das Leben uns nimmt, was wir lieben, oder nicht gibt, was wir ersehnen, so ist dies immer mit Schmerz und Leid verbunden.

Wir mögen uns fragen, was es für einen Sinn macht, und vermutlich finden wir darauf nicht gleich eine Antwort. Manchmal mögen wir mit dem Leben hadern, weil wir traurig sind und uns erschöpft fühlen. Dann wieder erleben wir uns wütend und zornig und möchten die Welt besiegen. Manchmal versuchen wir zu vergessen, dann wiederum verhandeln wir mit dem Schicksal, indem wir uns selber Vorwürfe machen, weil wir vielleicht doch alles zum Guten hätten wenden können.

Heilsam wäre es, damit zu beginnen, unsere Verluste zu betrauern und den Schmerz und die Wut, die Ohnmacht und die Schuldgefühle und alles andere, was sie mit sich bringen, wahrzunehmen und anzunehmen. Eine Tür geht auf, wenn wir damit anfangen, ein Gespür dafür zu entwickeln, wo wir einen Mangel im Leben haben, und zu akzeptieren, dass auch Verluste und die damit verbundenen schmerzhaften Erfahrungen zu unserer Lebensgeschichte gehören. Türen gehen auf, wenn alles Erlebte erhält, was es verdient: einen Platz in unserem Herzen.

Ich akzeptiere Verluste
als Teile meines Lebens.
Auch für sie habe ich einen Platz
in meinem Herzen ...

48

BALSAM ODER GIFT

Balsam ist wie ...

ein Mensch, der sich liebt
und anderen vergibt,
der dem Leben vertraut
und auf die Hoffnung baut,
der sich an Geschenken erfreut,
und nichts, was jemals war, bereut,
der das Leben und die Menschen liebt
und der Umwelt seine Aufmerksamkeit gibt,
der bereit dafür ist, immer wieder neue Wege zu geh'n
und immer mehr den Sinn des eigenen Lebens zu seh'n.

Gift ist wie ...

ein Mensch, der sich selbst hasst
und andere dafür verantwortlich macht,
der dem Leben misstraut
und nur auf Enttäuschung schaut,
der sich erschöpft im Geben,
ohne jemals selbst zu nehmen,
der mit dem Leben auf Kriegsfuß steht
und nicht erkennt, was Menschen bewegt,
der längst aufgehört hat, offen zu sein,
und nur noch lebt zum Schein.

Balsam sein
für mich und das Leben ...

GUTE GEDANKEN WACHSEN LASSEN

Gute Gedanken erkennen wir daran, dass wir uns wohl fühlen in ihrer Gegenwart. Wir werden ruhig gestimmt oder heiter, friedlich oder beschwingt, je nach dem, was wir gerade brauchen. Gute Gedanken verknüpfen wir mit guten Bildern, Vorstellungen, Gefühlen. Sie nehmen einen Zustand des Heilwerdens vorweg und geben Mut, uns auf den Weg zu machen. Gute Gedanken schaffen Abstand von manch unangenehmer Realität, machen jedoch ebenso bereit, mit neuer Kraft in sie zurückzukehren.

Gute Gedanken sind wie Geheimnisse, die nicht von jedermann verstanden werden und nicht für jeden gedacht sind. Sie sind Teil unseres Wesens und machen deutlich, wonach wir uns sehnen. Wenn wir die Gedanken kennen, die uns gut tun, wissen wir auch mehr darüber, was uns schadet, was uns fehlt oder was wir loswerden wollen, und letztlich, wer und was wir sind.

Wenn wir unsere guten Gedanken pflegen, wenn wir sie wachsen lassen, wenn wir zulassen, dass guten Gedanken und Gefühlen Handlungen folgen und damit eine neue Wirklichkeit geschaffen wird, bedeutet dies einen Schritt auf dem Weg zu unserem Ziel.

Gute Gedanken
wachsen lassen,
immer wieder neu,
mehr und mehr ...

IN GESELLSCHAFT ANDERER MENSCHEN

Egal, mit wem wir es zu tun haben, jeder Mensch, der in unserem Leben eine Rolle spielt, löst etwas in uns aus – jeder Mensch etwas anderes.

In Gegenwart des einen fühlen wir uns wohl, in Gegenwart eines anderen ist uns unbehaglich zumute. Der eine treibt uns an, ein anderer bremst uns. Mit manchen Menschen lachen wir gerne, mit anderen ist uns zum Weinen. Mit einigen treffen wir uns aus einem inneren Bedürfnis heraus, mit anderen, weil wir müssen.

Manche Menschen würden wir, wenn wir könnten, aus unserem Leben verbannen, andere am liebsten in unsere Nähe wünschen.

Wenn wir bemerken, dass wir uns in Gegenwart anderer grundsätzlich anzupassen versuchen, dass wir im Gespräch unsere eigenen Themen völlig vergessen oder vernachlässigen zugunsten unseres Gegenübers, dass wir immer schwächer, während die anderen immer stärker werden, dass wir den Zeitpunkt ersehnen, die Runde endlich verlassen zu können, während die anderen sich rundherum wohl fühlen, dann sind dies eindeutige Hinweise dafür, dass wir uns selbst als zu wenig bedeutsam empfinden.

Vielleicht mag es dem einen genügen, gewisse Personen oder Personenkreise zu meiden, ihnen aus dem Weg zu gehen. Ein anderer möchte freier werden, sich selbst mehr anzuerkennen und das, was er ist, auch in Gesellschaft anderer auszudrücken.

Ich bin ich –
auch in Gesellschaft
anderer Menschen ...

GESUNDE PRIORITÄTEN SETZEN

Wenn wir die Situation kennen, wieder einmal völlig unter Strom zu stehen, wenn wir uns immer und immer wieder in Eile und Hetze befinden, weil wir glauben, all unseren Verpflichtungen des Tages noch nachkommen zu müssen, wenn wir Aufgaben um Aufgaben erledigen und uns dabei ständig fragen, welchen Sinn das alles macht, dann gehört es vermutlich nicht zu unseren Stärken, gesunde Prioritäten zu setzen.

Gesunde Prioritäten zu setzen heißt vor allem, mich selbst in die Mitte zu bringen. Alles andere, alles von außen Kommende und nicht unserem Wachstum Dienende können wir mit gutem Gewissen nach außen oder hintan stellen. Alles, was wir nicht sind und unserem Heilsein entgegenwirkt, alles, was stresst, uns aus der Ruhe und Mitte bringt, alles das gehört nicht zu unseren gesunden Prioritäten.

Prioritäten setzen ist nicht einfach. Da gilt es, den Mut aufzubringen, für uns einzustehen gegenüber der Umwelt und ihren Erwartungen. Wenn wir Prioritäten setzen, werden wir erleben, dass dies nicht immer im Sinne unserer Umwelt ist. So wird z. B. unser Arbeitgeber nicht viel davon halten, wenn wir uns plötzlich mehr um uns selbst kümmern und im Gegenzug nicht länger bereit sind, unbezahlte Überstunden zu leisten. Unser Partner wird mit Widerstand reagieren, wenn wir überraschend neue Regeln in die Beziehung bringen. Unsere Mitmenschen, die uns bislang »schätzten«, weil wir so selbstlos im Geben waren, werden protestieren, sobald auch wir unser Bedürfnis und unsere Bereitschaft zum Nehmen andeuten. Nichts desto trotz – die Welt wird lernen müssen, dass sie es mit einem Menschen zu tun hat, der auch für sich selbst bereit ist, gesunde Prioritäten zu setzen.

Ich will das Beste für jeden,
auch für mich –
ich setze gesunde Prioritäten ...

ENTWEDER ODER – SOWOHL ALS AUCH

Entweder – oder
– *zu denken,*
– *zu fühlen,*
– *zu handeln*
schränkt ein und macht klein.

Sowohl – als auch
– *zu denken,*
– *zu fühlen,*
– *zu handeln*
befreit und macht weit.

Ich öffne mich der Vielfalt des Lebens.

»Sowohl – als auch«
– zu denken,
– zu fühlen und
– zu handeln
ist Ausdruck innerer Freiheit
und Weite.

Mich der bunten Vielfalt
des Lebens öffnen ...

Mir meine Wünsche erfüllen

Wir sollen uns selbst Wünsche erfüllen? Kenne ich eigentlich meine Wünsche? Will ich sie überhaupt kennen? Bin ich wirklich bereit, für sie einzutreten?

Was wäre, wenn wir uns etwas wünschten, was sehr schwierig erschiene? Was wäre, wenn unsere Wünsche bedeuteten, dass wir unser Leben oder uns selbst wesentlich verändern müssten? Was wäre, wenn Wünsche gleichzeitig mit Ängsten in Erscheinung träten?

Wünsche, entstanden in uns selbst, zeigen ein Zuviel oder ein Zuwenig in unserem Leben an. Wünsche sind Zeichen eines Chaos, verbunden mit einem mehr oder weniger hörbaren Aufruf, Ordnung in dasselbe zu bringen. Sie sind Zeichen unserer Lebendigkeit und öffnen die Sicht für die eigene Situation.

Nun kann es nicht darum gehen, besessen von einem Prozess falsch verstandener Selbstverwirklichung – ohne Rücksicht auf Verluste – jedem gerade erst wahrgenommenen, noch gar nicht exakt als Wunsch zu bezeichnenden Impuls – koste es, was es wolle – nachzugehen und um alles in der Welt zu verwirklichen. Vielmehr geht es darum, mehr und mehr eine innere Aufmerksamkeit in mir entstehen lassen, die mein Selbst versteht und wirklich weiß, was gut für mich und meinen Weg ist. Eine Aufmerksamkeit, die mir die Kraft gibt, meine wahren und wahrnehmbaren Wünsche – sind sie zunächst auch noch so unscheinbar – auf eine für mich heilsame Weise zu erfüllen.

Täglich wächst eine Aufmerksamkeit in mir,
die mich meine wahren Wünsche wahrnehmen lässt.
Ich bin mehr und mehr bereit,
mir diese auf meine Weise zu erfüllen …

SEIN WIE EIN VOGEL

Sein wie ein Vogel,
- geborgen ruhend in seinem Nest,
- wenn der Sturm außerhalb bläst ...

- hoch droben in den Gipfeln von Bäumen,
- weit weg vom Boden, der nichts lässt versäumen ...

- zwitschernd und singend,
- der Welt Freude und Freiheit bringend ...

- ganz frei sich davonbewegend,
- wie von selbst sich über alles erhebend ...

- sich treiben lassend vom Wind,
- unbeschwert wie ein Kind ...

- hoch in die Lüfte schwebend,
- die ganze Welt von oben sehend ...

In der Fantasie meiner Seele
wie ein Vogel sein ...

LOSLASSEN – IMMER WIEDER LOSLASSEN

»Ich fragte mich,
was mir das Leben als Nächstes
nehmen würde.«

Ich hatte es schon satt: das Wort »loslassen«. Loslassen von gestern, Loslassen von heute, Loslassen von morgen, von mir, von dir, vom Leben, vom Tod ... Was würde mir noch bleiben, wenn ich von allem ließe?

Ich hatte es satt: das Hergeben, das Verlieren, das Vermissen, das Freigeben, das Verabschieden – und all die damit verbundene Traurigkeit. Ich hatte es satt, was mit mir und um mich geschah.

Ich wollte haben, besitzen, erreichen, genießen und behalten. Ich wollte mehr anstatt weniger, finden anstatt zu verlieren, annehmen anstatt wegzugeben, und dennoch blieb mir nichts anderes übrig, als wieder einmal loszulassen.

Gott,
ich möchte loslassen –
auch wenn es weh tut ...

DER KÖRPER ALS HEIMAT

»Ein Körper ist eine Heimat.«
KROLOW, DER MAI

Wie fremd doch vielen ihr Körper ist. Wie wenig sie wissen von ihm, wie wenig Gutes sie ihm tun. Wie entfernt sie ihm häufig begegnen, dem Körper, dem eigenen.

Der Körper ist eine Heimat. Der Körper, der uns schützt, der stark und schön ist, wenn wir ihm geben, was er braucht. Der Körper, der uns ermöglicht zu sehen, wenn wir die Augen öffnen und zum Hinsehen bereit sind. Der Körper, der uns hören lässt, wenn wir willig sind, Worte aufzunehmen. Der Körper, der uns riechen, schmecken, fühlen lässt, der so vieles erleben lässt, wenn nur wir ihn lassen.

Der Körper ist eine Heimat. Eine Heimat für unser Fühlen und Denken. Eine Heimat für unser Handeln. Ein Körper, der zu uns passt, der dem, was wir sind, eine äußere Form gibt und unserem Inneren Ausdruck verleiht. Ein Körper, der uns begleitet, längst vor dem ersten Atemzug bis hin zum letzten. Ein Körper, der ist, weil wir sind.

Mein Körper ist eine Heimat –
ich tue ihm alles erdenklich Gute ...

Konsequenz im Handeln

Warum sich Zwängen ergeben, sich dem »Perfektionismus« ausliefern? All das wäre eine falsch verstandene Vorstellung und krank machende Ausführung von konsequentem Handeln. Vielmehr können wir nach einem von uns und für uns selbst erstellten Plan all die Themen unseres Lebens angehen.

Konsequentes Handeln bedeutet, dass man in dem, was man tut, eine gewisse Ordnung und Reihenfolge bedenkt. Konsequentes Handeln arbeitet zielbewusst und erwartet ein mehr oder weniger klares Ergebnis. Konsequentes Handeln zeigt sich in Beständigkeit, Folgerichtigkeit und Kontinuität, ist logisch und vernünftig und kann uns unserem Ziel deutlich näher bringen.

Vielleicht muss man erst lernen, sich Ziele zu setzen und die Kraft aufzubringen, für deren Verwirklichung schrittweise vorzugehen. Vielleicht haben wir aber längst erkannt, wie befreiend die Erfahrung sein kann, durch eigene Entschlossenheit und Treue seine Lektionen zu bewältigen.

Wer konsequent handelt, übernimmt Verantwortung für sich und seine Bedürfnisse. Er schafft wesentliche Voraussetzungen für die Realisierung seiner Vorhaben und erlebt sich als selbstständigen Menschen.

Ich achte auf mehr und mehr
Konsequenz in meinem Handeln ...

AUSGLEICH INS LEBEN BRINGEN

»Wenn ein Tag unseres Lebens dem anderen gleicht,
sollten wir damit beginnen, für Ausgleich zu sorgen.«

Wenn wir Aufgaben und Anforderungen zu bewältigen haben, kann es sehr erleichternd sein, wenn diese sich in ihrer Art und Weise gleichen. Wenn Rituale des Tages, wie z. B. das allmorgendliche Frühstück, sich im Laufe der Zeit rhythmisiert haben, dient dies eindeutig unserer Entlastung, weil wir nicht Morgen für Morgen von vorne beginnen müssen, zu planen, was und wie ... So kann ein gewisses Maß an Gleichem uns frei machen für anderes und öffnen für Neues.

Zu viel des Gleichen kann jedoch ebenso bewirken, dass das Leben starr und unbeweglich wird. Zu viel vom Gleichen bringt eine Monotonie in unser Leben, deren Opfer wir werden, wenn wir dem Reiz einer überschaubaren Eintönigkeit unterliegen. Zu viel des Gleiches macht unbeweglich, womöglich ängstlich gegenüber Neuem und kann aufgrund mangelnder Ganzheitlichkeit zur inneren Unzufriedenheit führen.

Wenn man das Gefühl hat, dass das, was wir sind oder nicht sind, was wir tun oder nicht tun, was wir fühlen oder nicht fühlen, denken oder nicht denken, zu wenig von der Vielfalt des Lebens enthält, sollte man sich aufmachen, aus all dem Gleichen seines Lebens heraus einen gesunden Ausgleich zu schaffen. Je mehr es gelingt, in einem gesunden Ausgleich zu leben, werde ich selber mehr und mehr ausgeglichen. Ebenso lösen sich Gleichgültigkeiten auf und erzeugen Raum für willkommenes Neues, noch nicht Erlebtes.

Ich bin keine Gleichung,
die sich stets berechnend auflösen lässt.
Ich bin voller Vielfalt und Offenheit und –
ich bringe kreativen Ausgleich in mein Leben ...

OFFEN BLEIBEN

Wenn eine Brücke, die wir zu überqueren planten, plötzlich ins Wasser fällt,
wenn ein Weg, den wir zu gehen uns aufmachten, immer steiniger wird,
wenn eine Tür, durch die wir treten wollten, sich vor uns verschließt,
wenn der Tag, den wir willkommen hießen, nur die Nacht uns bringt,
wenn die Nacht, die wir zum Schlaf erwarten, viel zu früh erwacht,
wenn die Liebe, der wir uns hinzugeben sehnten, zum Hass wird,
wenn die Freude, die wir empfanden, sich in Trauer wandelt,
wenn die Gemeinschaft, die wir genossen, vereinsamt,
wenn die Ziele, die wir hatten, nicht mehr existieren,
wenn die Menschen, die wir liebten, von uns gehen,
wenn die Zeit, die uns verbleibt, weniger wird,
wenn das Leben uns sterben lässt,
wenn die Hoffnung uns verlässt,
wenn alles weniger wird,
wenn alles geht,
nichts mehr
besteht,

fällt es schwer, offen zu bleiben – dennoch:

Was ist schon,
wonach es scheint?

Von Tag zu Tag, in jeder Hinsicht,
vertraue ich der Weisheit des Lebens
und bin und bleibe offen ...

ES GEHT AUFWÄRTS

Es gibt kein Zurück in die Vergangenheit und kein »Ungeschehenmachen« von Erlebtem. Es gibt kein »Nochmal-ganz-von-vorn-Anfangen«. Nein, aber es gibt ein Ziel und einen Weg, nur für mich bestimmt: mein Ziel, meinen Weg.

Unterwegs, meiner Bestimmung entgegen, dienen jeder Schritt und jeder Stillstand, jede Atempause und jeder Rückschlag, alles, was mit mir passiert, letztendlich dem Erreichen meines Zieles.

Alles, was geschieht, alles, was ausbleibt – mag es auch schmerzvoll sein – alles dient der Erfüllung und Verwirklichung meines Lebensplans. Alles lässt kommen, was kommen soll, und gehen, was gehen soll. Alles lässt werden, was werden will.

Mit jedem Tag und jeder Stunde,
mit jedem Atemzug
wird mehr und mehr,
was werden will –
dem Gipfel entgegen ...

FREUDE ZULASSEN

Wie leicht es uns fällt, gewisse Dinge des Lebens als negativ, ungerecht und bedauerlich zu bezeichnen. Wie offensichtlich wir Beschwerliches und Schwieriges zu erkennen glauben. Wie sehr wir dazu neigen, in allem und jedem einen Nachteil zu entdecken ...

Wie sehr wir verlernt haben, uns völlig unbeschwert über Dinge unseres Lebens zu freuen, sie als Geschenk anzunehmen. Wie sehr wir uns anstrengen müssen, Gutes und Erfreuliches zu suchen und zu finden. Wie hilfreich und heilsam es dagegen wäre, jedem Tag und jeder Situation eine Freude, ein Ja abzugewinnen.

Es ist nie zu spät. Ich kann jetzt beginnen zurückzugewinnen, was Freude ist. Ich kann mich jeden Tag mehr und mehr auch all dem Schönen und Staunenswerten der Welt öffnen. Ich kann meine Aufmerksamkeit auf so manches Gute und Einfache des Lebens lenken, es erkennen, annehmen und dazu beitragen, es sich vermehren zu lassen.

Mit jeder Freude, die wir empfinden, teilen wir dem Leben mit, dass wir an ihm interessiert sind und bejahend an ihm teilnehmen wollen. Durch unser Ja können Körper, Geist und Seele entspannen, sich ausgleichen und zu neuer Energie gelangen. So kann aus Freude Friede werden, der in uns die Voraussetzung schafft, Menschen anzuziehen, die sich ihrerseits dem Licht des Lebens zuwenden, es in die Erde säen und uns zu Freunden werden.

Lebensfreude erfüllt mein Wesen –
ich lasse sie zu ...

ALLE WOLKEN ZIEHEN VORBEI

»Alle Wolken ziehen vorbei,
irgendwann, irgendwie ...«

Was immer uns bedrückt, uns belastet, uns zum Problem geworden ist – alles zieht vorbei. Was immer wir fürchten, was wir abzuwenden versuchen, loswerden und loslassen wollen – all das zieht vorbei, irgendwann, irgendwie.

In vielen Fällen ist es unnötig, unsere ganze Energie auf die Veränderung gewisser Umstände zu lenken. In vielen Fällen ist es gar unmöglich – egal, wie sehr wir uns auch anstrengen, den Lauf der Dinge künstlich zu verändern.

Wie Wolken am Himmel einfach kommen und gehen, kann auch das Leben – launisch wie das Wetter – uns geben und nehmen. Wie ein Regenschauer aus soeben noch heiterem Himmel herabfällt, können plötzlich Tränen fließen, wo vorher noch Freude war. Ebenso kann, wo gerade noch dunkle Wolken grau und trüb zum Trübsinn bliesen, in Windeseile die Sonne wieder Licht ins Dunkel des Tages bringen und mit jedem ihrer Strahlen etwas nehmen, was zuvor noch so bedrückend schien. So kann die Sicht sich klären und für neue Offenheit und Weite in uns sorgen.

Alle Wolken kommen und gehen. Alle Wolken, noch so grau, noch so trüb, noch so eng, finster und schwarz – alle Wolken ziehen vorbei.

Alle Wolken ziehen vorbei –
ich kann die Sonne fühlen ...

SCHLUSS MIT DER SKLAVEREI

Viele leben, als wären sie Leibeigene. Es scheint, als bestünde ihr tagtäglicher Auftrag darin, es anderen recht oder schlecht zu machen. Was steckt dahinter? Häufig die unbewusste Überzeugung, selbst nicht wichtig oder richtig genug zu sein, um eigenständig Entscheidungen treffen und nach eigenen Bedürfnissen leben zu können. Dahinter verbirgt sich aber auch die Angst und Unsicherheit vor der eigenen Person und der zu ihr gehörenden Geschichte.

Wer bereit ist, einen Großteil seines Lebens auf die vermeintlichen Erwartungen anderer auszurichten, lässt zu, dass er immer und immer wieder abgelenkt wird von eigenen, wirklich wichtigen Themen. Wer sein Schicksal in die Hände anderer gibt, nimmt sich selbst die Chance zur natürlichen und vorgesehenen Entfaltung des eigenen Lebens. Wer nicht lernt, seinem eigenem Leben Vertrauen zu schenken, wird aufgrund seiner – daraus resultierenden – Erfahrungen nur noch tiefer in Abhängigkeiten geraten, die krank machen.

Zu dienen, sich zu unterwerfen, grundsätzlich »ja« und »Amen« zu sagen, sein Leben, die eigenen Bedürfnisse und sich selbst ständig hinter fremden Normen und Werten zu verstecken, krank, schwach, alt zu werden für andere, ohne jemals angemessen dafür entschädigt werden zu können – all das sind Strukturen einer zerstörerischen Sklaverei.

Machen Sie Schluss damit, irgendwelchen Menschen, Vorstellungen, Zwängen, Mustern – was auch immer – zu erliegen. Beginnen Sie damit, einengende und krank machende Verkettungen hinter sich zu lassen. Stehen Sie einfach auf und gehen Ihren eigenen Weg.

Meine innere Stimme:
Schluss mit Sklaverei,
du bist stark und frei …

ES GIBT WICHTIGERES

Es gibt Wichtigeres,
- als sich ständig zu grämen,
- sich selbst zu bemitleiden.

Es gibt Wichtigeres,
- als sich dauernd zu überfordern,
- sich selbst unnötige Last aufzuerlegen.

Es gibt Wichtigeres,
- als sich laufend zu ängstigen,
- sich selbst irgendwelche Sensationen auszudenken.

Es gibt Wichtigeres,
- als sich fortwährend zurück- oder vorauszusehnen,
- sich selbst der Gegenwart zu berauben.

Es gibt Wichtigeres,
- als sich täglich zu bestrafen,
- sich selbst als unwichtiges Opfer zu sehen ...

Es gibt Wichtigeres,
wirklich Wichtiges im Leben.

Es gibt wirklich
Wichtigeres ...

DER SEHNSUCHT VERTRAUEN

»Sehnsucht – welch eine Weite klingt aus diesem Wort.
Sehnsucht – weit weg zu sein von diesem Ort.«

Wer das Gefühl der Sehnsucht kennt, der weiß, welche Macht in ihr verborgen liegt. Wer in der Sehnsucht sich sehnt und sucht und – zumindest in seiner Fantasie – ein Stück weit die Last der Gegenwart vergisst, dem erscheint vieles in einem neuen Licht. Wie wir uns mittels der Sehnsucht gedanklich frei fortbewegen, ebenso können wir uns aber auch eingeengt und eingeschüchtert durch sie erfahren.

Sehnsucht lässt spüren, wie und wo wir uns benachteiligt fühlen. Sehnsucht kann deutlich machen, wo wir Veränderung, Erlösung wünschen. Seiner Sehnsucht nachzugehen könnte bedeuten, dass wir selbst uns verändern müssten, um die äußeren Voraussetzungen zu schaffen, um finden zu können, wonach wir suchen. So kann Sehnsucht uns beängstigen und verunsichern, uns auffordern, Dinge zu tun, für die wir nicht oder noch nicht bereit sind. So kann Sehnsucht uns schließlich noch mehr entfernen von dem, was uns sowieso schon fehlt.

Wer dagegen wagt, seine Sehnsucht – ohne Zwang zum Handeln – einzuladen, sie einfach willkommen zu heißen, hat die Chance, viel über sich selbst zu erfahren. Wer sich selbst sensibilisiert für das, was in seinem Inneren vorgeht, kann sich viel bewusster auch im Äußeren bewegen – ohne dabei jedoch jemals handeln zu *müssen*. Wer lernt, der Sehnsucht zu vertrauen, die aus ihm selbst kommt, die weiß, was wir wollen, und weiß, wer wir sind, wer lernt, dieser Sehnsucht zu vertrauen und sich von ihr tragen zu lassen, kann ganz natürlich und mühelos an einen Ort gelangen, der genau seinem Wesen entspricht.

Sehnsucht, willkommen –
ich vertraue dir …

Ungeklärtes klären

Wenn Menschen, die wissen oder spüren, dass sie bald sterben werden, sich noch von ihren Mitmenschen verabschieden, dann tun sie dies oft aus dem Bedürfnis heraus, Ungeklärtes zu klären. Wenn Menschen wirklich frei, ungebunden leben und neue Wege einschlagen wollen, so ist es häufig notwendig, Offenes erst noch abzuschließen, Unerledigtes zu erledigen und Ungeklärtes zu klären.

Ungeklärtes ist und bleibt ungeklärt, wenn Gedanken keine Worte finden, Gefühle sich nicht im Handeln ausdrücken oder das Handeln im Widerspruch zu beidem steht. Während Ungeklärtes zunächst in mir selbst seinen Ort hat – in der Spannung zwischen Können und Wollen, zwischen Wollen und Dürfen, zwischen Dürfen und Müssen –, zeigt es sich mit der Zeit ebenso in meinen Beziehungen. Je mehr ich mit mir selbst im Unklaren bin, um so mehr steht Ungeklärtes auch zwischen »mir« und »dir«.

Wenn Ungeklärtes zwischen zwei Menschen ungeklärt bleibt, sind weitere Unsicherheiten und Konflikte die Folge. Wenn eine Frage, die wir an einen anderen Menschen haben, keine oder eine unklare Antwort erhält – vielleicht weil wir sie uns zuvor selber schon gegeben haben –, werden nur noch weitere Fragen aufgeworfen. Wenn Zweifel in Beziehungen kein Vertrauen finden, stirbt das »Wir«.

Ich suche Klarheit in dem,
was ich denke, fühle und tue.
Ich suche Klarheit
auch in meinen Beziehungen ...

WESENTLICHES ERKENNEN

Wir essen und trinken, schlafen und gehen einer Arbeit nach. Jeder hat Aufgaben zu erfüllen, Dinge zu erledigen, Vereinbarungen zu treffen. Wir alle leben – irgendwie, irgendwo für einen gewissen Zeitraum.

Was aber ist wesentlich – worin besteht das Wesen unser Lebens? Mal abgesehen von den Pflichten, denen wir nachkommen »müssen«: Wie ist es bestellt mit dem, was wir wollen? Was ist wichtig, nur für uns selbst? Was ist wesentlich für das, was wir sind, und für das, was wir tun?

Wir können sicher sein: Da gibt es einiges Wesentliche in unserer Persönlichkeit und in dem Leben, das wir führen. Da sind Fähigkeiten und Eigenschaften, Vorzüge und Verhaltensweisen, die so typisch für uns sind, dass sie auf keinen anderen Menschen zuzutreffen scheinen. Da sind Gefühle und Gedanken, undurchschaubar für andere und manches Mal auch unergründbar für uns selbst, aber dennoch so vertraut und untrennbar mit uns verschmolzen, als wären wir mit ihnen schon ewig eins. Da sind Wünsche und Vorstellungen, Träume und Fantasien, Pläne, vielleicht schon aufgegebene, die unaufhaltsam – wenn auch leise und bewusst kaum wahrnehmbar – und doch auf ihre Weise intensiv und immer wieder anklopfen – an der Tür unserer Sehnsucht.

Da sind wir – wenn auch fast schon vergessen. Da sind wir. Wir sind wesentlich.

Ich bin
wesentlich ...

AUFGESCHOBENES ANPACKEN

Wir haben Gründe, wenn wir etwas aufschieben. Wir haben gute Gründe dafür. Manchmal ist es – denken wir – das Leben, das nicht die Voraussetzungen schafft, manchmal sind es andere Menschen. Gelegentlich fehlt nur noch ein winziges Wort, dann wiederum trennen uns Welten. Ein anderes Mal ist es unsere Bequemlichkeit, die Mühe und Anstrengung scheut, oder die Zeit, die einfach noch nicht reif ist – denken wir. Welchem Gefühl, welchem Gedanken oder welchem Umstand wir es auch zuzuschreiben suchen: Der wahre Grund für einen Aufschub – egal, wie die Dinge auch stehen – liegt bei uns selbst. Aufgeschoben ist nicht aufgehoben – das spüren wir. Aufgeschobenes jedoch beherrscht uns, weil es bewirkt, dass wir uns länger als notwendig damit zu beschäftigen haben – einfach deshalb, weil wir es nicht zu dem Zeitpunkt anpacken, in dem es entsteht, und weil es so gezwungen ist, neue Signale zu senden, bis es die notwendige Aufmerksamkeit erhält. Aufgeschobenes wird oft auch mehr oder größer statt weniger und kleiner; es bleibt uns auf den Fersen oder kommt immer wieder zurück. Aufgeschobenes will vor allem eines nicht: auf Dauer abgeschoben sein. Ich entscheide selbst, frei und eigenverantwortlich, inwieweit und auf welche Art und Weise ich Dinge anpacke oder aufschiebe. Egal, wofür ich mich entscheide – ich vertraue darauf, dass sowohl das eine als auch das andere für mich in meiner jeweiligen Situation wichtig und richtig sein kann. Packe ich eine Sache an und gehe den not-wendigen Schritt, so unterstütze ich den natürlichen Fluss des Lebens. Schiebe ich dagegen bewusst etwas auf und in dem Wissen, dass ich es zu einem späteren Zeitpunkt anpacken werde, so ist auch dies in Ordnung und braucht keine Schuldgefühle oder Stress in mir verursachen.

Ich achte darauf, Aufgeschobenes anzupacken –
zum richtigen Zeitpunkt, am richtigen Ort,
auf meine Weise ...

EINE INSEL NUR FÜR MICH

Eine Insel –
irgendwo
einsam und abgeschieden
in einem fernen Land
vielen unbekannt
in meiner Fantasie
oder in Wirklichkeit
weit weg und entlegen
unauffindbar für Streit
befreit von Sorgen und Problemen –
sich beschäftigen, nur mit Schönem –
bleiben können, solange ich will –
Geborgenheit, alles still –

Ich selber sein
mit mir allein
entfernt vom Alltag
von Schmerz und Leid
Ruhe und Frieden spendend
viel Zeit –
für mich.

*Eine Insel manchmal
nur für mich ...*

AUF DIE INNERE STIMME HÖREN

»Die Welt ist laut geworden;
unsere Ohren aber nicht größer.«

Unsere Welt ist laut geworden. Wir sind umgeben von Maschinen und Geräten, von einer Vielzahl technischer Errungenschaften, die alle unsere Sinne auf irgendeine Art und Weise betäuben können.

Während bei einem gewöhnlichen Gang durch die Innenstadt unzählige Botschaften in Form von Werbung und Reklame unsere Augen überfluten, werden unsere Ohren fast ununterbrochen von Geräuschen irgendwelcher Herkunft, Dauer und Intensität heimgesucht.

So haben wir sie weitgehend verloren: die Entscheidung darüber, welche äußeren Eindrücke uns erreichen sollen. Nur noch selten werden wir gefragt, ob wir hören wollen, was wir zu hören bekommen. Und nur manchmal noch meldet sich das Bedürfnis, Ton und Lautstärke selbst zu bestimmen, weil vieles alltäglich geworden ist und wie selbstverständlich unser Leben begleitet. So haben wir mit der Zeit aufgehört, laute und fremde Geräusche zu hinterfragen, und gleichzeitig damit begonnen, uns im Weghören und Überhören zu üben.

Mittlerweile sind wir Meister geworden – Meister im Weg- und Überhören, haben resigniert bei all der Flut der äußeren Stimmen. Dabei haben wir womöglich verlernt, auf uns selbst und die eigene, innere Stimme zu hören.

Ich höre,
was meine innere Stimme
sagen will ...

RECHT ODER SCHLECHT?

Wenn es recht ist zu lieben,
– ist es dann schlecht zu begehren?

Wenn es recht ist zu begehren,
– ist es dann schlecht zu wollen?

Wenn es recht ist zu wollen,
– ist es dann schlecht zu fordern?

Wenn es recht ist zu fordern,
– ist es dann schlecht zu bekommen?

Wenn es recht ist zu bekommen,
– ist es dann schlecht zu verlieren?

Wenn es recht ist zu verlieren,
– ist es dann schlecht zu vertrauen?

Alles hat seine Zeit ...

Nichts ist,
wonach es scheint –
alles ist gut ...

WAS IMMER IST – AUCH ICH BIN

Suchen wir in unserem Leben nach einer Zeit, die völlig frei von Ängsten, Sorgen oder Problemen war, können wir vermutlich lange danach suchen, ohne jemals fündig zu werden. Selbst die Kindheit, die Erwachsene im Nachhinein allzu gerne als eine Zeit der Geborgenheit und Unbeschwertheit bezeichnen, war nicht immer das, was wir uns damals wünschten oder was wir heute in ihr sehen.

Jeder Abschnitt und jede Phase, die wir erleben, trägt jeweils eigene Aufgaben und Herausforderungen an uns heran. Irgendetwas will uns wach halten, irgendetwas bleibt immer noch zu tun – das ist Leben, aufwachen zum Leben.

Es ist sehr wichtig, gut für uns selbst zu sorgen, gerade dann, wenn wir wieder einmal unsicher sind, was als Nächstes kommt, was im Leben entsteht oder was geht. Dabei kann es helfen, wenn wir uns selbst bejahen in dem, was wir sind, und in dem, was wir tun. Wir dürfen uns die Freiheit eingestehen, »Fehler« zu machen, nicht perfekt zu sein. Wir dürfen uns als wichtig und richtig erachten, auch wenn nicht alles wie von uns erwartet verläuft. So haben wir auch jederzeit das gute Recht, uns zurückzuziehen, uns zu distanzieren, uns eine Auszeit zu geben, in uns selbst zu Hause zu sein.

Es liegt an mir selbst – trotz mancher Ängste und Probleme –, an mich selbst zu denken und niemals zu vergessen:

Was immer ist –
auch ich bin
und darf ich sein ...

FRÜCHTE REIFEN LASSEN

Einen Baum besorgen
- einen Platz im Garten
- ein Loch
- einen Stamm
- Wasser
- Erde
- Luft
- Licht
- Schutz
- Pflege
- Aufmerksamkeit

- Frühling, Sommer, Herbst, Winter
- Jahre
- jahrelang
- eine Frucht
- zwei
- einige
- mehrere
- viele

- Blühen
- Befruchten
- Wachsen

Wachsen und Reifen –
Reife ...

Wie lange es auch dauert –
geduldig lasse ich Früchte reifen ...

74

DIE NOTBREMSE ZIEHEN

Worin besteht unsere Not?
Erleiden wir einen Mangel,
z. B. an Zeit, Geld,
an Liebe, Aufmerksamkeit?

Oder haben wir zu viel von etwas,
z. B. an Arbeit,
an Verpflichtungen,
an Stress,
an Angst?

Worin auch immer Ihre Not besteht –
fangen Sie noch heute damit an,
die Notbremse zu ziehen!

Ich bin nicht geboren,
um ständig Not zu leiden.
Ich fange noch heute damit an,
die Notbremse zu ziehen ...

DEM LEBEN EINE KLARE RICHTUNG GEBEN

Viel zu wenig verändert sich, viel zu wenig verbessert sich, viel zu viel bleibt, wie es ist, solange wir nur in Gedanken oder in unserer Fantasie zur Veränderung bereit sind. Streben wir einen heilsamen Wandel, eine positive Wende an, gilt es zu handeln und damit zu beginnen, unserem Leben eine klare Richtung zu geben.

Leichter gesagt, als getan, wenn wir festgefahren sind in alte Weisen des Denkens, Fühlens und Handelns, wenn wir uns all die Jahre darin geübt haben, das Leben immer auf die gleiche Art und Weise zu bewältigen, wenn wir Meister in der Disziplin geworden sind, unsere Richtung zu verfälschen, indem wir uns zu sehr nach anderen gerichtet haben.

Dennoch: Es gibt sie noch, die unzähligen Möglichkeiten der Erneuerung und der Wende. Unser Leben kann sich verändern – jederzeit –, kann eine für uns stimmigere und gesündere Ausrichtung bekommen. Das Leben fließt – an jedem Tag, zu jeder Stunde, zu jeder Minute, zu jeder Sekunde. Alles wartet darauf, sich neu zu organisieren und einer besseren und glücklicheren Ordnung zu folgen. Alles wartet darauf, sich zu unseren Gunsten zu verändern. Wir müssen nur eins dafür tun: bei uns selbst anfangen – am besten noch heute!

Ich gebe meinem Leben
eine klare Richtung.
Alles wird gut ...

MÄRZ

Alles wird gut

AUF ORIENTIERUNG VERTRAUEN

In einer Welt,
die ständig nach Veränderung drängt,
in einem Leben,
das jeden Tag aufs Neue lenkt,
in einem Körper,
der sich seiner Jahre schämt,
in einem Geist,
der fremde Gedanken denkt,
in einer Seele,
die sich selbst nicht kennt,
in einem Handeln,
das sich selber hemmt –
wirkt vieles orientierungslos.

Und doch:

Ich vertraue dem Leben –
es wird mir Orientierung geben ...

MICH SELBST BESCHENKEN

»Viel zu viel tun wir, weil wir müssen –
viel zu wenig, weil wir wollen.
Viel zu viel erwarten wir von anderen –
viel zu wenig erfüllen wir uns selbst.«

Es ist an der Zeit, dass ich meine Aufmerksamkeit auf jene Bereiche meines Lebens lenke, in denen ich Mangel verspüre. Wo habe ich zu wenig, wo das Falsche? Wo wünsche ich Veränderung? Wo muss endlich etwas geschehen?

Wir können uns bemitleiden, uns grämen. Wir können wütend sein auf das Leben, auf die Umwelt, auf Gott oder auf uns selbst. Wir können aggressiv werden – irgendjemandem gegenüber, irgendwo und irgendwann. Wir können resignieren und uns mehr und mehr vom Leben zurückziehen.

Ich habe ebenso die Wahl, mich darüber zu freuen, dass ich wünschen und wollen darf. Schließlich sind es deutliche Hinweise dafür, dass ich lebe und wünsche, am Leben auch weiterhin teilzuhaben. Ich selber bin Ursache dafür, dass Erwartetes sich erfüllt, indem ich mir gebe, was mir am meisten fehlt, mich einfach und ehrlich damit beschenke – jeden Tag.

Täglich schenke ich mir ...

»Negative« Menschen meiden

Es gibt Menschen, in deren Gegenwart wir uns wohl, geborgen und zu Hause fühlen. Andere brauchen nur den Raum zu betreten und wir spüren die Negativität, die von ihnen ausgeht.

Menschen, die ihre Aufmerksamkeit vor allem auf die Schattenseiten des Lebens lenken, mit sich selbst und ihrem Leben im Unreinen und daher ständig unzufrieden sind, sollten wir uns nicht anvertrauen. Sie haben oftmals nur das eine Ziel: andere in die Knie zu zwingen, um sich auf deren gekrümmten Rücken aufzurichten.

Wer sich dagegen in einem Prozess der Heilung und Gesundung befindet, weil er endlich bereit ist, Schritt für Schritt von alten, einschränkenden und einengenden Mustern loszulassen, wer sein Leben am Positiven ausrichten und einer neuen, besseren Zukunft öffnen will, hat es nicht nötig, sich von »negativen« Menschen aufhalten zu lassen. Weil er darauf vertraut, dass alles gut ist und gut wird, kann sich mehr und mehr sowohl von der eigenen als auch fremden Negativität verabschieden. Er kann – frei von Schuldgefühlen oder schlechtem Gewissen – jene Menschen meiden, die Negativität vertreten.

Ich lasse »positive« Menschen
um mich sein ...

NO ODER ON?

No,
heißt so viel wie:
- nein
- verschließen
- verweigern
- ablehnen
- zumachen
- sich verstecken
- vermeiden
- fliehen
- aufhören
- sterben ...

On,
heißt so viel wie:
- offen
- ja
- zustimmen
- annehmen
- aufmachen
- sich zeigen
- suchen
- finden
- anfangen
- leben ...

Ich bin
für das Leben ...

Den Winter gehen lassen

Lange genug war Winter.
Lange genug war uns kalt.
Wir haben gefroren und suchten Wärme.
Es war dunkel um uns.
Alles schlief.

Nun soll der Winter gehen.
Der Frühling steht vor der Tür.
So will es die Natur.

Die Tage wollen sich verlängern,
die Nächte sich verkürzen.
Die Sonne will strahlen,
die Luft sich erwärmen,
die Blumen wollen sprießen,
die Natur will wieder genießen.

Lass es zu ...

ICH BIN WICHTIG

»Was immer mir die Welt einzureden versucht:
Ich bin wichtig!«

Ich bin wichtig,
auch wenn mein Chef meint,
die Arbeit sei wichtig.

Ich bin wichtig,
auch wenn meine Familie meint,
sie sei wichtig.

Ich bin wichtig,
auch wenn mein Partner meint,
er sei wichtig.

Ich bin wichtig,
auch wenn die Angst meint,
sie sei wichtig.

Ich bin wichtig,
auch wenn der Alltag meint,
er sei wichtig.

Ich bin wichtig,
auch wenn dies sonst keiner meint.

Ich bin wichtig,
auch dann,
wenn ich es selbst nicht meine.

Ich bin wichtig ...

ALLES MACHT SINN

»Alles macht Sinn;
nichts ist sinnlos!«

Wie oft habe ich mich schon gefragt: »Warum? Warum gerade ich? Warum gerade jetzt? Warum gerade so?«

Dinge geschehen, auch ohne dass ich sie einlade oder dass sie sich lange vorher ankündigen. Nicht immer werde ich gefragt, ob es mir gerade passt, ob ich bereit bin für das, was an Neuem geschieht oder an Altem bleibt. Immer wieder werde ich konfrontiert: mit irgendwelchen Gegebenheiten, mit Stillstand oder Veränderungen, auf die ich nicht gefasst war.

Stets braucht es seine Zeit, bis wir erkennen, was hinter allem steckt. Manchmal kann es Jahre – ja sogar ein ganzes Leben – dauern, bis wir den Sinn hinter den Dingen sehen. Doch wir werden sehen. Und wir werden erkennen. So erzählen z. B. Menschen, die für klinisch tot erklärt wurden, immer wieder davon, dass sie – dem Tod nahe – plötzlich in dem tiefen, allumfassenden Vertrauen waren, dass alles und wirklich alles seine Ordnung und seinen Sinn hat, dass nichts in ihrem Leben und wirklich nichts ohne Grund und ohne Sinn geschah.

Ich muss nicht warten, bis ich sterbe.
Ich kann schon heute in dem Vertrauen leben:

In allem
ist ein Sinn ...

84

WARUM EIGENTLICH?

Warum eigentlich
sollten wir nicht wichtig,
richtig und in Ordnung sein?

Warum eigentlich
sollten wir nicht attraktiv, anziehend
und faszinierend sein?

Warum eigentlich
sollten wir nicht getragen, geborgen
und aufgehoben sein?

Warum eigentlich
sollten wir nicht glücklich, zufrieden
und begünstigt sein?

Warum eigentlich
sollte uns keine bessere, schönere
und glücklichere Zukunft erwarten?

Warum eigentlich sollten wir
nicht endlich damit aufhören,
uns selbst einzuschränken?

Warum eigentlich
schränke ich mich selbst ein?
Ich will aufhören damit ...

DIE WELT IST WEIT

Die Welt ist weit, unendlich weit. Nicht erkennbar, nicht sichtbar, nicht fühlbar, nicht einmal erahnbar, wo sie endet, wo sie beginnt. Frei von Grenzen und Blockaden, die sie beengen oder behindern. Wasser, Land, Luft und von allem so viel, dass es unsere Vorstellungskraft bei Weitem übertrifft.

Die Welt ist weit, auch an Erscheinungen und Möglichkeiten. So viel, was es gibt an Rassen und Arten von Pflanzen, Tieren und Menschen! Eine Welt, in der so vieles gleichzeitig lebt, eine Welt, die so vieles gleichzeitig ist. So viel kann geschehen, jeden Tag, heute, jetzt und hier.

Die Welt ist weit an Geschichte, an Zukunft, an Veränderung und Bewegung. Sie passt sich an, wird neu, wechselt ihr Gesicht und bleibt doch, was sie immer war.

Die Welt ist weit.
Auch wir sind Teil
dieser weiten Welt.

*Ich bin ein guter Teil
der weiten Welt ...*

SEHEN, WAS MAN SIEHT

Ein Baum,
grüne Blätter, am Tag, bei Sonnenschein oder
blattlos, schwarz in der Nacht, bei Dunkelheit ...

ein dicker Stamm, um sich an ihn zu lehnen oder
viel zu dünn, um in ihm schon Bretter zu sehen ...

zu hoch, um sanft auf den Boden zu fallen oder
zu niedrig, um dort droben die Welt zu vergessen ...

zu ungewöhnlich, um einfach so vorbeizugehen oder
zu gewöhnlich, um in ihm mich selbst zu sehen ...

Was immer ich sehe –
ich tu es mit meinen eigenen Augen ...

DA SEIN AUCH FÜR SICH SELBST

Viele arbeiten in einem Beruf, bei dem es im Wesentlichen darauf ankommt, anderen Menschen zu helfen. Andere fühlen sich im privaten oder familiären Bereich verpflichtet, ihre Dienste der Aufmerksamkeit und Zuwendung anderen zur Verfügung zu stellen. Manche sind mit beidem konfrontiert.

Solange wir uns gerne helfend und unterstützend anderen Menschen widmen und dies in einem gesunden Maße tun, besteht keine Gefahr. Solange wir uns bestätigt und am richtigen Platz fühlen, solange wir den anderen und uns selbst – trotz all der Verbundenheit, die wir erleben – noch als getrennte Wesen wahrnehmen und – wenn nötig – den Abstand finden, scheint alles in Ordnung zu sein.

Nicht selten wird jedoch – wenn wir uns offenbar zu viel zumuten – im Laufe der Zeit aus dem »Wollen« ein »Müssen«. Nicht selten nimmt uns die Aufmerksamkeit, die wir auf andere lenken, den Blick für uns selbst. Dann, wenn wir kaum mehr unterscheiden können zwischen den andern und uns selbst, wenn wir nicht mehr freiwillig tun, was wir tun, laufen wir Gefahr, dabei selbst auf der Strecke zu bleiben. Wenn die Freude sich von der Aufgabe des Helfens distanziert, weil uns die Kraft ausgeht, ist es Zeit, endlich auch uns selbst zu helfen. Wenn wir bei all dem »Da sein für andere« nicht mehr zu uns selbst finden, hat die Hilfe ihre Absicht verfehlt.

Anderen Menschen helfen kann dauerhaft nur der, der auch sich selbst zu helfen bereit ist. An anderen vollbringen, was an uns selbst scheitert, wäre Unsinn und paradox. Beim anderen zu sein, für ihn und seine Belange da zu sein gelingt am besten, wenn wir bei uns selbst geborgen sind. So ist die beste Form des »Da-Seins« – auch für alle anderen, die uns brauchen –, wenn wir auch für uns selbst da sind.

Ich bin da –
auch für mich ...

MIR GEBEN, WAS ICH BRAUCHE

Ruhe? Beschäftigung?
Ordnung? Chaos?
Freiheit? Sicherheit?
Enge? Weite?
Ja? Nein?
Stillstand? Bewegung?
Nähe? Abstand ...?

Wer weiß schon,
was er braucht?
Wer braucht schon,
was er weiß?

Wer gibt sich,
was er braucht?
Wer braucht,
was er sich gibt?

*Lass mich spüren
und mir geben,
was ich brauche ...*

RUHE IN DEM, WAS WIR TUN

Es fällt nicht leicht, in einer Welt der Uhren sich Zeit zu nehmen. Es fällt nicht leicht, immer in Ruhe zu tun, was wir tun.

Allzu schnell geraten wir in Hektik, in Eile und Hetze. Allzu schnell lassen wir uns mit hineinziehen in den Fluss der Unruhe und Anspannung und lassen gleichzeitig zu, dass wir uns von uns selbst distanzieren. Im Getriebe der Geschäftigkeit, zu einem Zahnrad werdend, das weder Richtung noch Geschwindigkeit selbst bestimmen könnte, noch wann es anhalten oder aussteigen möchte, verlieren wir mit jeder Drehbewegung um die eigene Achse mehr und mehr den gesunden Bezug zu unserer Mitte. Zwar kann es sein, dass wir uns »sicher eingespannt« erleben – doch auch das nur so lange, solange wir funktionieren.

Immer dann, wenn wir zulassen, durch äußere Faktoren unsere Ruhe zu verlieren, setzen wir das Zeichen, dass gerade jenes, was um uns passiert, bedeutsamer und wichtiger ist als alles, was bisher in uns selbst geschah. Mit jedem »Aus-der-Ruhe-Kommen« ist ebenso auch ein »Von-sich-selbst-Wegkommen« verbunden.

Nur in der Ruhe selbst sind wir bei uns und haben Zugang zu all dem Wissen, was wichtig und richtig für uns ist, und werden frei. Nur in der Unruhe werden wir verwundbar und beeinflussbar.

Eine wunderbare Ruhe
sei in allem, was ich tue ...

MITEINANDER REDEN

Ich kann denken, was ich will. Ich kann mir stets meinen eigenen, ganz persönlichen und individuellen Reim darauf machen, wenn es um das Verhalten anderer Menschen geht. Ich kann Freunde darum bitten, mir bei der Interpretation oder Beurteilung von Verhaltensweisen anderer behilflich zu sein, und vermutlich werden sie mir sagen, was ich hören will. Ich kann rätseln und mutmaßen, vermuten und spekulieren, wozu immer ich lustig bin, es durch Kartenlegerei und Horoskope bestätigen lassen ... und kann dennoch fremdes Verhalten bestenfalls aus eigener Sicht versuchen zu bewerten.

Fremdes Verhalten ist immer ein Stück weit fremd. Nicht immer können wir nachvollziehen, was dahinter steckt, wenn Menschen sich auf eine gewisse Art und Weise verhalten, wenn sie sagen, was sie sagen, und tun, was sie tun. Wir können lediglich versuchen, aus unserer eigenen Perspektive heraus uns hineinzuversetzen und zu erahnen, was dahinter stecken könnte. Eine Erklärung haben wir damit noch lange nicht.

Wenn wir spüren, dass zwischen uns und einem anderen Menschen Unklarheit ist, sollten wir nicht vergessen: Wir können ihn oder sie ansprechen, ganz einfach, offen und klar. Wir können für uns selbst sprechen und sagen, wie es uns geht, was wir erleben, was wir wahrnehmen. Wir können Vermutungen darlegen und um Ehrlichkeit bitten. Wir können, indem wir das Gespräch mit anderen suchen, für Wahrheit und Klarheit sorgen in allem, was wir sagen, und letztendlich darauf vertrauen, dass auch der andere zu uns in Wahrheit spricht.

Ich bin offen,
mit anderen zu reden ...

Vom Umgang mit Erinnerungen

Erinnerungen sind Überbleibsel vergangener Tage. Erinnerungen sind Denkmäler unserer eigenen Geschichte. Was immer wir sahen, hörten, fühlten ... – und ist es auch noch so lange her – die Er-inner-ungen daran leben auch heute weiter in uns.

Wir mögen uns an manche Dinge gerne erinnern, weil sie für uns positiv besetzt sind, weil durch sie schöne Zeiten der Freude und Unbeschwertheit wieder »lebendig« werden. Andere, negative Erinnerungen stimmen uns traurig oder wütend ...

Wie können wir mit Erinnerungen umgehen? Wie vor allem mit unangenehmen? Sollen wir sie verbannen oder bekämpfen, sie verdrängen oder ignorieren?

Vielleicht ist es uns möglich, sie trotz allem Schmerz und aller Wut, die sie uns bringen, dennoch als Freunde oder zumindest als Rat gebende Lebensbegleiter zu betrachten. Wenn wir sie aufsteigen lassen, egal wann oder woher sie gerade kommen, wenn wir ihnen ins Gesicht sehen, sie begrüßen und zum Verweilen einladen, werden sie sich schneller, als erwartet, wieder von uns verabschieden, dabei aber stets ein Geschenk hinterlassen. Wenn wir mit ihnen in Kontakt treten, offen und ehrlich, werden sie uns ebenso behutsam ihre Dienste erweisen: Sie machen uns klar, wo es in unserem Leben noch Ausständiges oder Unerledigtes gibt, und zeigen uns auf, worin die Ziele unserer Zukunft bestehen. Erinnerungen sind Teile unserer selbst.

Ich danke dem Leben
für jede einzelne Erinnerung ...

Aufräumen im Leben

»Wenn uns das Gelebte der Vergangenheit
oder das zu Erlebende der Zukunft
über den Kopf zu wachsen scheint,
so ist es an der Zeit aufzuräumen.«

Aufräumen bedeutet zunächst einmal: hinsehen. Hinsehen auf all das, was wir im Laufe der Zeit mit uns mitgenommen oder um uns herum angesammelt haben. Hinsehen auf das Ausstehende und Unerledigte in unserem Leben. Hinsehen auch auf das Unangenehme und Schmerzhafte. Aufräumen bedeutet auch ansehen: einen würdigen und angemessenen Blick, der verweilt und damit verbundene Gefühle und Gedanken zulässt.

Aufräumen heißt nicht: wegwerfen; es versucht vielmehr, allem seinen Platz zuzuordnen. Manches werden wir am Mittelpunkt unseres derzeitigen Lebens ausrichten, anderes möglichst weit ins Abseits schieben. Wir allein treffen dabei jeweils die Entscheidung.

Aufräumen kostet Kraft und Mut, all diese Entscheidungen zu treffen. Der richtige Zeitpunkt ist dafür wichtig. Aufräumen macht aber auch frei – frei für Neues.

So fühlen wir uns wohl, in einer aufgeräumten Wohnung, an einem aufgeräumten Arbeitsplatz und ebenso in einem aufgeräumten Leben, welches Unklares klärt, Rechnungen begleicht, Offenes erledigt und frei macht für Neues.

Ist es an der Zeit
aufzuräumen ...?

SEIN WIE DIE SONNE

Die Sonne,

so gut,
so hell,
so gelb,
so sanft,
so stark,
so frisch,
so sehr Tag,
so wärmend,
so leuchtend,
so unendlich,
so sehr Leben,
so wohltuend,
so sehr Sommer,
so lebensspendend –

genau wie ich.

Ich bin
wie die Sonne ...

SICH VERSÖHNEN

»Sich zu versöhnen schafft Frieden.«

Versöhnen bedeutet, dass wir auf jene Bereiche unseres Lebens, die in uns unangenehme Gefühle und Stimmungen wie Wut, Trauer oder Zorn verursachen, zugehen, sie – auch wenn es uns schwer fällt – ansehen und schließlich annehmen. All das, was bisher für Enttäuschung in uns sorgte, nehmen wir an, auch wenn wir uns nicht darüber freuen, auch dann, wenn wir noch keinerlei Sinn darin erkennen mögen.

Versöhnen bringt Frieden, weil ich meinem Schicksal die Hand reiche, weil ich Freundschaft schließe mit meiner eigenen Geschichte, mit dem, was war, und dem, was kommt. Wenn ich mich versöhne, schaffe ich eine wichtige Voraussetzung dafür, dass Krankes gesundet und Wunden heilen.

Was immer war,
was immer auch geschah,
ich versöhne mich ...

EIN WENIG ZAUBER

Viel zu vieles ist festgefahren, eintönig, immer wiederkehrend und bekannt. Viel zu vieles ist durchschaubar, fassbar und klar. Viel zu wenig ist neu, interessant und geheimnisvoll. Viele sehnen sich nach einem Zauber in ihrem Leben zurück.

Zauber – das kann ein Essen mit Kerzenschein sein oder ein heißes Bad mit Sekt. Ein wenig Zauber lässt sich spüren, wenn wir vom Urlaub träumen, von fernen Ländern, von Orten, die weit, weit weg sind von hier. Ein wenig Zauber lässt sich erzeugen, wenn wir unser Heim mit blühenden Blumen schmücken oder die Luft mit einer Duftlampe und verschiedenen Aromen anreichern. Ein wenig Zauber mag auch aufkommen, wenn wir einer – uns angenehmen – Musik lauschen. Wenn wir nach der Arbeit zu Hause ankommen, können wir für etwas Zauber sorgen, indem wir uns bequem kleiden, die Kleidung der Arbeit tauschen durch die der Freizeit ... Wir haben eine Vielzahl von Möglichkeiten, durch kleine, neue Rituale für ein zauberhaftes Leben zu sorgen.

Darum geht es: zulassen, dass wieder ein wenig Zauber in unseren Alltag einkehrt.

Ein wenig Zauber
liegt über allem,
was ich tue ...

DIE GEDANKEN FREI LASSEN

»Manchmal sind unser Denken wie ein Käfig
und unsere Gedanken wie Vögel darin.«

Wir kennen die Situation, wir alle kennen sie, wenn wir denken und denken, wenn wir uns im Kreis drehen mit all unseren Gedanken, die wir wieder und immer wieder durchlaufen und dabei keinen Schritt vorankommen. Wir kennen das Gefühl von Kopfschmerzen, wenn der Körper unsere geistig-seelische Fehlhaltung zum Ausdruck bringt, wenn nur noch der Schmerz uns abhält, weitere einengende und fesselnde Gedanken zu denken.

Enge Gedanken engen noch weiter ein. Sie machen uns verbissen, führen zu Verspannungen, lassen uns körperlich, geistig und seelisch noch kleiner, mutloser und verbitterter werden, als wir es ohnehin schon sind. Durch eingesperrte Gedanken wirken auch unser Verhalten und all unsere Handlungen, als wären wir selbst in einen Käfig eingesperrt.

Weite Gedanken sind freie Gedanken – sie können fliegen, die Dinge von oben betrachten. Freie Gedanken verändern ihre Position und verändern – wenn nötig – die Sicht der Dinge. Freie Gedanken machen frei in allem, was und wie wir fühlen, denken und handeln. Freie Gedanken machen frei, in allem, was wir sind.

Ich öffne den Käfig meiner Gedanken –
und meine Gedanken sind frei ...

Unabhängig sein von anderen Menschen

Manchmal ertappen wir uns dabei, uns mit anderen Menschen zu vergleichen. Wir vergleichen unser Aussehen, unsere Beziehungen, unsere beruflichen Situationen, unsere Wohnungen, unsere Autos ... Wir versuchen zu vergleichen, was nicht vergleichbar ist.

Wir sind unabhängig – können uns darauf verlassen, dass wir als eigenständige Persönlichkeit unseren eigenen Platz in unserem eigenem Leben einnehmen. Wir haben die wundervolle Aufgabe, unser eigenes Aussehen anzunehmen. Wir haben die Möglichkeit, unsere eigenen, individuellen Beziehungen zu unterschiedlichen Menschen auf unsere Art und Weise zu gestalten. Wir haben die Chance, unsere berufliche Zukunft nach eigener Eignung und Neigung zu planen. Wir wählen selbst den Ort, an dem wir leben möchten ...

Wir sind unabhängig – können um und in uns für Unabhängigkeit sorgen. Wir haben die Wahl. Wir müssen uns nicht mit anderen Menschen und deren Situationen vergleichen. Wir können frei und unabhängig sein von einschränkenden Gedanken und Gefühlen aller Art. Wir können unabhängig sein von selbstzerstörerischen und einengenden Haltungen. Wir können innerlich und tief in unserem Wesen unabhängig sein von allem, was uns klein und krumm macht, von allem, was uns abhängig macht.

Ich bin ein eigenständiges
und wundervolles Wesen –
unabhängig und frei ...

LEHRGELD BEZAHLEN –
IM WAHRSTEN SINNE DES WORTES

Das Leben lehrt uns, dass es notwendig ist, finanzielle Verantwortung für sich selbst und andere Menschen zu übernehmen. Finanzielle Verantwortung zu übernehmen heißt, Antworten auf finanzielle Fragen zu haben.

Nicht immer verfügen wir über die nötigen Kenntnisse oder die erforderliche Zeit, uns mit finanziellen Fragen auseinander zu setzen. Manchmal sind wir einfach zu bequem und nicht bereit, uns mit derartigen Dingen zu befassen. Wir sind nachlässig und leichtfertig in Geldangelegenheiten. Häufig kommt es uns vor, dass wir finanzielle Vorteile nicht erkennen bzw. sie nicht für uns nutzen können, oder wir müssen einen Preis bezahlen, der weit über dem vermeintlichen Wert liegt.

Wenn wir uns in finanziellen Angelegenheiten nachlässig verhalten, lehrt uns das Leben, dass wir hierfür – im wahrsten Sinne des Wortes – bezahlen müssen. Wir müssen den Rechnungsbetrag begleichen, ob wir wollen oder nicht. Wenn wir uns jedoch in Ruhe und Besonnenheit Gedanken über unser finanzielles Verhalten machen, unsere Fehlleistung erkennen und uns unser schädliches Vorgehen bewusst machen, können wir vieles für die Zukunft lernen und aus den Rechnungen des Lebens hilfreiche und heilsame Lehren ziehen. Wir können schließlich den bezahlten Betrag als Gewinn verbuchen.

Ich bezahle die Rechnungen meines Lebens.
In allem, was ich gebe,
ist auch eine Gabe für mich ...

MIR EINE PAUSE GÖNNEN VON DER ARBEIT

Viele haben gelernt, ihren Wert von vermeintlichen Leistungen abhängig zu machen. Aus Hunger nach Anerkennung und Liebe bemerken wir oftmals nicht, dass die Arbeit uns fast erdrückt. Es scheint, als wäre die Bewältigung der Aufgaben und Pflichten wichtiger als alles andere, wichtiger sogar als wir selbst.

Wir können eine gesunde Einstellung zur Arbeit einnehmen. Wir müssen wohl erkennen, welche Bedeutung der Arbeit in unserem Leben zukommt. Arbeit – im beruflichen Sinn – ermöglicht uns, Geld zu verdienen, unsere Grundbedürfnisse zu befriedigen, unsere Freizeit angenehm zu gestalten. Ja, Arbeit kann letztendlich auch helfen, unsere Persönlichkeit zu entfalten und uns selbst zu verwirklichen. Arbeit, ob wir von der beruflichen Erwerbstätigkeit oder von privaten Leistungen ausgehen, muss und darf getan werden. Wir sollten dabei jedoch stets für unser Bedürfnis nach Ruhe und Erholung Sorge tragen.

Wir dürfen uns Phasen der Entspannung und Erholung gönnen. Es ist unumgänglich, dass wir begreifen, wie wichtig es ist, sich in Zeiten der Arbeit Momente der Ruhe und Entspannung zu schenken. Nur wenn wir uns für eine gewisse Zeit geistig, seelisch, räumlich ... von unseren Aufgaben distanzieren, können Körper, Geist und Seele aufatmen und wieder gesunden. Nach wohlgemeinten und willkommenen Phasen des Ausgleichs sind wir in der Lage, wieder tatkräftig und schwungvoll ans Werk zu gehen. Fragen werden plötzlich beantwortet. Lösungen stellen sich auf natürliche und mühelose Art und Weise ein.

Ich will mich dafür öffnen,
eine gesunde Haltung zur Arbeit einzunehmen.
Gerade in Zeiten der Arbeit gönne ich mir
auf liebevolle und behutsame Weise
erholsame und kreative Pausen ...

IM SPIEGELBILD SEHEN, WAS WIR WIRKLICH SIND

»An manchen Tagen wandere ich von Spiegel zu Spiegel. Unzufrieden und missgestimmt blicke ich meinem Spiegelbild in die Augen. Was ich entdecke, gefällt mir nicht. Ich gefalle mir nicht. Nicht äußerlich, nicht innerlich.«

Wenn wir in den Spiegel sehen und uns vom eigenem Spiegelbild befremdet fühlen, kann das ein Zeichen dafür sein, dass wir uns selbst aufgrund einer Lebenssituation – im wahrsten Sinne des Wortes – nicht mehr in die Augen schauen wollen oder können. Vielleicht gehen wir nicht sorgsam genug mit uns um. Vielleicht bringen wir unsere Bedürfnisse nicht stark genug zum Ausdruck ...?

Nehmen Sie sich Zeit für den Menschen im Spiegelbild. Begrüßen Sie Ihr Gegenüber, auch wenn Ihnen das auf den ersten Blick eher seltsam erscheint oder unangenehm. Treten Sie in Beziehung zu Ihrem Spiegelbild und in Beziehung zu sich selbst. Oftmals kann es gerade dann, wenn wir wegschauen möchten, besonders sinnvoll sein hinzuschauen. Wenn wir uns selbst nicht sehen können, sollten wir uns gerade deshalb besonders tief und zärtlich in die Augen blicken.

Wenn wir versuchen, uns liebevoll und zugewandt zu begegnen, sehen wir vielleicht ein Wesen, das sich von seinem Innersten entfernt hat. Vielleicht sehen wir Unsicherheit, Unzufriedenheit ... Wir sehen auf jeden Fall einen Menschen, der nur allzu menschlich ist. Wir sehen ein Gesicht – liebenswert und freundlich. Und wenn wir uns die Zeit nehmen, am Spiegelbild behutsam unser Inneres zu erforschen, werden wir gewiss zu einem herrlichen und strahlenden Geschöpf Gottes vorstoßen, das äußerlich wie innerlich längst darauf wartet, als solches erkannt zu werden.

In meinem Spiegelbild erkenne ich ein strahlendes Geschöpf Gottes ...

SICH BEGLEITEN LASSEN
VON GUTEN MÄCHTEN

Lass dich begleiten,
- von Gedanken, die uns öffnen,
- von Gefühlen, die uns gefallen,
- von Verhaltensweisen, die uns entsprechen.

Lass dich begleiten,
- von Menschen, die wir lieben,
- von Freunden, denen wir vertrauen,
- von einem Gott, dem wir glauben.

Lass dich begleiten,
- von einem Leben voller Erfahrungen,
- von Erfahrungen, die uns etwas lehren,
- von einer Lehre, die wir zu leben bereit sind.

Lass dich begleiten,
- von einem Glauben, der weiß,
- von einem Wissen, das vertraut,
- von einem Vertrauen, dass alles gut ist und alles gut wird.

Lass dich begleiten,
- von guten Mächten,
- wer oder was immer sie sind.

Gute Mächte begleiten mich –
was immer ich tue ...

SEXUELLE WÜNSCHE UND BEDÜRFNISSE
WAHRNEHMEN UND ANNEHMEN

Viele wurden nach einem Programm erzogen, welches besagt, dass sexuelle Wünsche und Bedürfnisse jeglicher Art schlecht und unsittlich seien. Allein der Gedanke oder die Vorstellung an sexuelle Betätigung, erst recht die Betätigung selbst können mitunter zu starken Gewissenskonflikten führen.

Wir dürfen unsere Wünsche und Bedürfnisse jedoch erkennen und ernst nehmen. Mehr noch: Es ist längst an der Zeit, uns von derart einschränkenden und krank machenden Normen zu befreien. Wir sind erwachsene Menschen, mit gesundem und natürlichem sexuellen Begehren – und diese sind nicht zuletzt von Gott so gewollt.

Wir dürfen unsere Wünsche und Bedürfnisse annehmen. Von Natur aus gehören sie zu jedem Menschen. Als Teil von uns wollen sie angenommen und gelebt werden, nicht mehr und nicht weniger. Es ist in Ordnung, endlich Verantwortung für uns zu übernehmen und den Mut aufzubringen, unseren erotischen Gefühlen Ausdruck zu verleihen. Es ist in Ordnung und vom Leben vorgesehen, dass wir danach streben und handeln, auch unsere so genannten triebhaften Anteile anzunehmen und ihnen angemessene Aufmerksamkeit zu schenken.

Als erwachsene Menschen mit gesundem Selbstverständnis dürfen wir eine bejahende Haltung zu unserer Sexualität einnehmen. Was wir fühlen und wünschen, ist wichtig und richtig. Es ist völlig in Ordnung, einmal »geil« zu sein und Lust zu verspüren. Es ist gut und gehört zu uns. Unsere Sexualität ist nicht zuletzt ein Geschenk des Lebens und es anzunehmen bedeutet, schließlich auch uns selbst anzunehmen.

Was ich spüre an sexuellen Wünschen,
ist Teil meines Mensch-Seins –
Ich gehe liebevoll mit mir
und anderen um ...

LEBEN AUCH IM WISSEN
DER VERGÄNGLICHKEIT

»In jedem Augenblick vergeht ein Lebenshauch.
Kaum hast du ihn bemerkt, dahin ist er wie Rauch.«
SAADI, ROSENGARTEN (GRAF)

Manchmal geht eine Situation vorbei, ohne dass wir sie jemals bewusst wahrgenommen haben. Manchmal verlieren wir, auch wenn wir niemals im Besitz desselben waren. Manchmal werden wir los, was nie wirklich unser Problem war.

Alles geht, alles werden wir verlieren, alles werden wir los. Alles geht, jeder Augenblick, jeder Lebenshauch, alles, das Gute wie das Schlechte, das Angenehme wie das Unangenehme. Darin bestehen unsere Angst und unsere Hoffnung zugleich.

Wenn wir beginnen, auch im Bewusstsein der Vergänglichkeit zu leben, können wir eine Nähe zu all jenen Bereichen unseres Lebens aufbauen, die uns wichtig sind und uns am Herzen liegen. Durch diese Nähe lernen wir zu genießen, zu danken, Freude zu empfinden für das, was wir haben. Ebenso werden wir bemerken, wie wir zu anderen Bereichen eine Distanz, einen gesunden und heilsamen Abstand entwickeln. Wir erkennen, dass alles, was uns heute noch belastet, was uns heute den Tag schwer zu machen droht, schon morgen der Vergangenheit angehören kann und angehören wird. Wir erkennen, dass alles sich wandelt und alles sich bewegt.

Und es wächst ein Vertrauen heran, welches ahnen kann, dass alles gut ist und alles gut wird.

Ich lebe –
auch im Bewusstsein der Vergänglichkeit.
Alles wird gut ...

AUSTRAGEN, WAS IN MIR HERANWÄCHST

Wie mag eine Mutter sich fühlen, wenn sie erfährt, dass sie schwanger ist, wenn sie sich auf ihr Kind freut und es von ganzem Herzen erwartet, wenn sie sich innerlich und äußerlich auf die Geburt und die Zeit danach vorbereitet und plötzlich einen Abgang erlebt?

Wie mögen Sie sich fühlen, wenn Ideen und Phantasien Sie beflügeln, wenn Sie sich hineinträumen in eine erwünschte Situation oder in eine ganz andere Welt und sich vorstellen, wie sich alles zum Guten wendet, aber dennoch nichts davon Realität wird?

Was würden Sie zu sich selbst sagen, wenn Sie in den letzten Momenten Ihres Lebens Rückschau halten? Möchten Sie dann zurückblicken auf all die verpassten Chancen und Gelegenheiten, die Sie nicht genutzt haben? Oder wünschen Sie sich, einem ausgeglichenem Soll und Haben gegenüberzustehen?

Kommen Sie, hauchen Sie Ihren Wünschen Leben ein! Lassen Sie zu, dass Träume sich erfüllen und Fantasien Wirklichkeit werden. Lassen Sie sich befruchten, gehen Sie schwanger, lassen Sie wachsen und reifen, was in Ihnen bereits entsteht. Bereiten Sie sich vor und freuen Sie sich auf die Verwirklichung. Und tragen Sie aus, was in Ihnen heranwächst.

Es ist gut,
was in mir entsteht …

INNERE SICHERHEIT
MACHT FÜRS LEBEN BEREIT

Selbstsicherheit – ein Zustand, den wir alle anstreben. Selbstsicherheit – eine Sicherheit aus mir selbst heraus, weil ich mir sicher bin, was mich selbst betrifft.

Selbstsicher werde ich nicht durch äußere Gegebenheiten oder Gegenstände, nicht wirklich. Selbstsicher werde ich, indem ich mich selbst zu sehen beginne, indem ich meine Augen auf mich selbst lenke und wahrnehme, mich wahrnehme – ohne Wenn und Aber, ohne »gut« und »schlecht«.

Was ich wahrnehme, gilt es auch anzunehmen im Sinne von »an-mich-herannehmen«, als Teil meiner selbst und nicht abgetrennt oder gar fremd. Dadurch, dass ich mich kennen lerne und Feingefühl in der Beobachtung meiner selbst entwickle, entsteht langsam eine Sicherheit: die Sicherheit, mir meiner selbst bewusst zu sein und schließlich auch dessen, was man Selbstsicherheit nennt.

So können wir getrost Entscheidungen treffen, weil wir wissen, was wir wollen und was wirklich gut für uns ist. So können wir uns zeigen so, wie wir sind, weil wir uns selbst längst angenommen haben und dies nicht mehr nur von außen erwarten. So können wir sein, was wir immer schon waren, und sicher und geborgen das Leben leben.

Meine innere Sicherheit
macht mich fürs Leben bereit ...

ALLES WIRD GUT

Während einer schwierigen Zeit versuchte ich eines Abends, das Leben mit all seinen Phänomenen und Erscheinungen in Worte zu fassen: den Tag, die Nacht, den Mond, die Sterne, die Menschen, die Tiere, Liebe, Leid ... Es schien mir geradezu unmöglich, auch nur einen kleinen Teil des Ganzen zu benennen. Ich erkannte, dass Leben alles bedeuten kann. Alles ist und alles soll sein – das ist Leben und das ist gut.

Das war der erste Schritt. Dann versuchte ich, mich zu erinnern, in mein Leben zurückzublicken auf der Suche nach vergangenen schwierigen Zeiten. Da gab es so manches. Da war einiges, vor dem ich Angst hatte, was mich ärgerte und mich zweifeln ließ an der Gutmütigkeit des Lebens. Doch gerade jene zunächst schwierigen Situationen haben sich im Nachhinein oftmals als besonders wichtig für meinen weiteren Weg herausgestellt. So vieles macht plötzlich Sinn, so vieles ist auf einmal gut, wenn es sich im Nachhinein, aus der Distanz in all die weiteren Geschehnisse einfügt. Dies zu erkennen, darin bestand der zweite Schritt.

Anerkennen, dass im Leben *alles* möglich und *gut* ist, lässt mich heraustreten aus aller Enge und Kleinlichkeit. Wir öffnen uns für das Leben, für all die Formen seiner Erscheinungen, für die Menschen, für uns selbst und unser Schicksal. Wir werden zu einem glücklicheren Teil des Ganzen und nehmen dankbar teil an der Fülle und Vielfältigkeit der Erscheinungen.

Anerkennen und im Glauben darin leben, dass *alles gut wird*, lässt uns gelassener unsere not-wendigen Schritte tun. Auch wenn wir die derzeitige Situation als schwierig erleben, vertrauen wir darauf, dass im Nachhinein unsere Fragen Antwort finden, unsere Probleme sich lösen werden.

Alles ist –
und alles wird gut ...

FALSCHES HARMONIEBEDÜRFNIS ABLEGEN

Was könnte falsch daran sein, das Bedürfnis nach Harmonie zu verspüren, nach Einklang und Übereinstimmung zu streben? Ich denke: Im Grunde wollen wir dies alle. Wir würden alle am Liebsten in einer Welt der Geborgenheit und des Friedens leben.

Das alles – und sei es noch so wünschenswert – funktioniert nicht, nicht in dieser Welt. Was immer wir erwarten, was immer wir auch bereit wären dafür zu geben: Völlige Harmonie in unseren Angelegenheiten werden wir nie erreichen.

Wir kommen nicht daran vorbei, uns mit den Motiven anderer Menschen auseinander zu setzen und diese den eigenen gegenüberzustellen. Selbst dann, wenn wir selbst bereit dazu wären, die eigenen Belange stets den der anderen unterzuordnen und uns selbst zu verleugnen; nicht einmal dann – oder dann vor allem nicht – schaffen wir Harmonie.

Harmonie können wir zunächst nur in uns selbst entwickeln. Harmonie, im Sinne eines Sich-geborgen-Fühlens, eines Zu-Hause-Seins bei uns selbst, indem wir uns akzeptieren, mit all unseren Stärken und Schwächen und mit all unseren Licht- und Schattenseiten. Erst dann macht es Sinn, dass wir mit unserem Streben nach Einklang nach außen gehen, um auch in unserer Umwelt für Stimmigkeit zu sorgen. Solange wir in uns selbst nicht stimmen, in dem, was wir sind oder tun, kann auch unser Drumherum nicht mit uns übereinstimmen.

Je mehr es mir gelingt,
selbst stimmig zu sein,
umso eher werden auch
meine Lebensumstände stimmen ...

Mit dem Leben fließen

ZEITEN DES VERWEILENS ZULASSEN

Egal, welches Ziel wir verfolgen, was immer wir vorhaben. Egal, was noch alles zu tun ist. Auch Zeiten des Verweilens gehören dazu.

Wenn wir hetzen, ohne Ruhe und Pause an einer Sache arbeiten, verausgaben wir uns nur. Wenn wir nicht im Einklang mit unseren Kräften wirken, werden wir irgendwann einmal keine mehr haben. Wir zwingen ungewollt unseren Körper, durch Krankheit für einen Stillstand zu sorgen.

Es ist in Ordnung, wenn wir uns zurücklehnen – trotz des Wissens um all die Arbeit, die noch ansteht. Es ist in Ordnung, wenn wir uns freigeben, eine Stunde, einen Tag, eine Woche – so viel Zeit, wie wir brauchen. Es ist in Ordnung aufzutanken, neue Energie zu schöpfen, uns zu stärken und zu kräftigen. Alles andere wäre ohne Sinn!

Zeiten des Stillstands
vertrauensvoll zulassen ...

AUS VERLUSTEN GEWINNEN

Verluste erleben wir in allen möglichen Bereichen unseres Lebens. Wir können einen Menschen, den wir lieben, verlieren durch Trennung oder Tod, können einen Arbeitsplatz, eine Wohnung, ein Haus verlieren. Wir werden – ganz gewiss im Laufe der Zeit – an Schönheit, an Jugendlichkeit, an Gesundheit verlieren oder an Zeit, die uns noch bleibt. Wie können wir es schaffen, dass aus Verlusten Gewinne werden, dass wir nicht daran zerbrechen, sondern reifen und wachsen?

Unseren Gefühlen und Stimmungen müssen wir uns stellen: der Trauer, der Wut, dem Zorn, der Angst ... Es sind Gefühle von Intensität und Stärke, die Zeit und Raum brauchen, um kommen, bleiben und schließlich wieder gehen zu können – Gefühle, die uns zunächst aus unserer gewohnten Ordnung werfen, aber letztendlich zu einer neuen, stabileren führen. – Der Körper – auch er will beachtet sein. Seine Bedürfnisse nach Bewegung, nach Schlaf und Ruhe, nach Nahrung und Pflege ... müssen wir ernst nehmen. Allzu gerne lassen wir uns gehen, vernachlässigen all das, was unserem Körper bekommt. – Die Gedanken, die sich erneuern wollen, sich anderen Überzeugungen, veränderten Gegebenheiten und Umständen anpassen möchten – Gedanken, die bereit sind, durch Vernunft oder Gefühl eine neue Richtung einzuschlagen, auch wenn es noch so schwierig scheint. – Und unser Verhalten, das nicht mehr dasselbe bleiben kann, als Zeichen und Ausdruck für unsere inneren Bewegungen und Veränderungen steht.

Wenn es uns gelingt, unseren Gefühlen Ausdruck zu verleihen, auf unseren Körper und seine Bedürfnisse zu achten, unsere Gedanken zu korrigieren und unser Verhalten sich wandeln zu lassen, befinden wir uns auf dem besten Weg, auch aus Verlustsituationen als Gewinner hervorzugehen.

Auch aus Verlusten kann ich gewinnen –
und werde der Gewinner in meinem Leben ...

AN MICH SELBER GLAUBEN

»Jahrelang sehnte ich mich nach Anerkennung, Anerkennung durch Lehrer, Freunde, Arbeitskollegen und Arbeitgeber. Ich war bereit, Leistung zu erbringen, Überstunden zu machen, zu arbeiten und zu arbeiten. Ich war auf dem besten Weg zu werden, was man »workaholic« nennt. Irgendwann begriff ich, dass ich eigentlich stets die Anerkennung meiner Eltern suchte, und zwar all jene Bestätigung, die ich als Kind nicht fand.«

Es gibt so etwas wie ein natürliches Bedürfnis nach Bestätigung und Anerkennung im Leben eines jeden Menschen. Es ist nicht nur der Wunsch, von seiner Umwelt angenommen und akzeptiert zu sein. Mehr noch, es ist auch die Sehnsucht, nützlich zu sein und geliebt zu werden – letztendlich ein Verlangen, als »intaktes« Mitglied einer Gemeinschaft Geborgenheit und Schutz in ihr zu finden. Was ist, wenn uns als Kind dieses Urvertrauen, dieses tiefe Spüren, dass wir und die Welt in Ordnung sind, nicht zuteil wurde? Wie sollen wir finden, was wir so dringend suchen?

Wir können viel, sehr viel Energie weiterhin investieren, andere Menschen dazu zu bringen, dass sie an uns glauben, dass sie von uns überzeugt sind und uns dies spüren lassen. Wir haben aber ebenso die Wahl, unsere Kraft mehr und mehr auf uns selbst zu lenken und Verantwortung zu übernehmen für das, was wir sind. Vermutlich werden wir – schon nach kurzer Zeit – mit sehr viel weniger Aufwand Schritt für Schritt zu uns selbst finden und dadurch freier und unabhängiger von unserer Umwelt werden. Wenn wir schließlich bei uns selbst »angelangt« sind, ist es überflüssig geworden, irgendjemanden oder uns selbst etwas zu beweisen. In uns selbst werden uns letztendlich auch der Glaube und das Vertrauen zuteil, die wir wirklich brauchen, um glücklich leben zu können.

An mich selber glauben ...

ES MACHT SINN, WAS ICH BIN

Manchmal erinnere ich mich, wie ich als kleiner Junge vor dem Spiegel im Schlafzimmer meiner Eltern saß, mich ansah und mir dabei immer wieder die gleiche Frage stellte: »Wer bin ich?«

Es folgten Jahre, die mitunter dadurch bestimmt waren, dass ich versucht habe, aus mir einen anderen zu machen bzw. einen Menschen, den ich im »Idealfall« darzustellen versuchte. Jahrelang habe ich Energie investiert, um jemand zu werden, anstatt ich selbst zu sein.

Heute frage ich mich mehr denn je: »Wer bin ich?« – und habe darauf ebenso viele wie wenige Antworten. »Wer bin ich?« – ich weiß es nicht – noch immer nicht! Aber ich spüre und glaube, dass Sinn in alldem ist, was ich bin.

Es macht Sinn,
was ich bin ...

Nähren, was wir uns wünschen

»Was wir wünschen, müssen wir nähren,
damit es sich mit voller Kraft entfalten kann.«

Wünsche – so anregend, erfrischend, so bestätigend, dass wir leben
und nach Veränderungen streben. Sie geben Kraft, Energie und Sinn.
Wünsche – manchmal auch lähmend, deprimierend, verdeutlichend,
was noch alles fehlt zu unserem Glück. So oder so – Wünsche wollen
erfühlend durchlebt, verstandesmäßig durchdacht und – wenn immer
noch vorhanden – auch der Verwirklichung entsprechend behandelt
werden.

Wenn wir uns nach etwas sehnen, egal was es ist, kann es uns der
Zielverwirklichung deutlich näher bringen, wenn wir es auf seine Art
und Weise nähren. Nähren bedeutet nicht, dass wir uns darin verbeißen und mit einer ständigen Erwartungshaltung und Bereitschaft
darauf warten, bis »das Wunder« geschieht. Nein, nähren meint vielmehr: die Voraussetzungen schaffen, im Inneren und im Äußeren,
dass die Realität sich zu unseren Gunsten verändern kann. So könnte
dies zum Beispiel im Fall ersehnten beruflichen Aufstiegs darin bestehen, im Inneren sich selbst, seine geheimen Ziele, seine Fähigkeiten
und seine Ängste ... zu befragen sowie im Äußeren sich einer qualifi-
zierenden Fortbildung oder Umschulung zu unterziehen.

Bei all den Vorbereitungen können uns Visionen, Imaginationen, Tag-
träume wesentlich unterstützen: Sie lassen uns Bilder malen, Bilder
der Zukunft, in denen wir unser Vorhaben bereits erreicht haben. Sie
lassen ebenso in uns Gefühle entstehen, die unsere dahinter stehenden Absichten verdeutlichen und gegebenenfalls verstärken und der
Verwirklichung näher bringen.

Ich reflektiere und nähre meine Wünsche,
damit sie Realität werden ...

VON FREIHEIT UND LIEBE

»Ich sah eine schlafende Frau. In ihrem Schlaf träumte sie, das Leben stehe
vor ihr und halte in jeder Hand eine Gabe – in der einen Liebe, in der ande-
ren Freiheit. Und es sagte zu der Frau: ,Wähle!‹ Und die Frau wartete lange;
und sie sagte dann: ›Freiheit!‹ Und das Leben sagte: ›Du hast gut gewählt.
Hättest du gesagt, Liebe, so hätte ich dir gegeben, was du begehrtest; und
ich wäre von dir gegangen und niemals wiedergekommen. So aber wird der
Tag kommen, an dem ich zurückkehre, und an diesem Tag werde ich beide
Gaben in einer Hand halten.‹«

LEBENSBERATUNG, COLETTA DAMM

Wir sehnen uns nach Liebe. Wir wünschen die Nähe eines Menschen.
Wir begehren Sicherheit und Geborgenheit. Wir wünschen Zuneigung
und Zärtlichkeit – vielleicht gerade jetzt.

Vielleicht ist die Zeit noch nicht reif dafür. Vielleicht verlangt das
Leben von uns zuerst Freiheit und Selbstständigkeit. Vielleicht müssen
wir vorerst lernen, uns selbst zu begegnen, mit der eigenen Person
Freundschaft zu schließen, mit uns selbst eine glückliche und erfül-
lende Beziehung aufzubauen. Erst dann können wir gestärkt und aus
einer Sicherheit und Geborgenheit heraus, die in uns wohnt, daran gehen, einen anderen Menschen zu finden.

Wenn uns das Leben mit Freiheit beschenkt, sollten wir sie dankbar
annehmen und daran gehen, sie zu leben, zu lieben und uns ohne
Angst und Unsicherheit an ihr zu freuen. Wir sollten sie bejahen, wis-
send, dass durch sie auch die Liebe in unser Leben kommen wird. Je
mehr es uns gelingt, in Freiheit und Selbstständigkeit unser Leben zu
meistern, desto stärker und sicherer wird auch die Liebe in unser Leben kommen und einen festen Platz darin einnehmen.

Freiheit und Liebe – alles wird mir zuteil –
alles zum rechten Zeitpunkt ...

KONFRONTATION SCHAFFT RELATION

Was wir doch manchmal für Vorstellungen haben! Was wir doch alles künstlich aufbauen und konstruieren an Gedanken und Ideen! Wie wenig das alles zu tun hat mit der Wirklichkeit, mit dem, was ist!

Über Dinge, die wir nicht kennen oder die uns nicht betreffen, sollten wir nicht vorschnell urteilen. Viel zu oft beherrschen uns Vorurteile, die in den wenigsten Fällen der Wirklichkeit gerecht werden. Viel zu selten können wir uns wirklich voll und ganz hineinversetzen in Situationen, die nicht die unseren sind. Kann ich mehr wissen als ein Gott?

Dabei fällt es doch so leicht, aus einem sicheren Abstand, weit weg von dem, was wir zu beschreiben versuchen, unsere Meinung zu äußern. Ebenso verlockend und unverbindlich scheint das Übernehmen der Ansichten anderer Menschen zu sein, gerade deshalb, weil wir dadurch glauben, dass wir uns – vielleicht unangenehme – eigene Erfahrungen diesbezüglich ersparen könnten.

Erst in der Begegnung und in der Konfrontation wird »ein« Thema zu »unserem« Thema. Erst wenn wir selbst direkt oder indirekt von einer Sache wirklich betroffen sind, können wir diese mit eigenen Augen sehen. Und vermutlich werden wir entdecken, dass vieles plötzlich in neuem Licht erscheint und dass alles sich relativiert.

Es ist,
wie es ist ...

116

VERÄNDERUNGEN BEGRÜSSEN

»Manchmal glaube ich zu spüren, dass etwas vorbereitet wird in mir.
Meistens habe ich dann Angst und fühle mich verunsichert. Also versuche
ich, mich abzulenken mit anderen Gedanken.«

Immer, überall, zu jedem Zeitpunkt wird etwas vorbereitet in uns. So-lange wir leben, werden sich unsere äußeren Umstände verändern und fordern uns gleichzeitig auf, uns auch innerlich auf sie einzulassen. Nichts bleibt, wie es ist. Alles befindet sich im Wandel. Und so können wir sicher sein, dass auch wir uns auf gewisse Art und Weise verändern werden. Manchmal geschieht dies aus einem bewussten inneren Be-dürfnis heraus. Dann wiederum müssen wir uns verändern, ob wir wollen oder nicht. Gerade dann, wenn wir uns ohnehin schon des Öf-teren verweigerten, freiwillig aus uns selbst heraus einen not-wendi-gen Schritt zu unternehmen, »zwingt« uns häufig irgendein äußerer Umstand dazu.

Wenn wir spüren, dass unser Leben eine neue Ordnung braucht oder wir mit alten Gedanken, Gefühlen oder Verhaltensweisen nicht mehr weiter kommen, kann dies eine belastende Erkenntnis sein. Viel-leicht haben wir Angst, vor dem, was vor uns liegt. Und in der Tat kommt es uns mitunter vor, als wäre die Zeit des Ausruhens vorbei, in Anbetracht der harten Zeiten, die auf uns zukommen. Zeiten in denen wir reflektieren müssen, wie es steht um die eigene Person und um unsere Beziehungen in dieser Welt.

Doch wenn wir am Ende einer solchen Entwicklung nach hinten blicken – wissender um die eigene Persönlichkeit, haben wir vermut-lich – trotz all der Mühen und Anstrengungen – ein Stück mehr von dem gewonnen, was man Selbstbewusstsein nennt. Und mit ihm ver-bunden auch Sicherheit und Vertrauen in uns selbst und in das Leben.

Vertrauensvoll
begrüße ich Veränderungen ...

UNVERGLEICHBAR SEIN

Ich bin wie die Sonne,
hell und leuchtend …

Ich bin wie der Wind,
stürmisch und wild …

Ich bin wie der Tag,
jung und wach …

Ich bin wie die Nacht,
ruhig und bedacht …

Ich bin wie die Zeit,
pünktlich und bereit …

Ich bin wie das Leben,
nehmen und geben …

Ich bin wie die Welt,
die mir so gefällt …

Ich bin, wie ich bin,
und doch unvergleichbar!

Ich bin, wie ich bin –
unvergleichbar …

Zur Ruhe kommen – einfach so

Auch
ohne viel zu denken
und ohne viel zu fühlen ...

auch
ohne viel zu tun
und ohne viel zu lassen ...

auch
ohne viel zu sagen
und ohne viel zu hören ...

kann ich heute –
einfach so –
zur Ruhe kommen ...

Still sein,
mit mir ...

Ich bin nicht umsonst

Ich bin –
nicht umsonst bin ich im Leben,
nicht umsonst bin ich hier.

Ich bin –
nicht umsonst ist mein Streben,
nicht umsonst die Lebensgier.

Ich bin –
nicht umsonst ist mein Wollen,
nicht umsonst ist mein Sein.

Ich bin –
nicht umsonst ist mein Sollen,
nicht umsonst wächst ein Keim.

Ich bin –
nicht umsonst bin ich ich,
nicht umsonst gibt es mich.

Es macht Sinn,
dass ich bin ...

VOM GE-WISSEN UND SEINEN GE-FÜHLEN

»Das Gewissen – wäre es doch nur Wissen,
kein Fühlen, vieles wäre leichter.«

Im Rahmen der so genannten Sozialisation, wenn Heranwachsende durch Erziehung auf die Gesellschaft und auf deren Normen und Regeln hin, auf deren Ge- und Verbote vorbereitet werden, entsteht, was man Gewissen nennt: eine innere Stimme, die uns zu sagen scheint, was wir zu tun oder zu lassen haben. Mehr noch: eine innere Stimme, die uns fühlen lässt, ob wir in ihrem Sinne oder dagegen handeln.

Die Psychologie hat längst herausgefunden, dass Kinder bis zu einem gewissen Alter diese Stimme als die des Vaters oder die der Mutter hören. Erst im Laufe der Zeit verwischt sich diese Klangähnlichkeit und die Stimme wird tatsächlich zu einer »inneren«. So bedeutet der Prozess der Sozialisation mehr als nur ein Aufzeigen von »erlaubt« oder »unerlaubt«, von »Ja« oder »Nein«. Es ist weniger ein »(Ge-)Wissen« darüber, was wirklich richtig oder falsch ist, als vielmehr ein »(Ge-)Fühlen«, was Gott oder das Wesen des Menschen von uns erwarten.

Während der Vorgang der Sozialisation von allen möglichen Vertretern unserer Umwelt nur allzu gerne übernommen wird, befinden wir uns oft genug auf einsamen Posten, wenn es darum geht, uns selbst – ohne direkten Nutzen für die Gesellschaft – zu entwickeln. Unsere lebenslange Aufgabe bleibt es, durch Selbsterziehung im Rahmen der Personalisation zur eigenen Persönlichkeit zurückzufinden und die eigenen Erwartungen mit denen der Gesellschaft auszubalancieren, sodass auch wir zu unserem Recht kommen. Dabei geht es vor allem darum, uns selbst die Möglichkeiten der Entfaltung einzuräumen, die wir brauchen, auch wenn all das zunächst mit »fremden« Schuldgefühlen oder »schlechtem Gewissen« verbunden ist.

Ich weiß und fühle,
was richtig ist ...

MENSCHEN LOSLASSEN, DIE WIR LIEBEN

»Liebst du etwas, lass es los.
Kehrt es zu dir zurück, ist es dein.
Bleibt es fort, hat es dir nie gehört.«
CHINESISCHES SPRICHWORT

Häufig sind es gerade jene Dinge oder Menschen, die wir besonders lieben, die uns auch am härtesten verletzen können. Menschen, die wir lieben, wollen wir für uns »haben«. Überall und jederzeit erwarten wir vom anderen Zeichen, die uns bestätigen, dass uns etwas ganz Besonderes und Einzigartiges verbindet. Wir schließen Beziehungsverträge und fordern Liebesgarantien. Dabei ertappen wir uns, wie wir Menschen, die wir lieben, zu überwachen und zu überprüfen suchen. Wir vergewissern uns, dass wir nach wie vor an erster Stelle stehen, und kontrollieren, inwieweit andere Menschen, äußere Umstände oder Situationen unsere Beziehung zum Positiven oder Negativen hin beeinflussen können.

Festhalten und Kontrollieren kosten jedoch Kraft, viel Kraft, engen ein und machen starr. Sie verhindern in Beziehungen, dass diese sich unvoreingenommen, frei entfalten können. Sie entfernen uns von unserem Partner, anstatt uns ihm näher zu bringen.

Es tut gut zu erkennen, dass Menschen, die uns zugedacht sind, zu uns gehören werden. Es tut gut zu erkennen, dass Menschen, die uns begleiten sollen, uns begleiten werden. Menschen, die mit uns lachen sollen, werden mit uns lachen. Menschen, die mit uns weinen sollen, werden mit uns weinen. Menschen, die von uns gehen sollen, werden von uns gehen. Und Menschen, die bei uns bleiben sollen, werden bei uns bleiben – mit und ohne unser Festhalten. Ganz so, wie es eine Lebensregie erdacht hat – die ist, wie sie ist.

Ich lasse los von dir,
weil ich dich liebe ...

SICH HINGEBEN AN EINE HÖHERE MACHT

Wir denken, fühlen, handeln. Wir wünschen Veränderungen und sind auch bereit, diese aus eigener Kraft herbeizuführen. Manches wollen wir loswerden, anderes sehnen wir herbei.

Ob wir materielle oder ideelle Veränderungen erträumen, immer wieder stoßen wir auch an unsere Grenzen, wenn es um ihre Verwirklichung geht. Oftmals erscheint es, als könnten wir tun und machen, was wir wollen. Es mag einfach nicht auf die erdachte Art und Weise zum ersehnten Zeitpunkt, am erwarteten Ort geschehen.

Dabei fragen wir, was wir falsch machen, was wir zu viel oder zu wenig unternehmen. Wir fragen, was nicht stimmt mit uns, mit unserer Vorgehensweise. Manch einer zweifelt schließlich an der Berechtigung der Wünsche, zweifelt vielleicht sogar daran, ob er es überhaupt wert ist, dass seine Träume Realität werden.

Wer darauf vertraut, dass eine weise, höhere Kraft, die stärker ist, als wir selbst es sind, uns bei unseren wesentlichen Wünschen bejaht und unterstützt, kann voll Zuversicht und Hoffnung ihrer Verwirklichung entgegensehen. Er kann sich hingeben und darauf vertrauen, dass er bei seinen eigenen Bemühungen Hilfe und Beistand »von oben« erhalten wird, kann loslassen und getrost erwarten, was das Leben bereit hält.

Geben Sie sich hin. Wenden Sie sich mit Ihren Herzenswünschen an die göttliche Kraft. Erbitten Sie, was Sie ersehnen. Vertrauen Sie Ihre Erwartungen dem Himmel an und erwarten Sie die Erfüllung. Alles wird gut.

Ich gebe mich hin,
vertraue der höheren Kraft ...

OFFEN SEIN FÜR ALLES GUTE

Spiritualität und Psychologie wissen: Es ist wichtig, Gefühle und Gedanken zuzulassen. Es ist wichtig und richtig, unserer Innen- und Außenwelt zugewandt zu begegnen. Wenn wir dabei auf Dinge stoßen, die uns nicht gefallen, ist es gut, sie aufmerksam zu betrachten. Es ist in Ordnung zu erkennen, wenn ein Zustand, eine Situation uns missfällt. Es ist ebenso in Ordnung, sich bewusst zu machen, welche Bereiche unseres Lebens darauf warten, geheilt und zum Glück geführt zu werden.

Es ist ein Zeichen innerer Reife zu versuchen, auch die Schattenseiten unseres Wesens wie unsere gesamten Lebensumstände zu erschließen. Sein unvollkommenes Leben wahrzunehmen, an die positive Entwicklung zu glauben und sich für diese einzusetzen ist das eine. Sein Missempfinden und Unglücklichsein zu hegen und zu pflegen, sich dem Schmerz und der Trauer rettungslos hinzugeben ist das andere. Wer möchte sich nicht für eine glückliche Grundhaltung entscheiden? Gutes erwarten?

Gutes kommt auf uns zu. Es ist in Ordnung, im Jetzt und Hier, im Heute ebenso wie im Morgen nach dem Guten Ausschau zu halten. Es ist in Ordnung, das Gute zu erkennen und zu genießen. Was es braucht, ist, sich zu öffnen für das Gute – und es wird zu uns kommen. Ganz natürlich und völlig mühelos wird es in unser Leben treten. Das Gute erreicht uns. Überall und jederzeit können wir es erfahren. Das Gute ist bereits vorhanden. Es ist bereits in dir – trotz allem Schatten.

*Ich bin offen
für alles Gute ...*

HANDELN, ENDLICH HANDELN

»Nach all den Gedanken, die wir uns gemacht haben,
nach all den Gefühlen, denen wir uns stellten
ist es endlich Zeit, auch Taten folgen zu lassen.«

Was wir kreativ denken, so viele Gedanken, die in uns sind, richten sich auf Veränderung. Wir können unseren Gedanken eine Stimmung, eine Richtung entnehmen. So stellen wir möglicherweise fest, wie im Laufe der Zeit aus der Stimmung der Angst eine Stimme des Vertrauens wird. Vielleicht bemerken wir auch, wie aus Passivität der Wunsch nach Aktivität, wie aus Trauer Wut oder wie aus einem »Ja« plötzlich ein »Nein« entsteht.

Gedanken sind erst der Anfang. Stets folgen ihnen Gefühle, denen wir unsere Aufmerksamkeit schenken sollten – Gefühle, die uns beeinflussen in dem, was wir wahrnehmen, und in dem, was wir tun, Gefühle, die uns leben lassen, eher gut oder eher schlecht.

Wirklich verändern kann sich nur etwas, wenn wir auch bereit sind, uns selbst zu verändern. Wirklich anders kann das Leben uns begegnen, wenn wir beginnen, selber dem Leben auf neue Weise entgegenzutreten. Dies bedeutet, dass wir anfangen sollten, all den inneren Gedanken und Gefühlen auch äußere Taten, Konsequenzen folgen zu lassen.

Die Kraft zum Handeln liegt in mir selbst–
Alles wird gut ...

ZURÜCKFINDEN ZU SICH SELBST

Wenn wir den alltäglichen Aufgaben unseres Lebens nachkommen, kann es sein, dass es sich bei vielem, was wir tun, um Tätigkeiten handelt, die wir einfach ausführen, fast automatenhaft, ohne darüber nachzudenken oder gar ein inneres Bedürfnis danach zu verspüren. Ja, im Gegenteil: Vieles, mit dem wir uns tagtäglich beschäftigen, können wir – wenn überhaupt – nur mit dem Verstand rechtfertigen und nicht weil ein Gefühl danach drängt. Da wird z. B. einer Arbeit nachgegangen, um Geld zu verdienen, nicht aber, weil man sich dazu berufen fühlt. Oder man hält Familienbeziehungen aufrecht, in die man irgendwann hineingeboren wurde, ohne dass man sich jemals für diese Menschen bewusst entschieden hätte. So leben nicht wenige ein Leben, gefüllt mit Inhalten, die nicht die ihren sind.

Andererseits fällt es nicht selten schwer zu leben, wie es voll und ganz dem eigenem Ich entspricht. Es scheint oft unmöglich zu sein, sich zu befreien von all den äußeren Einflüssen, die auf uns wirken. Weil wir nun mal nicht für uns allein die Welt gepachtet haben, weil wir immer – egal wo wir gerade stehen – von unserer Umwelt abhängig sind, wird es womöglich nie gelingen, in allem, was wir tun, völlig wir selbst zu sein. Viel zu sehr ist oft verschmolzen, was außen und innen, was Fremdes und Eigenes ist.

Was da bleibt, ist ein Gefühl, das sich einstellt, sobald wir an eine Aufgabe herantreten. Das Gefühl, welches uns Aufschluss darüber gibt, ob wir gerade eigenen oder fremden Themen zugewandt sind. Was auch bleibt, sind jene Zeiten des Tages, während derer wir uns nicht der Außenwelt verschrieben haben. Es ist die Zeit außerhalb der Arbeit, die Zeit außerhalb der Familie oder der Partnerschaft. Es ist die Zeit, die nur uns gehört – eine Zeit, in der wir schaffen können, was sonst nicht möglich scheint: zurückzufinden zu uns selbst.

Wo immer ich bin, was immer ich tue –
ich finde zurück zu mir selbst ...

126

DAS LEBEN IST FÜR MICH

Das Leben ist ...

mein Leben und mein Tod,
mein Wasser und mein Brot ...

mein Bitten und mein Streben,
mein Danken und mein Geben ...

mein Tun und mein Wollen,
mein Können und mein Sollen ...

mein Dürfen und mein Müssen,
mein Beißen und mein Küssen ...

mein Werden und mein Sein,
meine Freiheit und mein Heim ...

Mein Leben ist so oft für dich und dich –
vor allem aber auch für mich ...

SICH EINLASSEN AUF WANDEL

Wenn das Leben sich verändert und neue Anforderungen an uns stellt, nützt es nichts, wenn wir uns davor verschließen. Wenn wir uns verändern und neue Anforderungen an das Leben stellen, wird auch dies nicht ohne Wirkung sein.

Wir sind gefordert, loszulassen und anzunehmen, zu verabschieden und zu begrüßen, abzuschließen und zu öffnen – jeden Tag, ein Leben lang. Wir sind gefordert, uns auf Veränderungen einzustellen immer wieder aufs Neue, ob es uns gefällt oder nicht.

Während die einen dazu neigen, sich nach der Vergangenheit zu sehnen, konstruieren die anderen schon eifrig an der Zukunft: Flucht zurück oder nach vorn? – das allein ist hier die Frage.

Fluchten führen nicht zum Ziel, sondern verhindern den natürlichen Fluss. Nur wenn wir uns einlassen auf veränderte Gegebenheiten, wenn wir offen und ehrlich – trotz aller Schwierigkeiten und Hindernisse – nach vorne schauen und versuchen, das Beste aus dieser oder jener Situation zu machen, haben wir die Chance, dass das Leben zu unseren Gunsten gelingt.

Was das Leben auch bringt –
in mir ist tief drinnen die Kraft,
mich darauf einzulassen ...

KEIN LICHT OHNE SCHATTEN

»Wo Licht, da ist auch Schatten«
SPRICHWORT

Nichts ist perfekt, nichts tadellos. Es gibt sie nicht die Liebe ohne Leid oder die Gesundheit ohne Krankheit. Auch kein Reichtum der Welt ist ohne Not, kein Leben ohne den Tod.

Egal, was wir erträumen und ersehnen, egal, was wir uns wünschen – es bringt kein vollkommenes Glück. Egal, was immer wir verdrängen – nie erhalten wir vollkommenen Frieden daraus.

Was wir erwarten dürfen, was wir erhalten und bekommen, ist stets mehr, als das, wonach wir uns sehnen. Wir nehmen immer zwei Seiten einer Medaille in Empfang. Es sind immer mindestens zwei Bedeutungen einer Sache, weil im Leben nichts für sich alleine existiert, sondern immer in Beziehung. So finden wir in der Realität des Lebens kein wahres »Einzig« und »Allein«, kein echtes »Ja« und kein »Nein«, kein »Immer« und kein »Nie«, kein »Alles« und kein »Nichts«, ... »kein Licht ohne Schatten«, »keinen Schatten ohne Licht«.

Licht und Schatten
gehören zum Leben –
auch zu meinem ...

NICHT ALLES MITMACHEN

Es gibt Grenzen, gesunde Grenzen. Nicht alles, was uns angetragen, empfohlen oder von uns erwartet wird, müssen wir ausführen. Nicht alles müssen wir mitmachen. Wir spüren, wann unsere Außenwelt zu viel an uns richtet. Wir merken es genau, wenn sich eine Belastung in uns aufbaut? Wir sind nicht da, um ständig Belastungen und Anforderungen entgegenzunehmen. Wir sind nicht da, um immer nur irgendwelchen Erwartungen gerecht zu werden. Wir sind da – auch für uns.

Wir dürfen »nein« sagen, wenn es innerlich stimmt. Wir können »vielleicht« sagen, wenn wir innerlich unschlüssig sind oder einfach Bedenkzeit brauchen. »Ja« sagen wir dann, wenn wir zumindest spüren, dass diese oder jene Sache auch irgendwie unsere Sache ist und dass es uns selber ein Bedürfnis ist, sie zu erledigen – wenn wir nur uns selbst dabei nicht verleugnen.

Alles, was entsteht an vermeintlichen Schuldgefühlen und schlechtem Gewissen, wenn wir plötzlich für uns selbst sprechen, wenn wir aufhören, wie ein Automat Aufgaben zu erfüllen, all das – und ist es noch so fremd und unangenehm – ist tausendmal mehr wert, als wieder einmal ein Stück mehr von unserer Selbstachtung verloren zu haben. Alles, was in uns ist an Bedürfnissen »zu helfen« und »Gutes zu tun« sollten wir auch für uns selbst bereit halten.

Ich bin da für dich –
und auch für mich ...

VOM ZEITPUNKT AUFZUHÖREN

Aufhören kostet Kraft und braucht Mut. Aufhören heißt aufgeben: vermeintlich felsenfeste Überzeugungen, Meinungen, innere Bildern, Vorstellungen, Ideen ... aufgeben von Gedanken, die uns bislang prägten, für uns wichtig und richtig waren, aber jetzt nicht mehr.

Wenn wir eine Situation beenden, wird eine neue entstehen. Die alte ist bekannt – wenn auch schwierig und belastend. Die neue ist unbekannt, undurchschaubar und fremd. Was wird sie bringen? Was wird sie nehmen, was geben?

Unsere Ängste und Unsicherheiten, unser Bedürfnis nach Sicherheit werden dringend raten, beim Alten zu bleiben, weiterzumachen wie bisher. Unsere Neugier, die Lebendigkeit und das Bedürfnis nach Freiheit aber werden nach Veränderung streben und einen Neuanfang suchen.

Welchen Weg werden wir gehen? Welche Kraft wird gewinnen, in uns? Die Sicherheit oder die Freiheit? Es wird sich entscheiden – ganz natürlich und unausweichlich – im Lauf der Zeit, wenn wir erkennen, wofür es sich zu leben lohnt ...

Ich vertraue dem richtigen Zeitpunkt
und der inneren Stimme,
mit Altem aufzuhören
und Neuem zu beginnen ...

VERTRAUEN STATT FESTHALTEN

»Wie viel Kraft es doch kostet und wie viel Energie,
wenn wir festzuhalten versuchen, was nicht bleiben soll.«

Festhalten, könnten wir nur festhalten, was immer wir wollen, nichts würde sich verändern – nichts zu unserem Schlechten, nichts zu unserem Besten. Alles würde bleiben, wie es ist. Wäre das gut?

Festhalten kostet Kraft und Energie und bleibt doch immer nur ein Versuch – das Leben fließt weiter und lässt sich nicht festhalten. Festhalten wollen ist Ausdruck von Angst, die zu vermeiden sucht, sich auf neue Situationen einzustellen, die scheut, gewohnte Sicherheiten (= Starrheiten) aufzugeben.

Festhalten bedeutet Abhängigkeit, in der wir auf die eine oder andere Weise verharren. So kann das Festhalten an einer Beziehung oder Partnerschaft die Angst vor dem Alleinsein bedeuten oder das Festhalten eines Arbeitsplatzes ohne Aufstiegschancen die Angst vor Verantwortung.

Durch Versuche festzuhalten, die sich etwa darin zeigen, alles unter Kontrolle zu haben – nicht selten auch in versteckter Form der »Fürsorge« und »Bemutterung« – bringen wir den natürlichen Fluss der Dinge durcheinander. Wenn wir mit all unseren Gedanken, Meinungen, Gefühlen, Handlungen das Wachstum und die Bewegung in unserem Leben (unbewusst) zu unterdrücken versuchen, zwingen wir unser Schicksal, härter zuzugreifen, damit es uns zur Wahrheit führt. Wir können festhalten und festhalten, aber werden nicht wirklich verhindern, was geschehen muss und will. Was kommen soll, wird kommen; was gehen muss, wird gehen. Egal, wie es kommt und geht: Vertrauen wir darauf, dass alles gut wird.

Alles kommt und alles geht –
ich vertraue ...

GEBORGENHEIT FINDEN IN SICH SELBST

»Manchmal denke ich,
alle Menschen sind einzig
auf der Suche nach demselben –
nach Geborgenheit.«

Geborgenheit – was verbinden Menschen alles mit ihr: Nestwärme, Schutz, Behütetsein, Obhut, Sicherheit, Versorgtsein. Mehr noch: Im Wunsch nach Geborgensein steckt die Sehnsucht nach der inneren Heimat und die Hoffnung, im Leben sein eigenes Zuhause zu finden.

Wo soll man suchen? Wo soll man finden? Sicherlich nicht da, wo es die meisten Menschen suchen. Geborgenheit findet man nicht in einer Arbeit, die hohe Einkünfte bringt, oder auf einem Bankkonto, welches hohe Beträge aufweist – zumindest nicht die, wonach wir uns im Herzen sehnen. Geborgenheit, die wärmt und schützt, können wir nur in uns selbst und vielleicht bei anderen Menschen finden. Bei Menschen, die wir lieben, denen wir Gutes tun und die auch uns Gutes zu tun bereit sind. Geborgenheit können wir finden in Begegnungen, die unserem Wesen entsprechen. In Tätigkeiten auch, die wesenhafte Bedürfnisse befriedigen und innere Fähigkeiten nach außen bringen.

Geborgenheit in ihrer ganzen Größe können jedoch nur wir selbst oder unser Glaube uns geben, weil nur wir und unsere höhere Macht allein uns vom ersten bis zum letzten Augenblick unseres Lebens begleiten.

Ich bin geborgen ...

WARUM – WARUM GERADE ICH?

Warum – warum gerade ich? Eine Frage, die so vieles anrührt: eine Frage der Verbitterung oder der Wut, eine Frage der Trauer oder des Zorns, der Hoffnung vielleicht und der Sehnsucht.

So groß und mächtig, so intensiv und stark unsere Gefühle auch sind, diese Frage bringt uns nicht wirklich weiter. Mitunter hindert sie gar daran, unseren Weg weiterzugehen. Die Frage nach dem »Warum« zeigt, dass wir uns in einem Prozess des Verstehen-Wollens befinden. Doch nicht immer heißt unsere Aufgabe Verstehen. Manchmal geht es darum zu akzeptieren, ja zu sagen ins Dunkel hinein.

Akzeptieren – und fällt es noch so schwer – bedeutet: hinnehmen, annehmen, was das Leben uns als Thema beschert, auch wenn wir nicht verstehen. Akzeptieren heißt: meinem Leben die Zustimmung geben, auch wenn ich nicht immer im Einzelnen durchschaue, welcher Sinn sich darin verbirgt. Wahres Akzeptieren ist nur möglich, wenn wir Vertrauen haben zu uns selbst, zu unserem Leben und zu allem, was geschieht – und zur letztlich unergründlichen göttlichen Lebensregie.

Vertrauen haben –
in alles, was mir geschieht ...

MICH ERKENNEN IN MEINER ÄUSSEREN WELT

Eines Tages hatte ich vor, mein recht überschaubares Vermögen durch das Zeichnen von einer höchst erfolgsversprechenden Aktie zu vermehren. Da diese Aktie wirklich als besonders aussichtsreich gehandelt wurde, planten auch einige meiner Familienmitglieder, Freunde ... dasselbe. Am Tag der Verteilung war die Aktie 33fach überzeichnet. Nur jeder 6. sollte profitieren. Ich hoffte auf mein Glück und berief mich innerlich darauf, dass ich die Aktien verdient hätte. Einer meiner Freunde bekam die gewünschte Anzahl – er, der seit Jahren studierte und ohnehin von verschiedenen staatlichen Unterstützungen lebte. Auch eine meiner Freundinnen und deren Vater, der gerade dabei war, den Bau seines dritten Hauses zu planen, erhielt die erhoffte Stückzahl. Ebenso sollte ein weiterer Bekannter erhalten, wovon er träumte: den zweifachen Wert bereits am ersten Tag der Verteilung und die Aussicht auf baldige Verdreifachung, er, dem mit seiner arroganten Art ohnehin so ziemlich alles zuzufliegen schien. Er, der in meinen Augen viel weniger verdient hätte als ich. Ich, der sich seit Monaten vom Leben und den eigenen Zwängen betrogen fühlte, ich, der sich endlich einmal – wer weiß wie lange schon nicht mehr – Zeit für sich selbst nahm. Ich, der das Gefühl hatte, viel zu viel leisten zu müssen und dafür viel zu wenig zu bekommen – ich bekam nichts.

Ich war zornig, aufgebracht. Schließlich wurde mir klar, dass äußere Gegebenheiten immer mit inneren in Verbindung stehen. Ich war verärgert – nicht über meinen Freund, nicht über meine Freundin ... Ich war wütend über mich selbst, weil ich ein Leben lebte, das mich von vornherein zum Verlierer machen musste, weil ich zu vieles tat, ohne darin selbst einen Sinn oder eine Belohnung zu sehen, weil ich es viel zu sehr für andere tat, nicht für mich, und weil ich schließlich einen Spiegel erhielt, um all das darin zu erkennen.

Meine äußere Welt
ist ein Spiegel meiner selbst ...

STUNDEN – NUR FÜR MICH SELBST

In einer Welt zu leben, die derart viel von uns fordert und täglich etwas Neues von uns verlangt, in solch einer Welt zu leben ist nicht leicht. In einer Welt, die sich dreht und dreht um alles Mögliche und uns fast schwindelig macht, wo bleibt da die Zeit für uns selbst?

Wir können nicht die Welt verändern, nicht ihre Menschen und nicht ihre Gesetze. Wir können sie weder aufhalten noch zurückdrehen. Doch wir sind fähig, viel Tieferes zu bewirken: Wir können in uns selbst für einen Wandel sorgen, für eine heilsame Wende, die uns zuteil werden lässt, was immer wir brauchen – auch Zeit für uns selbst. In dieser Umkehr erhalten Ansprüche von außen, Erwartungen und Forderungen eine neue Qualität. Plötzlich wird für uns wichtig, was immer schon wichtig war. Plötzlich handeln wir richtig und vieles wird klar.

Wir haben die Wahl, uns immer wieder auszuklinken aus dem Rhythmus unserer modernen Welt. Wir haben die Kraft – trotz all der bestehenden Verpflichtungen unseren eigenen Takt zu finden und in ihm auf unsere Art und Weise zu leben. Wir können – frei von Schuldgefühlen und schlechtem Gewissen – genießen, was das Leben uns täglich schenken will und worin unser gutes Recht besteht: Stunden – nur für uns selbst.

Stunden –
nur für mich ...

VOM GROLL AUF ANDERE

Wir machen uns selbst zu Opfern, wenn wir uns Gefühlen wie Groll gegenüber unseren Mitmenschen hingeben. Groll, ähnlich wie Wut und Zorn, ist ein intensives Gefühl mit zerstörerischer Tendenz und Kraft.

Groll ist ein Gefühl, das nicht selten – wenn auch unbewusst – nach Handlung strebt mit dem Ziel von Rache und Vergeltung. Wir haben jedoch im Laufe unseres Erwachsenwerdens einen mehr oder weniger prägenden Prozess der Sozialisation erlebt, der uns tunlichst verbietet, innere Aggressionen nach außen zu verlagern. Wohin also mit all dieser negativen Energie? Wohin mit all dem Groll und all der Wut?

Wenn wir nicht darauf achten, ganz bewusst mit diesem Groll umzugehen, wendet sich die Negativität dieses Gefühls gegen uns selbst, noch bevor wir uns dessen überhaupt bewusst werden. Der beste Schutz davor, eigene Aggressionen selbst abzubekommen, besteht darin, sich möglichst frühzeitig für soziale Situationen zu sensibilisieren, in denen wir Unzufriedenheit erspüren. Sobald wir bemerken, dass etwas nicht stimmt, d. h. dass eine Situation für uns nicht stimmig ist, sollten wir nach dem Grund und dem Auslöser suchen. Gelingt es uns zu erkennen, wie all das, was wir in Verbindung mit anderen Menschen erleben, letztlich auch mit uns selbst und den eigenen Überzeugungen und Einstellungen zu tun hat, sind wir auf dem besten Weg, eine Lösung der jeweiligen Problematik zu finden. Anstatt unseren Mitmenschen weiterhin Groll entgegenzubringen, können wir vielmehr konstruktive Beziehungsimpulse setzen und letztlich über uns selbst hinauswachsen.

Groll auf meine Mitmenschen
bringt gar nichts ...

137

MIT DEM LEBEN FLIESSEN

Mitunter erscheint uns das Leben als ein schwieriger, mühevoller Prozess, der unsere ganze Kraft und Aktivität fordert. Wir fühlen uns schwer und hoffen auf die erforderliche Energie, die wir brauchen, um bestimmte Veränderungen voranzutreiben. Wir spüren am eigenen Leib Blockaden der Angst und Unsicherheit, Blockaden des Kontrollierens und Überprüfens.

Wenn wir uns vorstellen, unser Leben gleiche einem Fluss, der mit unserer Geburt zu strömen begann, der im Laufe unseres Daseins durch unterschiedliche Landschaften und geografische Räume fließt, der zu irgendeinem Zeitpunkt an irgendeinem Ort in ein riesiges und ewiges Meer mündet, dann kann uns dies helfen, eine gelassenere Haltung dem Leben und seinen Erscheinungen gegenüber einzunehmen.

Betrachen wir unser Leben als einen Fluss, der stetig und immerfort auf ganz natürliche Weise fließt. Manchmal treibt sein Verlauf alles, was sich in ihm regt, voran; dann wiederum plätschert er ganz leise und stumm vor sich hin. Manchmal quillt er fast über vor Kraft, dann wiederum plätschert er kaum wahrnehmbar sacht und still.

Was auch immer – der Fluss unseres Lebens kennt seinen Weg und kennt sein Ziel. Mit ihm erreichen wir das Meer, wo uns Fülle und Vielfalt zuteil werden. Wir werden zu ihm gelangen, ohne ständig kontrollieren und überprüfen zu müssen, wo wir uns gerade befinden. Wir werden an diesem Ort ausgeruht und zufrieden ankommen, ganz natürlich und völlig mühelos, wenn wir uns nur ganz einfach dem Fluss unseres Lebens hingeben. Ohne zu rudern und ohne zu paddeln, werden wir getragen, wenn wir es zulassen.

Voll Leichtigkeit lass ich mich tragen
vom Fluss des Lebens ...

WAS KRÄNKT, MACHT KRANK

Es gibt viele Möglichkeiten, auf einen äußeren Angriff zu reagieren. Wir können uns aus Angst zurückziehen und weitere Anschläge vermeiden. Wir können aber auch wütend und zornig werden und den Kampf ansagen. Manchmal sind wir so sehr verletzt und verwundet, dass wir uns erst einmal unserem Schmerz überlassen. Dann richten wir die gesamte in uns entstandene Aggression gegen uns selbst und unsere Situation. Ein wenig davon ist spürbar, wenn wir uns gekränkt fühlen. In der Kränkung erfahren wir eine Art Angriff, indem in irgendeinem Bereich unseres Lebens unsere gesunden Grenzen von außen her überschritten werden. Jemand kommt uns zu nahe und missachtet unsere Persönlichkeit. Nicht selten hat dies Auswirkungen auf unser Selbstwertgefühl und unser Selbstvertrauen. Nicht selten droht dabei die Gefahr eines ernsthaften Geborgenheitsverlustes und das Empfinden, von sich selbst entwurzelt zu sein. Misstrauen und depressive Reaktionen können schließlich daraus entstehen. Und nicht zuletzt schaffen wir die Grundlagen dafür, dass aus einer Kränkung Krankheit wird.

Wichtig ist, dass wir uns unserer Kränkungen bewusst werden, um zu verhindern, dass all die negative Energie sich noch mehr gegen uns selbst und unsere Gesundheit richtet. Ist es der Partner, der uns herabsetzt, der Chef, ein Arbeitskollege ... ? Sind es die Worte, die Blicke, die Nichtbeachtung? Kommt es überhaupt von außen oder liegt es vielleicht hauptsächlich in meinem ganz persönlichem Empfinden? Was immer es ist, woran es auch liegt – wir sind nicht dazu da, uns ständig gekränkt zu fühlen oder davon gar krank zu werden. Wenn wir erkennen, wer wir sind, sind wir nicht kränkbar. Niemand kann uns dann kränken.

Ich räume aus dem Weg,
was mich kränkt –
und schaue in den inneren Spiegel ...

Leben – was sonst?

VON ENGE UND WEITE

»Alle Dinge
sind mir zu eng.
Ich bin so weit.«

UNBEKANNTER FLÄMISCHER DICHTER

Vielleicht kennen Sie das Gefühl, so vieles um Sie herum als viel zu eng und einengend zu empfinden. Fühlen Sie sich manchmal eingesperrt, festgehalten und an der Realisierung Ihrer Träume gehindert?

Könnte es nicht sein, dass wir mit unserer inneren Weite die äußere Enge unserer Welt überwinden könnten? Ist es vielleicht möglich, uns einfach hinwegzusetzen über all die Grenzen und Barrieren des Lebens? Wäre es nicht denkbar, alles hinter sich zu lassen, irgendwo, irgendwann noch einmal ganz von vorne anzufangen?

Wir können nach Wegen suchen, unserer inneren Weite Ausdruck zu verleihen. Es gibt sie, die Möglichkeiten uns frei und grenzenlos zu erleben. Probieren Sie aus, was Ihnen dabei hilft. Vielleicht müssen Sie fliegen oder Fallschirmspringen, vielleicht fangen Sie zu malen, zu tanzen oder zu schreiben an, vielleicht lassen Sie alte, einengende moralische Wertvorstellungen los, Begriffe wie »gut« und »schlecht«, »erlaubt« oder »verboten«, vielleicht lernen Sie, nein zu sagen Ihrem Partner oder Arbeitgeber gegenüber ...

Vielleicht aber lernen Sie, sich einfach wieder Träumen hinzugeben. Und eines Tages wachen Sie auf und ein Traum wird Wirklichkeit.

Ich bin
und bleibe weit ...

SCHLECHTE TAGE NUTZEN

Es gibt Tage, die wir noch während der Nacht mit einem freundlichen Lächeln erwarten, und andere, die wir von vornherein ungeschehen machen wollen. Es gibt Tage, die in Sekundenschnelle vergehen, und andere, die uns wie Jahre vorkommen. Es gibt Tage, an denen die Sonne scheint, und andere, an denen der Himmel weint.

Es ist in Ordnung, schlechte Tage zu haben. Es ist in Ordnung, gewisse Tage ohne Elan, ohne tiefe Zuversicht und inneres Vertrauen zu beginnen. Es ist in Ordnung, gewisse Tage frei von beseelter Lebendigkeit, positiver und bejahender Bereitschaft zu erleben. Es ist ebenso in Ordnung, gewisse Tage ohne erfüllte Dankbarkeit und Verbundenheit ausklingen zu lassen. Es ist in Ordnung, an gewissen Tagen »schlechte« Tage zu haben. Denn keiner hat keinen Sinn.

Es ist weder wichtig noch richtig, nur gute Tage anstreben zu wollen. Denn gerade auch an schlechten und grauen Tagen können wir darauf vertrauen, dass etwas in uns arbeitet und vorbereitet wird. Gerade an kritischen und verwirrenden Tagen können wir vieles über uns, unsere Beziehungen, unsere allgemeine oder konkrete Lebenssituation erfahren. Wir können offen und zugänglich sein für jene Anteile in unserem Leben, die darauf warten, verändert zu werden. Wir können Erkenntnisse gewinnen, die wir an darauffolgenden Tagen zu neuen Taten und kreativen Veränderungen verwenden.

Guten Tag,
du schlechter Tag –
auch dich brauche ich ...

ANGST VOR SICH SELBST

»Manchmal wache ich auf,
nach einer Nacht, gefüllt mit Träumen.
Ich wache auf und fürchte mich vor dem,
was ich will, und vor dem, was ich bin.«

Ob wir uns einmal näher im Spiegel als sonst betrachten, uns während einer Entspannungs- oder Meditationsübung oder aber auch im Traum näher kommen bzw. bestimmte, sonst verdrängte Bereiche unseres Selbst deutlicher wahrnehmen können als bisher – Angst ist nicht selten dabei. Angst vor dem, was wir wollen, und Angst vor dem, was wir sind.

Die einen vermeiden es darum, sich zukünftig noch mehr mit der eigenen Person zu beschäftigen, und suchen Sicherheit und Ablenkung in »Äußerem« und »Nebensächlichem«, und manchmal scheint die Rechnung tatsächlich aufzugehen. Andere gehen den Weg der Hindernisse und Barrieren, den Weg zu sich selbst und beschreiben ebenso überzeugend, wie groß die geheimen Gewinne doch seien – trotz all der sichtbaren Verluste.

Geheimnisvoller Gott,
lass mich tun, was zu tun ist,
und nimm mir die Angst
vor mir selbst ...

BEREIT SEIN

»Veränderung braucht Bereitschaft,
Bereitschaft von mir selbst.«

Häufig erhalten wir nicht oder noch nicht, was wir ersehnen, weil wir innerlich oder äußerlich noch nicht bereit dafür sind. Da gilt es, Altes zu erledigen, bevor wir Neues entgegennehmen können. Möglicherweise gibt es irgendwo in uns noch Unklares oder Unvollendetes.

Wenn wir schon lange auf eine erwünschte Veränderung warten, dann sollten wir uns die Fragen stellen: »Woher weiß oder fühle ich, dass zu mir gehört, was ich mir wünsche? Was sind das für Gedanken, was für Gefühle, was wollen sie erreichen, was vermeiden? Kann ich mein Bedürfnis überhaupt beim Namen nennen oder jage ich vielleicht einem Phantom hinterher? Weshalb sollte die Veränderung mich glücklich machen? Was spricht dagegen? Welche inneren und äußeren Voraussetzungen müssen dafür eigentlich gegeben sein?«

Wenn ich – nach wie vor – der Meinung bin, mein Ziel weiterhin zu verfolgen oder die Ankunft eines bestimmten Umstandes auch künftig zu erwarten, dann sollte ich nicht länger damit warten, alles Notwendige vorzubereiten. Vergessen wir dabei nicht: Die eigentliche Bereitschaft beginnt stets bei uns selbst!

Ich bin bereit ...

Einen Menschen verlieren

Einen Menschen zu verlieren – sei es nun, dass er sich bewusst von uns verabschiedet, dass er geht, ohne ein Wort zu sagen, oder weil er stirbt, kann unsere Ordnung sehr durcheinander bringen. Einen Menschen zu verlieren, an dem wir hängen, wo Fragen unbeantwortet und Leben noch ungelebt scheint, kann eine der bittersten Erfahrungen des Lebens überhaupt sein.

Was ist es dann, was uns schmerzt? Was tut so weh dabei? Oftmals empfinden wir es so, als ginge ein Teil von uns selbst. Wir fühlen uns leer, hilflos und allein gelassen. Wo wir uns vorher lebendig erfahren haben, glauben wir nun gestorben zu sein.

Wo sind die gemeinsamen Erfahrungen? Wo sind die gemeinsamen Ziele? Wo ist die gemeinsame Zeit? Was ist mit dem gemeinsamen Leben geschehen? Auch wenn wir vieles nicht verstehen und mit dem Verstand nicht begreifen, müssen wir schließlich bei all den Fragen akzeptieren, dass ein Begleiter unseres bisherigen Lebens jetzt einen neuen, eigenen Weg geht. Einen Weg, bei dem es scheint, dass dieser plötzlich ein anderes Ziel ansteuert, als zuvor gedacht. Wir müssen zulassen, dass dieser Mensch seinen vorbestimmten Weg gehen kann, während wir selbst wieder langsam beginnen, uns selbst auf den Weg zu machen – unserem eigenen Ziel entgegen.

Einen Menschen meines Lebens zu verlieren
erfordert vielleicht mehr als alle anderen Erfahrungen,
dennoch dem Leben zu vertrauen.
Auch wenn es weh tut und ich nicht verstehen kann,
vertraue ich dennoch darauf,
dass alles gut wird.
Ich vertraue meiner Vorbestimmung und gehe meinen Weg.
Ich freue mich auf ein Wiedersehen ...

PERFEKTIONISMUS VERABSCHIEDEN

Es ist wohl eine Erscheinung unseres hochtechnisierten Maschinen-zeitalters, möglichst alles vollendet und tadellos vollbringen zu müssen. Warum nur – warum?

Bei unserem Streben, perfekte Leistungen zu erzielen, stellen wir einerseits das eigene Handeln in den Mittelpunkt des gesamten Weltgeschehens. Andererseits machen wir den Wert, den wir uns selbst zugestehen, die Liebe und Aufmerksamkeit, die wir uns angedeihen lassen, allzu sehr abhängig von äußeren Ergebnissen, »Erfolgen«. Ja, wir tun gerade so, als müssten wir unser positives und bejahendes Selbstwertgefühl immer wieder aufs Neue hart erarbeiten und erkämpfen.

Wenn wir uns bemühen, »perfekte« Situationen zu schaffen, werden wir von Gefühlen der Unrast und des unglücklichen Getriebenseins begleitet sein. Wir stellen Anforderungen an uns selbst, die wir nicht dauerhaft erfüllen können. Gefühle der Frustration und Enttäuschung stellen sich ein und bestätigen nur noch mehr die vermeintliche Unvollkommenheit unseres Mensch-Seins und des Lebens an sich. Unsere Beziehungen leiden darunter und häufig verachten wir bei anderen ebenso, was wir an uns selbst verachten. Wir missachten das Tun unserer Mitmenschen ebenso wie unser eigenes Tun – weil nichts und auch gar nichts wirklich perfekt sein kann – zumindest nicht in diesem äußeren Sinn.

Perfektionismus ist eine unechte Vollkommenheit. Perfektionismus blockiert in Wahrheit unser Aktivsein. Perfektionismus verhindert unsere Offenheit. Perfektionismus macht krank, wo im Innern Gesundheit ist. Perfektionismus macht klein, wo im Innern Größe ist. Perfektionismus macht unvollkommen, wo bereits Vollkommenheit ist.

Ich verabschiede allen Perfektionismus.
Ich bin Mensch und Mensch will ich sein ...

GERADE JETZT UND JETZT ERST RECHT

»Wenn ich abgestürzt bin, steh ich auf
und steig nochmal hinauf,
gerade jetzt und jetzt erst recht.«
GITTE HENNING

So oft in meinem Leben habe ich die Erfahrung gemacht, dass andere Menschen mich klein reden, mich einschränken, mich schwächer, dümmer und negativer – in welcher Hinsicht auch immer – darzustellen versuchten, als ich es war. So oft in meinem Leben fühlte ich mich benachteiligt, vergessen und zurückversetzt. Doch bildeten sehr häufig genau jene Momente und Erfahrungen gleichzeitig den Anstoß in mir für ein »gerade jetzt und jetzt erst recht«.

Da kann Wut wirklich Kraft spenden – eine Kraft und Energie, über die wir im Zustand der ruhigen Ausgeglichenheit nicht verfügen. So zerstörerisch die Auswirkung der Wut auch sein könnte – sie ist jedoch ebenso in der Lage, uns durchaus wertvolle und anregende Dienste zu erweisen. Wenn wir sie zu nutzen verstehen, indem wir sie in eine kreative Aktion umleiten, die von dieser kraftvollen Energie lebt, können wir uns von ihr tragen lassen und vieles wird fast wie von selbst geschehen.

Wenn es uns gelingt, aus einer für uns ursprünglich schwachen Situation gestärkt hervorzutreten, geben wir damit dem ganzen Umstand einen Sinn. Wenn wir die Erfahrung machen, nach einem Sturz wieder aufzustehen und erneut hinaufzusteigen, begreifen wir, uns und die jeweilige Situation von einer ganz neuen Seiten zu erkennen. Perspektiven erschließen sich, die bislang verschlossen blieben. Vor allem begegnen wir unserer Fähigkeit, einen Absturz in einen Aufstieg zu verwandeln – und fühlen uns damit bestens gerüstet fürs Leben.

Ich stehe auf –
gerade jetzt und jetzt erst recht ...

TÄGLICHE REINIGUNG FÜR KÖRPER, GEIST UND SEELE

Es ist selbstverständlich, unseren Körper morgens und/oder abends, zu Beginn oder am Ende eines Tages, zu duschen oder zu baden. Wir putzen uns täglich 2- bis 3-mal die Zähne, ohne uns darüber Gedanken zu machen. Wir verbringen viel Zeit damit, unseren Körper zu pflegen. Fitness-Studios erfreuen sich regen Zulaufs.

Wie steht es um unser Inneres? Wie viel Aufmerksamkeit richten wir auf unsere Gedanken und Gefühle? Welche Rituale haben wir diesbezüglich entwickelt? Wenn wir begreifen, dass Körper, Geist und Seele zusammengehören, eine Einheit bilden, kommen wir nicht daran vorbei, auch für unsere geistig-seelische Hygiene Verantwortung zu übernehmen.

Es gibt viele Möglichkeiten, Geist und Seele zu reinigen. So können wir beispielsweise unsere Körperpflege mit Seelenpflege verbinden, indem wir uns beim täglichen Duschen der reinigenden Wirkung des Wassers bewusst werden, wie es vom Kopf hinunter über den ganzen Körper zur Sohle fließt und schließlich im Abfluss verschwindet. Wir stellen uns dabei vor, wie gleichzeitig unsere ganze angesammelte negative Energie von uns abfließt. Danach fühlen wir uns nicht nur körperlich, sondern auch geistig-seelisch gereinigt und von unnötigem Ballast befreit.

Finden Sie heraus, wie Sie Ihren Körper, Ihren Geist und auch Ihre Seele angemessen reinigen können, und tun sie dies am besten täglich.

Täglich reinige ich
meinen Körper, meinen Geist und meine Seele.
Alles Negative fließt ab ...

SEELISCHE ZUWENDUNG ERBITTEN

»Der Staufen-Kaiser Friedrich II. († 1250) wollte die Ursprache der Menschheit ermitteln. Er ließ deshalb eine Reihe von Kindern isoliert in einem Heim aufziehen. All ihre unmittelbaren Bedürfnisse wurden hinreichend befriedigt. Die Pflegerinnen wies man jedoch an, mit den Kindern kein Wort zu sprechen. Er erwartete, dass sich ohne jedes Vorbild die Sprache so entwickeln werde, wie sie sich zu Beginn der Menschheit ›natürlich‹ entwickelt habe. Das Experiment endete damit, dass alle Kinder starben. Sie starben aufgrund mangelnder seelischer Zuwendung.«

Menschen haben das Verlangen nach seelischer Zuwendung, wollen gehört, gesehen und wahrgenommen werden, sehnen sich nach Verständnis und Geborgenheit, brauchen Aufmerksamkeit und Herzlichkeit. Das Bedürfnis nach seelischer Zuwendung ist ein Leben erhaltendes Gefühl wie Hunger und Durst. Menschen benötigen liebevolle Nähe, um überleben zu können.

Vielleicht befinden wir uns derzeit in einer Phase unseres Lebens, in der wir diese seelische Zuwendung durch einen anderen Menschen kaum oder gar nicht erfahren. Vielleicht haben wir dieses Gefühl des Zu-Hause-Seins schon viel zu lange nicht mehr gespürt. Abends, allein im Bett liegend, nehmen wir eine »Embryo-Stellung« ein, um uns wie im Mutterleib geborgen zu fühlen. Wie ein kleiner Vogel – verlassen im Nest liegend – warten wir auf das Zurückkehren unserer Eltern ...

Es ist wichtig, sich des Bedürfnisses nach seelischer Zuwendung bewusst zu werden. Dann erst kann man Verantwortung dafür übernehmen. Wenn wir beginnen, Verantwortung für unsere Bedürfnisse zu übernehmen, wird das Leben wie von selbst für das Übrige sorgen. Eines führt zum anderen. Verantwortung zu übernehmen kann auch darin bestehen, Gott zu bitten, dass er uns die ersehnte seelische Zuwendung zuteil werden lässt, die wir benötigen, um glücklich zu sein.

Ich bitte dich, Gott, um seelische Zuwendung ...

VERTRAUEN INS LEBEN

Vertrauen ist ein Gefühl der Sicherheit und Geborgenheit. Wir können Vertrauen haben in die eigene Person, in Menschen, die uns nahe stehen, oder in das Leben im Allgemeinen. In den ersten Monaten des Lebens haben wir – wenn es gut war – das so genannte »Urvertrauen« erworben. Je nachdem, ob wir uns der Liebe und Zuneigung anderer sicher sein konnten, oder ob wir uns hilflos und allein gefühlt haben: Unser Gefühl des Vertrauens wurde von diesen frühkindlichen Erfahrungen wesentlich mitgeprägt.

Unser Gleichgewicht zwischen Vertrauen und Misstrauen richtet sich nach der Art und Intensität der Erfahrungen, die wir hinsichtlich der Urgeborgenheit gemacht haben. Fühlten wir uns verunsichert, kann es sein, dass wir uns heute unsicher fühlen und entsprechend handeln. Konnten wir uns auf liebevolle Zuwendung von außen verlassen, kennen wir heute vermutlich ein gesundes Maß an Vertrauen dem Leben gegenüber.

Wenn wir Schwierigkeiten haben, dem Leben und der Zukunft Vertrauen zu schenken, kann es sein, dass unser heutiges Fühlen, Denken und Handeln aufgrund von längst vergangenen negativen Erfahrungen immer noch belastet ist. So kann es sein, dass unsere Zweifel und Bedenken aus Situationen entstanden sind, die mit unserem heutigem Leben gar nichts mehr gemeinsam haben. Dann ist Misstrauen, das zu einem früheren Zeitpunkt angemessen war, längst unnötig und überflüssig geworden.

Es ist an der Zeit, auf sicheren Beinen zu stehen. Wir können selbst für uns und unser Leben Sorge tragen, für unsere Wünsche und Bedürfnisse eintreten. Wir können alte Gefühle des Misstrauens loslassen und sie mit vertrauensvollen eintauschen. Wir können Vertrauen haben in das Leben, damit es sich unserer annehmen kann und auch in Zukunft für uns sorgen wird – besser noch als bisher.

Dem Leben vertrauen ...

MICH AN GOTT WENDEN MIT MEINEN SORGEN

Ich habe Sorgen, große und kleine. Ich sehne mich nach Liebe und Geborgenheit. Ich habe Fragen an das Leben, an die Liebe. Ich habe Angst, manchmal – und bin unsicher. Ich brauche Zeichen. Ich warte. Mitunter leide ich und fühle mich allein.

Oftmals scheint es, als wäre alles, was ich tue, zu wenig, was ich sage, zu leise, zu ausdruckslos. Was ich zu hören versuche, ist zu still, zu verworren. Was ich fühle, ist so schwer und rücksichtslos. Meine Bilder sind zu grau, um bunt zu sein. Ich selbst bin zu müde, um lebendig zu sein. Mein Same will nicht aufgehen. Und meine Wünsche finden keinen Raum.

Wenn wir unsere Grenzen und unsere Unzulänglichkeiten erkennen, wenn wir auf Widerstand stoßen und unsere Bemühungen, Verantwortung für uns zu übernehmen, scheinbar fehl schlagen, so sollten wir uns mit unseren Sorgen und Nöten an Gott wenden. Wir sollten darauf vertrauen, dass Gott sich unserer Bedürfnisse annimmt, wenn wir selbst nicht mehr die Kraft dazu haben.

Es tut gut anzuerkennen, dass wir nur bis zu einem gewissen Grad in der Lage sind, das Leben und seine Erscheinungen beeinflussen und verändern zu können. Es tut gut, sich einer Macht anzuvertrauen, die stärker ist, als wir es sind, und diese um Hilfe zu bitten. Es tut gut, daran zu glauben, dass Gott für uns sorgen wird, gerade dann, wenn wir selbst uns dazu zeitweilig nicht mehr imstande fühlen.

Hilf mir, Gott, bei all meinen Sorgen.
Ich lege mein Leben in deine Hand ...

WUT, ÄRGER UND ZORN ERLEBEN

Wann waren Sie das letzte Mal so richtig wütend, so richtig verärgert und voller Zorn? Und wie oft haben Sie diesen Gefühlen Ausdruck verliehen – deutlich und klar für andere spürbar?

Wut, Ärger und Zorn sind Gefühle, die aufgrund einschränkender Situationen in uns aufsteigen. Häufig erleben wir sie in Phasen der Frustration, wenn sich unsere Pläne und Erwartungen nicht erfüllen oder Fragen unbeantwortet bleiben. Auch in Situationen, in denen wir uns ungerecht behandelt fühlen, steigen solche Stimmungen in uns auf.

Diese mächtigen Gefühle des Unzufrieden-Seins erfordern eine geistige Durchdringung. Es sind Empfindungen und Stimmungen, die uns aktivieren, einen Missstand unseres derzeitigen Lebens zunächst kognitiv zu bewältigen. Es wird uns klar, dass etwas in unserem Leben nicht nach Wunsch verläuft.

Entweder wir erkennen die eventuelle Aussichtslosigkeit eines Wunsches nach Veränderung und lernen, dies zu akzeptieren. Oder aber wir durchschauen die Logik der Lage in der Weise, dass wir die aufsteigenden Gefühle aktiv für eine Veränderung nutzen können. Starke Gefühle der Wut, des Ärgers und des Zorns können helfen, sich in der Lage zu fühlen, eine bevorstehende Auseinandersetzung aufzunehmen, einen neuen, vielleicht ungewohnten Weg erfolgreich zu beschreiten. Sie geben Energie, um uns selbst angemessen zu vertreten und unsere Stärke im Leben geltend zu machen.

Wut, Ärger und Zorn –
auch ihr habt Sinn in meinem Leben ...

DAS LEBEN GESCHEHEN LASSEN

Das Leben geschieht. Dinge geschehen. Menschen kommen. Menschen gehen. Das Leben verändert sich und verändert unsere Beziehungen. Es verändert uns und unsere Mitmenschen.

Wir fragen uns: warum, wieso, weshalb, wie, wann; fragen, was passiert oder was ausbleibt. Wir versuchen, den Lauf der Dinge zu steuern. Wir wünschen uns Kontrolle und Regie. Wir stellen Fragen, die nicht beantwortet werden können. Nicht jetzt. Vielleicht niemals.

Wenn wir zulassen, dass das Leben geschieht, ohne überall und jederzeit alles hinterfragen zu müssen, werden wir eine gesündere Einstellung zu uns und zum Leben finden. Wir können Zweifel loslassen, uns abwenden von Fragen, die nicht oder noch nicht zu beantworten sind. Mitunter muss viel Zeit vergehen, bis wir endlich begreifen, warum und weshalb Entsprechendes notwendig war. Wir können Vertrauen entwickeln ins Leben, in die Menschen und in uns. Wenn wir lernen, das Leben geschehen zu lassen, wird auch das Glück geschehen, ganz natürlich und völlig mühelos.

Voll Vertrauen
lasse ich das Leben geschehen –
einfach so ...

FREUDE ERLEBEN

Freude können wir empfinden, indem wir unsere eigenen Fähigkeiten und Fertigkeiten ganz bewusst und anerkennend erleben. Wir dürfen uns freuen über unsere Erlebnisse, unsere eigenen Erfahrungen und den Fortschritt, den wir im Leben erzielen. Ebenso werden wir von Freude erfüllt, wenn wir die Reife erlangen, unangenehme und belastende Zustände aus eigener Kraft bewältigen zu können. Aber auch die Fähigkeit, angenehme und schöne Situationen zu kreieren, schafft das Gefühl der Freude und Zufriedenheit …

Eine bedeutende Quelle von Freude im menschlichen Leben erfahren wir in guten Beziehungen. Da wird uns ein tiefes Gefühl der Freude zuteil, wenn wir ein inniges Vertrauen in unseren Beziehungen spüren oder das Gefühl haben, geschätzt, geliebt zu werden. Auch in der Beziehung zu uns selbst kommt dies zum Ausdruck. Es schafft Freude, zu lieben und gleichermaßen geliebt zu werden. Es verschafft uns das Gefühl der Leichtigkeit und des Wohlbehagens, wahre emotionale Nähe zu erfahren.

Freude ist ein positives, bejahendes Lebensgefühl. Freude stärkt unser Selbstvertrauen und macht Sinn fürs Leben. Freude stärkt und schärft unseren Blick für jene Dinge im Leben, die für uns wichtig sind und wofür es sich zu leben lohnt.

Dem Erfahren von Freude geht stets ein Erlebnis voraus. Es liegt jedoch im jeweils subjektiven Empfinden eines jedes Menschen selbst, Erlebnisse als gut oder schlecht zu erleben. Es kommt zunächst darauf an, offen und unvoreingenommen dem Leben zu begegnen. Dann können wir Verantwortung für unser Empfinden übernehmen und uns ganz gezielt Erlebnisse zuteil werden lassen, die uns Freude bereiten.

Erlebnisse voller Freude werden mir zuteil …

DAS LEBEN WIEDER LERNEN

»Lasst uns das Leben leise wieder lernen.«
NELLY SACHS, CHOR DER GERETTETEN

Viele haben einen schweren Schicksalsschlag erlebt. Andere sind gerade dabei, einen solchen zu bearbeiten, oder fühlen sich von ihm bearbeitet.

Manchmal sind wir so mit einer Sache beschäftigt, dass wir dabei fast vergessen zu leben. So üben wir uns im Verschieben von allen möglichen Dingen oder ertappen uns ständig dabei, wie wir wieder einmal etwas vergessen oder übersehen haben. Freunde, Beziehungen werden vernachlässigt, Hobbys verlieren an Bedeutung und Aufmerksamkeit. Wir selbst lassen uns gehen und stehen uns mehr oder weniger gleichgültig gegenüber – viel zu wenig, was uns noch wichtig ist, viel zu viel, was überflüssig oder sinnlos erscheint.

Dauert uns dann eine solche Phase zu lange, kann es sein, dass wir neue Ideen oder Rituale entwickeln. Noch bevor aus dem natürlichen und zur Heilung not-wendigen Zustand der Niedergeschlagenheit ein Dauerzustand wird, sind wir aufgefordert, wieder das Leben zu lernen – und sei es nur langsam und leise.

Leise lerne ich,
das Leben zu lernen ...

AUFHÖREN ZU GRÜBELN

»Sein Leben grübelt er seitdem:
warum ihm dies geschah von wem.«
CHRISTIAN MORGENSTERN, SCHICKSAL

Im Grübeln beschäftigen wir uns scheinbar – und auf eine oberflächliche Art und Weise – eingehend und fortwährend mit bestimmten Dingen, indem wir sie wieder und immer wieder hinterfragen. Muster von Gedankenabläufen werden aufgebaut und erneut zum x-ten Male einem Thema übergestülpt, ohne jemals wirklich ein Ergebnis aufzuweisen, ohne jemals eine adäquate Antwort auf die gestellte Frage zu erhalten.

Besonders gern wird über Vergangenes gegrübelt, Vergangenes, was nicht mehr zu verändern ist. »Warum?« »Wieso?« »Weshalb?« »Wer?« »Wann?« ... Aber auch Eventualitäten und Möglichkeiten von Entwicklungen bieten sich dem Grübler ebenso an: »Könnte es nicht sein, dass ...?« »Wenn aber ...?« »Wenn nur nicht ...?« »Was dann ...?«

Fragen über Fragen – keine Antworten. Grübeln kostet Zeit und Nerven und führt zu gar nichts. Grübeln macht Falten und verbissen. Grübeln engt ein und verhindert, das Leben frei fließen zu lassen, willkommen zu heißen.

Aufhören zu grübeln,
heute noch ...

LEBENSKONZEPTE ÜBER BORD WERFEN

Bei all den Gedanken, die wir uns machen über unser Leben, unsere Beziehungen und über uns selbst, werden wir uns im Laufe der Zeit auch mit Philosophien und Ansichten verschiedener Menschen, Religionen oder Therapierichtungen beschäftigen. Viele bieten Lebenshilfe in Form von Regeln, Ge- und Verboten, Gleichnissen – was auch immer – an. Auch ich tue das in 365 Tageskapiteln dieses Buches. Ein Rezept im Sinne einer endgültigen Anleitung oder gar einer Heilmittelverordnung gibt es nicht, nicht fürs Leben.

Wir werden dem Leben nicht gerecht, wenn wir unsere Vorhaben in allzu viele Einzelschritte aufzuteilen versuchen. Ebenso scheint es unmöglich, alles einzuordnen, zu katalogisieren oder zu registrieren, was in und um uns geschieht. Das Leben fließt und verändert sich. Es geschehen Dinge, erwartet oder wie aus heiterem Himmel, und wir werden darauf reagieren. Es ist unnötig und unmöglich, uns auf all die denkbaren Situationen bewusst vorzubereiten. Wir werden wissen und fühlen, was zu tun ist, und aus uns selbst und der jeweiligen Situation heraus handeln, auch ohne Plan und ohne Rezept.

Worum es aber geht, ist, dass unser Vertrauen ins Leben wächst. Dann werden wir selbst erspüren, was in welcher Situation für uns wichtig und richtig ist.

Ich vertraue –
und lebe das Leben ...

MICH SELBST ALS WERTVOLL ERLEBEN

Als Menschen sind wir vom ersten Augenblick unseres Lebens an auf Schutz und Pflege angewiesen. Wir sind an Menschen gebunden, die sich uns liebevoll nähern und sich um uns kümmern. Es liegt in unserer zuwendungsbedürftigen Natur, dass wir immer wieder die Erfahrung machen, wie es ist, angenommen oder abgelehnt zu werden. Es ist das Schicksal der Menschen, einmal bejaht und dann wiederum verneint zu werden.

Es ist über allem wichtig, dass wir selbst unseren Wert erkennen. Dabei sollten wir unseren Wert nicht von anderen Menschen abhängig machen. Sicherlich tut es gut, bestätigt und geliebt zu werden. Es tut gut, wenn uns Menschen ihre Zuneigung und Sympathie entgegenbringen. Ebenso ist es jedoch in Ordnung, wenn andere uns mit Ressentiments und Zurückweisung begegnen. Es liegt an uns selbst und darin besteht eine wichtige Lernaufgabe unseres Lebens, dass wir die Fähigkeit erwerben, sowohl mit Anerkennung als auch mit Ablehnung gelassen umzugehen.

Wir können aufhören, in andere etwas hineinzuinterpretieren. Wir sollten ebenso keine Angst haben vor der Meinung anderer und unser Bedürfnis verabschieden, nach Anerkennung und Geltung zu streben, ständig im Mittelpunkt stehen zu müssen. Andererseits gilt es, damit zu beginnen, uns nicht länger in den Hintergrund drängen zu lassen. Wir können sagen, was wir zu sagen haben. Wenn wir nichts zu sagen haben, schweigen wir. Wir haben es nicht nötig, uns mit anderen zu vergleichen. Wir denken nicht im Traum daran, uns darum zu bemühen, uns anderen anzupassen, uns mit anderen zu vergleichen oder ihnen gleich zu machen. Wir sind, wie und wer wir sind. Wir wollen nicht sein, was wir nicht sind. So wie wir sind, sind wir wichtig und genau richtig!

Was und wer ich nicht bin,
will und muss ich nicht sein ...

VOM LEBEN LERNEN

Wie mag ein Neugeborenes sich fühlen, wenn es die Welt erblickt? Wie viel wird es vom Leben bereits wissen, was wird es noch lernen müssen? Ins Leben werden wir geboren, hilflos und klein. Und wir müssen beginnen, möglichst viel über das Leben und unsere eigene Erscheinung zu erfahren, müssen lernen, dem Leben zu begegnen. Ebenso müssen wir uns auf den Weg machen, uns selbst zu entdecken. Das Leben selbst sorgt dafür, dass beides geschieht.

Wenn wir dann – in späteren Jahren – bemerken, dass wir uns immer wieder mit denselben Problemen beschäftigen, bringt es nichts, mit dem Leben zu hadern und auf bessere Zeiten zu hoffen. Vielmehr sollten wir darauf vertrauen, dass uns der Lehrmeister »Leben« ganz gezielt mit jenen Lektionen in Berührung bringt, die für unsere individuelle Entwicklung gerade notwendig sind. Insofern stellen sich Schwierigkeiten ein, bis wir in der Lage sind, unsere Stellung zu ihnen offen zu legen, um sie in Zukunft auf andere Art und Weise anzugehen. Viele von ihnen werden wir nicht mehr brauchen, wenn wir sie und unsere Beziehung zu ihnen einmal erkannt haben.

Wenn wir bereit sind, vom Leben zu lernen, werden wir vieles über uns selbst erfahren und befähigt, uns liebevoll anzunehmen und Verantwortung für unseren weiteren Lebenslauf zu übernehmen. Wir können ja sagen zum Leben, zu den Lebenslektionen und schließlich zu uns selbst. Wenn wir beginnen, bewusst die vom Leben gestellten Lektionen zu meistern, können wir uns an neue Taten wagen und werden wachsen und reifen. Häufig werden wir mehr erlangen und erreichen, als wir zunächst erwarteten. Wenn wir bereit sind, vom Leben zu lernen, werden wir vorbereitet auf eine glücklichere und bessere Zukunft – Tag für Tag –, ohne Zweifel ist es so.

Ich lasse mich,
vom Leben zu lernen ...

TRAUERN UM EINEN GELIEBTEN MENSCHEN

»Manchmal habe ich das Gefühl,
dass es leichter wird.
Dann wiederum glaube ich,
dass es niemals aufhört.«

Wer um einen Menschen bzw. um einen Menschenverlust trauert, wird mit allen möglichen Gefühlen und Gedanken konfrontiert. Er verdrängt vielleicht die Trauer, will sie nicht wahrhaben und beschwichtigt sie/sich. Er nähert sich der Trauer, bekommt Wut, wird zornig. Er erlebt schließlich die Trauer, fühlt sich hilflos und allein.

Trauern heißt nicht nur, einen Menschen loszulassen, sondern heißt auch, einen Teil des eigenen Lebens loszulassen – den Teil, der gemeinsam mit ihm, nebeneinander oder miteinander gelebt wurde. Trauern heißt vor allem zu akzeptieren, dass das Zukünftige ohne die gewohnte Anwesenheit des geliebten Menschen stattfinden soll. Wie soll das geschehen? Wie soll ich das schaffen?

Ich hasse dich, Schicksal! Ich will sie/ihn zurück! Warum nur, warum? Werden wir uns wiedersehen? Ich will nicht mehr! Alles soll werden wie früher! Wie soll es weitergehen? Warum? Wozu?

Wie tröstend könnte es gerade jetzt sein, einer höheren Macht mehr als zuvor mein Vertrauen zu schenken? Wie tröstend könnte es sein, wenn ich darauf vertrauen könnte, dass alles, auch der Tod, gewollt und geplant eintritt, dass der Tod mehr ist, als ich meine? Wie viel Trost könnte es spenden, wie viel Trauer nehmen, wenn ich wüsste – sicher und unbeirrbar –, dass Sterben und Tod nichts anderes ist, als neu geboren zu werden und in neuer Herrlichkeit weiter zu leben? Wie tröstend könnte es sein, darauf zu vertrauen, dass dennoch und gerade deshalb alles gut wird und gut ist?

Ich traue mich zu trauern –
auf meine Art und Weise ...

ICH BIN O.K.

Viele haben in ihrer Erziehung die Erfahrung gemacht, dass wir uns nur dann o. k. fühlen dürfen, wenn wir gewissen Erwartungen unserer Eltern entsprechen, wenn wir schließlich all das tun oder unterlassen, was unsere Eltern von uns erwarten. Wir haben erfahren, wie weh es tut, als nicht o. k. befunden zu werden, und wie schmerzvoll es ist, in irgendeiner Weise dafür bestraft zu werden.

Nun sind wir erwachsen. Wir sind keine kleinen Kinder mehr, die schutz- und pflegebedürftig nach Liebe und Anerkennung hungern. Wir haben es nicht mehr nötig, immer und überall angenommen und bejaht zu werden. Wir haben vielmehr selbst die Fähigkeit entwickelt, uns jene Aufmerksamkeit zukommen zu lassen, die für uns wichtig und richtig ist. Wir bestimmen selbst, was gut für uns ist und was nicht. Wir bestimmen selbst, was an unserem Leben o. k. ist und was nicht.

So wie wir uns kleiden, wie wir uns geben, wie wir denken und fühlen, wie wir handeln und abwarten, sind wir in Ordnung. Unsere Beziehungen und all unsere Verhältnisse sind o. k., wenn wir sie als o.k. betrachten. Wir sind o. k., denn wir, sonst niemand, bestimmen, dass wir o. k. sind. Unabhängig von anderen Menschen, unabhängig von irgendwelchen Regeln, Normen und Zwängen, unabhängig von Vorstellungen und Erwartungen der Gesellschaft sind wir so, wie wir sind, o. k. Wir lösen uns von dem Bedürfnis, von anderen beurteilt, und der Sorge, von ihnen verurteilt zu werden. Alles, was wir tun, alles, was wir unterlassen, geschieht mit der tiefen Überzeugung und dem inneren Wissen, dass wir o. k. sind. Wir sind o. k., egal wer, was oder wie wir sind. So wie wir sind, sind wir durch und durch o. k.

Ich bin o. k.!
Gott liebt mich so, wie ich bin –
ich tue es auch ...

SICH FREUEN ÜBER ERREICHTES

Wir wollen etwas erreichen. Alle haben wir geheime und/oder offene Wünsche und Vorstellungen davon, wie unser Leben, unsere Beziehungen, unsere berufliche, private oder persönliche Situation aussehen sollten. Unsere Vorhaben und Ziele sollen uns Sicherheit, Geborgenheit, Ansehen ... einbringen. Ständig stellen wir uns dabei neuen Lektionen, die wiederum neue Erfahrungen und Fortschritt versprechen. Wir wollen schließlich vorwärts kommen im Leben, unsere Ziele realisieren.

Dabei ist wohl auch wichtig, immer wieder inne zu halten und zu sehen, was wir bereits erreicht haben. Wenn wir Ausschau halten, in die Zukunft blicken, unsere Wünsche und Vorstellungen verfolgen und für deren Verwirklichung eintreten, sollten wir uns stets vor Augen halten, wo wir bereits stehen und wo wir zu einem früheren Zeitpunkt unseres Lebens noch standen.

Da tut es gut, sich über das Erreichte zu freuen und sich selbst ein gesundes Maß an Stolz angedeihen zu lassen. Bei all unseren Bemühungen, unser Leben lebenswert auszurichten, werden wir Kraft und Energie erhalten, wenn wir unseren bereits erreichten Fortschritt sehen. Wenn wir zurückblicken auf erfolgreiches Tun, können wir voll Selbstvertrauen nach vorn schauen in die Zukunft. Wir haben vieles erreicht. Egal wo wir gerade stehen, egal welche Art von Erfahrungen in unserem Leben bisher notwendig waren – heute sind wir genau da, wo wir sein müssen. Wir haben in unserem Leben viel erreicht, ob das nach außen hin für jedermann ersichtlich ist oder nicht. Ob wir selbst es glauben oder mitunter daran zweifeln, ändert ebenso wenig daran, dass wir uns freuen dürfen über Erreichtes in unserem Leben.

Ich habe vieles erreicht –
ich freue mich darüber ...

KREATIVITÄT ZUM AUSDRUCK BRINGEN

Gerne erinnern wir uns an vergangene Zeiten, als wir noch Kinder waren. Wir verstanden es, den Tag mit all seinen Stunden und Sekunden zu nutzen. Wir wussten stets mit uns und unserer Umgebung etwas anzufangen. Selbstsicher und ganz natürlich nahmen wir voller Kreativität und Schaffensdrang Einfluss auf unsere Welt.

Was ist aus unserer Kreativität geworden? Haben wir das Geschick, erfinderisch und künstlerisch tätig zu sein, vergessen oder haben wir womöglich den Zugang zur eigenen Originalität verloren?

Gewiss nicht! Wir verfügen auch heute über Kreativität und das Bedürfnis, ihr Ausdruck zu verleihen. Wir stecken voller Ideen, die danach drängen, nach außen zu gelangen. Wir haben den Drang, unserer Person und den innewohnenden Ideen Gestalt zu verleihen.

Dabei möge uns klar sein, dass Kreativität viele Gesichter hat: das Verändern der Frisur, das Sich-Einkleiden und Sich-Einrichten, Schreiben, Malen, Zeichnen, Töpfern, Tanzen, Kochen, Basteln, Träumen, Erzählen – und jegliche Art der Lebensgestaltung im weitesten Sinne.

In unserer Kreativität machen wir die Erfahrung, dass wir verändernde und aktiv-gestalterische Kräfte und Fähigkeiten in uns zu haben. Wir entdecken zuvor nicht geahnte Fähigkeiten. Sobald wir uns lösen von einschränkenden Überzeugungen wie »Das kann ich nicht« oder »Dafür bin ich nicht begabt«, werden wir erleben, wie gut es tut, etwas, das den eigenen Namen trägt, auszuarbeiten oder nach eigenem Ermessen zu verändern. Ist das Werk schließlich vollbracht, können wir voller Schöpferstolz unserer Arbeit gegenüberstehen.

Ich bin ein Wesen
voller Kreativität ...

164

GUTES ERWARTEN

»Was für die Gegenwart zu gut ist,
ist gut genug für die Zukunft«
MARIE VON EBNER-ESCHENBACH

Damit uns in Zukunft Gutes zuteil wird, müssen wir heute Gutes erwarten. Wann immer wir nach vorn blicken, gilt es, darauf zu achten, dass dies in positiver, bejahender Art und Weise geschieht. Alles, was einschränkt, krank oder klein macht, verbannen wir aus unserer Vorschau. Kurzsichtige und kleinmütige Gedanken und Gefühle bezüglich unserer weiteren Entwicklung lehnen wir ab. Wir vertrauen voller Zuversicht darauf, dass uns Gutes widerfährt, und erwarten die Dinge, die kommen. Wir begrüßen die Zukunft mit all den Bereicherungen, die uns mit ihr erreichen. Wir sind bereit für eine gute Zukunft.

Vielleicht erkennen wir, dass das Glück uns in der Vergangenheit oftmals nicht erreichen konnte, weil wir selbst nicht bereit dafür waren. Häufig waren wir es selbst, die das Gute abgelehnt und verbannt haben, indem wir in der unbewussten Überzeugung lebten, es nicht verdient zu haben. Vielleicht haben wir Gutes nicht bekommen, da wir uns nicht stark und kräftig genug fühlten, mit dem »Guten« gut zu leben. Vielleicht aber weigerten wir uns ganz einfach, die notwendigen Lektionen vom Leben zu lernen.

Wir können darauf vertrauen, dass das Leben genug Gutes bereit hält. Alles, was wir uns wünschen, und alles, was wir benötigen, um glücklich zu sein, ist in diesem Leben bereits in Fülle vorhanden. Vieles, um das wir heute bitten, wird uns in Zukunft erreichen. Manches wird uns zuteil, noch prächtiger und großartiger, als wir es jemals ersehnten. Vieles an Schönem und Gutem wird uns erreichen, wenn wir nur bereit sind, es zu erwarten. Glauben Sie daran?

Ich erwarte Gutes
von meinem Leben ...

Verstehen und/oder akzeptieren

Dinge geschehen. Das Leben verändert sich. Was heute unsere Welt bedeutet, ist morgen schon vorbei. Wir bekommen, was wir nicht wollen, und verlieren, was wir behalten möchten. Wir fragen nach dem Grund, nach dem tieferen Sinn. Nicht immer wird er uns zuteil.

Wenn wir nachvollziehen können und zu verstehen vermögen, welche Ursache welche Wirkung, welchen Sinn bewirkt, mag es helfen, eine Sache anzunehmen oder auch loszulassen. Nicht immer aber geschieht dies.

Seiten des Lebens so nehmen, wie sie sind? Ob es sich nun um andere Menschen handelt, um Schicksalsereignisse unseres eigenen Lebens oder aber um uns selbst: akzeptieren, auch ohne zu verstehen; ja sagen, auch ohne zu verstehen; loslassen, ohne zu verstehen. Was ist, ist. Ja, wir können sogar ein ganzes Leben leben, ohne zu verstehen. Manchmal können wir sogar besser leben, wenn wir nicht verstehen.

Ich will verstehen, was ich verstehen soll,
und akzeptieren, was ich akzeptieren soll.
Ich will unterscheiden zwischen beiden ...

GEFÜHL UND LEID

»Wo viel Gefühl ist,
ist auch viel Leid!«
LEONARDO DA VINCI

Gefühle sind emotionale Reaktionen auf Gedanken. Sie lassen uns spüren, was wir glauben und denken. Unter anderem weisen sie uns darauf hin, wenn in unserer inneren oder äußeren Welt etwas nicht in Ordnung ist. Fühlen wir uns z. B. ständig benachteiligt oder von unseren Mitmenschen ausgenutzt, kann dies ein Hinweis darauf sein, dass wir selbst in unserem Leben einen inneren Mangelzustand fristen.

Wenn ein Gefühl uns sagt, dass etwas nicht stimmt, dass etwas nicht o. k. ist, kann dies beängstigend sein. Unter dem, was uns da angedeutet wird, leiden wir. Das, was wir gefühlsmäßig erfahren, macht uns unsicher und schutzlos. Wir wollen uns jedoch gesichert und beschützt wissen. Die Lösung liegt auf der Hand: Wir versagen uns unsere Gefühle und unterliegen dem Irrglauben, so auch unser Leid zu verjagen. Diese Rechnung geht nicht auf. Sind wir nicht bereit, das Leid und den Schmerz seelisch wahrzunehmen, stellt sich mit der Zeit ein körperlicher Schmerz ein. Sind wir nicht fähig, unserer Seele zu geben, was sie braucht, wird sich nach und nach unser Körper mit Mangelerscheinungen an uns wenden.

Gefühle und Leid gehören zusammen, wie auch Gefühle und Glück zusammen gehören. Fühlen heißt, offen zu sein für das Schöne und Angenehme, aber auch offen zu sein für Schmerzliches und Leidvolles. Gefühle wollen und sollen gefühlt werden. Sie wollen aber auch angenommen und akzeptiert werden; erst dann werden sie sich im Zuge eines natürlichen und gesunden Prozesses verwandeln und ihren bedrückenden Geschmack verlieren.

Gefühle tun gut –
auch wenn sie schmerzen …

HOFFNUNG UND VERÄNDERUNG

»Die Hoffnung bietet Anlass genug,
das Leben zu korrigieren.«

KROLOW, VERHANDELN IST ZWECKLOS

Ich kenne es gut: das Gefühl, müde zu sein, erschöpft und ausgebrannt. Nach Haus zu kommen von der Arbeit, fast erdrückt zu werden von der Last des Alltags. Rechnungen müssen überwiesen und das Auto in die Werkstatt gebracht werden. Telefongespräche sind längst überfällig, die Katze ist hungrig ... Was ist mit mir? Ich möchte dem Leben vertrauen und Vertrauen leben. Ich wünsche mir Spiritualität und Geborgenheit. Ich sehne mich nach Freiheit und Selbstständigkeit. Ich möchte wachsen und habe doch auch Angst vor Veränderung.

Es liegt nahe, sich vom Alltag einnehmen zu lassen, sich mit ihm zu verbünden. Es liegt nahe, den Weg des vermeintlich geringsten Widerstandes zu gehen. Es liegt nahe, mich selbst zu vergessen, umgeben von Arbeit, Rechnungen, Auto und Katze ... Es liegt nahe, völlig darin aufzugehen, die Aufmerksamkeit auf äußere, nur scheinbar mich selbst betreffende Dinge zu richten. Gäbe es nicht die Hoffnung.

Gäbe es nicht die Hoffnung in mir, dass alles, was in und um mich passiert, ein konkretes Ziel verfolgt, dass alles, was in und um mich passiert, dem Ziel der Erneuerung und des inneren Wachstums dient, dass alles, was in und um mich geschieht, letztlich groß, gut und gewollt ist, so würde ich vieles davon ablehnen und immer wieder das Gefühl haben, zurückgeworfen, bestraft oder behindert zu werden. Ich würde in der Überzeugung leben, mit jedem Tag etwas älter, kränker, hässlicher zu werden. Ich würde rückwärts gehen, anstatt nach vorn zu schauen.

Meine Hoffnung gibt mir Kraft
zur Veränderung ...

GUTES TUN FÜR UNSEREN KÖRPER

Sie üben sich darin, ihrer seelischen Situation zunehmend mehr Aufmerksamkeit zu schenken? Sie versuchen, Licht in Schattenseiten ihrer Psyche zu bringen? Sie lernen ihre inneren Bedürfnisse kennen und fühlen sich in die Lage versetzt, Verantwortung für sie zu übernehmen?

Auch der Körper verdient und verlangt, dass wir uns mit ihm auseinander setzen. Auch er will wahrgenommen, angenommen und gut versorgt sein.

Fangen Sie an, sensibel zu werden für die Signale, die Ihnen Ihr Körper sendet? Fühlt er sich wohl oder unwohl, gesund oder krank, schön oder hässlich? Fangen Sie an, Ihren Körper und seine Bestandteile in Ihr bewusstes Lebensgefühl aufzunehmen, genauso, wie Sie es mit bestimmten seelischen Anteilen bereits getan haben? Nehmen Sie Ihn an, auch und vor allem was seine »unperfekten« Teile betrifft? Hören Sie schließlich, was Ihr Körper braucht? Was hat er zu viel? Was zu wenig?

Geben Sie ihm, was ihm fehlt. Bewirten Sie ihn – wie einen willkommenen Gast.

Mein Körper
ist das Haus meiner Seele –

ORDNUNG HALTEN UM UNS HERUM

Wir wissen, wie es ist, wenn Gedanken um eine Sache kreisen, wenn Gefühle sich verselbstständigen und Handlungen wenig zielgerichtet sind. Wir kennen das Chaos und die innere Verwirrung, die entstehen, wenn wir uns bestimmte Fragen stellen, wenn wir Entscheidungen treffen müssen oder sich unser Leben auf unbestimmte Art und Weise zu verändern anschickt.

Vielleicht befinden wir uns zugleich in einer unaufgeräumten Wohnung. Vielleicht sollten wir längst Briefe beantworten, einen Arzttermin ausmachen ... Vielleicht sollten wir längst Ordnung schaffen, wo bisher Chaos herrschte.

Es tut gut, Ordnung zu schaffen. Wenn es uns noch nicht gelingt, Ordnung bei uns selbst herzustellen, können wir es vorab außerhalb unserer Person probieren. Wenn es zum jetzigen Zeitpunkt noch unmöglich scheint, innere Ordnung zu erreichen, können wir versuchen, eine äußere zu bewirken.

Räumen Sie Ihre Wohnung auf, beantworten Sie die Briefe und vereinbaren Sie endlich den überfälligen Arzttermin ... Bringen Sie Ordnung in Ihre äußere Welt. Mit einem Mal haben Sie dann das Gefühl, dass auch in Ihrer inneren Welt mehr Ordnung und Klarheit einkehrt ...

Wenn in meinem Inneren Chaos herrscht,
versuche ich, wenigstens in meinem Äußeren Ordnung zu schaffen.
Ich lasse zu, dass von außen nach innen
heilsame Ordnung Eingang findet ...

VERZICHTEN KÖNNEN, NICHT MÜSSEN

Wenn wir verzichten, geben wir ganz bewusst einen inneren Anspruch zu Gunsten anderer Bedürfnisse auf. Wir wägen ab und versuchen, unsere Bestrebungen abzustufen und der Dringlichkeit nach zu ordnen, weil sich in einem Konflikt unterschiedliche Interessen nicht neben- und nicht miteinander verfolgen lassen. Deshalb treffen wir schließlich eine Entscheidung, die eines der Ziele begünstigt und ein anderes aufgibt.

Im Gegensatz zum Verdrängen, das den Konflikt ins Unbewusste abschiebt, von wo aus er dennoch ungelöst wirkt, geschieht der Verzicht bewusst und nachvollziehbar.

Bewusst zu verzichten kann angebracht sein, wenn wir nach reichlicher Überlegung zu dem Schluss gekommen sind, andere Prioritäten zu setzen. Auch der Verzicht zu Gunsten eines anderen Menschen kann mitunter als Zeichen der inneren Reife und Mitmenschlichkeit erlebt werden.

Wenn wir jedoch stets nur die Rolle des Verzichtenden übernehmen – ohne Wenn und Aber, ohne Wenn und Dann –, sollten wir uns die Frage stellen, inwieweit wir bereit sind, uns auch für die eigenen Belange einzusetzen.

Der bewusste und reife Verzicht kann nur geleistet werden, wenn der Konflikt als solcher erkannt und die Grenze zwischen »Wunsch« und »Verzicht« sowie zwischen »mir« und »dir« eindeutig geklärt ist.

Ich kann verzichten –
aber ich muss nicht.
Ich habe stets die Wahl ...

DEM LEBEN INS GESICHT SCHAUEN

»Und alles Schminken des Gesichts:
Es ändert nichts, es ändert nichts.«

NACH HILAIRE BELLOC, MARIA

Es mag verlockend scheinen, sich abzulenken, wenn es um die Betrachtung der eigenen Person oder Situation geht. Wegsehen statt hinsehen, so lautet nicht selten die Devise. Andere versuchen, durch Hervorheben von ganz bestimmten Bereichen andere zu überdecken oder gar einer Sache ein anderes Gesicht zu verleihen. Doch was sie auch schminken und anbringen an äußerlichem Beiwerk: Was sich dahinter verbirgt, bleibt dennoch, was es ist.

So bringt es uns nicht wirklich voran, wenn wir zwar äußerlich mehr verdienen, ein größeres Auto fahren oder uns einer Schönheitsoperation unterziehen, jedoch innerlich in der Überzeugung leben, arm, klein oder hässlich zu sein.

Alles, was wir uns an äußeren Umständen und Situationen erschaffen, kann uns nur dann glücklicher machen, wenn wir auch innerlich dazu bereit sind, eine entsprechende Veränderung zu vollziehen – besser noch: wenn Äußeres dem Inneren folgt. Zufriedenheit empfinden wir nur dann, wenn innen und außen zusammenpassen.

So sollten wir unsere Energie dafür einsetzen, uns mit der eigenen Person sowie den jeweiligen Gegebenheiten offen auseinander zu setzen – nicht zuletzt dadurch, dass wir uns liebevoll und behutsam unserem wahren, ungeschminkten Selbst widmen, werden wir auch innere Lösungen finden. Alles Äußere geschieht dann meist von selbst.

Ich schaue meinem Leben ins Gesicht –
und lächle liebevoll ...

Den eigenen Weg gehen

DIE SPRACHE DES EIGENEN KÖRPERS VERSTEHEN

Unser Körper spricht. Er spricht zu uns in einer Sprache, die gar nicht so schwer zu verstehen ist. Sobald wir ihm die Aufmerksamkeit zuteil werden lassen, die er manches Mal fast zu erzwingen versucht, können wir mit ihm mehr und mehr kommunizieren.

Beschäftigen Sie sich mit den Symptomen, die Ihr Körper Ihnen zeigt? Versuchen Sie, hineinzuspüren in die Bedeutung des betreffenden Organs oder in die entsprechende Symptomatik? Haben Sie »die Nase voll?« – »Geht Ihnen etwas unter die Haut?« – »Kommt Ihnen öfters die Galle hoch?« – »Kommen Sie auf dem Zahnfleisch daher?« – »Was schlägt Ihnen auf den Magen?« – »Worüber zerbrechen Sie sich den Kopf?« – »Welches Kreuz haben Sie zu tragen?« – »Haben Sie Angst vor dem nächsten Schritt, vor dem, was auf Sie zukommt ...?« Unsere Sprache wird Ihnen helfen, die Signale des Körpers zu verstehen.

So können wir nahezu jede Krankheit – selbst diejenigen chronischer Natur –, aber auch unsere flüchtigeren Befindlichkeitsstörungen nach ihrem zugrundeliegenden Sinn hinterfragen. In dem Maß, wie wir uns einlassen auf die Sprache unseres Körpers, wird er uns Aufschluss geben über die Bedeutung unserer Schmerzen, aber auch über die Möglichkeiten der Heilung.

Ich achte darauf,
was mein Körper mir sagen will ...

ANTWORT FINDEN IN MIR SELBST

Mit dem Beginn des zweiten Lebensjahres beginnt das Kind und begannen auch wir als Kinder, hörbare und nach außen gerichtete Fragen zu stellen. Zunächst wollten wir Namen für Dinge erfahren. Später im Laufe des dritten Lebensjahres fingen wir schließlich an, uns nach dem »Warum« zu erkundigen. Wir versuchten, durch unsere Fragen Antworten auf die Welt und das Leben zu erhalten, und erstrebten letztendlich, unser Leben mit seinen Erscheinungen zu ordnen.

Wir haben immer noch Fragen! Und Fragen zu haben, sich mit Fragen an das Leben, an die höhere Macht oder an Mitmenschen zu richten – das bedeutet zunächst, dass wir der Welt zugewandt begegnen.

Wir stellen Fragen, um Antworten zu erhalten. Hierbei machen wir ganz unterschiedliche Erfahrungen. Wir bekommen Antworten schnell, langsam, mühelos oder aufwändig, ausführlich, dann knapp, wie erwartet, oder in ganz anderer Form, verzögert oder auch gar nicht. Fragen, die unsere eigene Person, unsere Vergangenheit, die momentane Situation oder die zukünftige Lebenslage betreffen, scheinen sich mitunter nur auf besonders mühevolle Art und Weise zu beantworten. Manchmal mag uns das Gespräch mit einer »außen stehenden« Person unseres Vertrauens helfen, unsere Wahrheit wieder zu finden. Häufig werden wir jedoch die Erfahrung machen, dass gerade jene Fragen, die tief aus unserem Inneren kommen, da sie unser Wesen betreffen, eben nicht von außen stehenden Personen zu beantworten sind. Wir können dann unsere Umgebung bemühen, wann und wo immer wir wollen – wir werden stets unbefriedigende Antworten erhalten.

Unsere Fragen entstammen ebenso wie unsere Antworten einer inneren Quelle unserer selbst. Hier entstehen sie und hier sind sie zu suchen und zu finden. Wenn Sie wirklich bereit sind, werden Ihnen alle bedeutsamen Antworten zuteil.

Ich finde jede Antwort
in mir ...

SORGE UM ANDERE

Es sind nicht nur wir selbst, um die wir uns Sorgen machen; auch unsere Mitmenschen wie Partner oder Familienmitglieder beschäftigen uns und lassen uns trauern.

Geben Sie Acht, wenn es um Mitgefühl und Anteilnahme bezüglich der Probleme und Schwierigkeiten anderer Menschen geht! Es ist in Ordnung, wenn wir uns mitbetroffen fühlen und dies zum Ausdruck bringen, wenn sich eine uns nahe stehende Person in einer schwierigen Situation befindet. Es ist in Ordnung, Hilfe und Unterstützung anzubieten und uns für den anderen einzusetzen. Doch achten Sie darauf, dass die Probleme des anderen nicht plötzlich zu Ihren eigenen werden.

Wir helfen keinem Menschen bei der Bewältigung seines Lebens, wenn wir unser eigenes nicht mehr bewältigen können. Wir sind keine Unterstützung, wenn wir aufgehen im Leid und Schmerz der anderen. Schließlich müssen wir ebenso Sorge tragen für uns selbst und Verantwortung dafür übernehmen, dass wir unser eigenes Leben leben.

Lassen Sie uns da sein füreinander, ehrlich und voller Wertschätzung, doch ohne in den Problemen anderer aufzugehen. Seien Sie da – auch für sich selbst.

Ich liebe die Menschen meines Lebens –
und liebe auch mich selbst ...

VERSTAND UND GEFÜHL

Wir leben in einer Welt voller Rationalität und Emotionalität. Manches will objektiv gesehen und verstanden werden; anderes provoziert ein Gestimmtsein und verlangt nach Gefühl.

Die Anthropologie – die Lehre vom Menschen – gibt Auskünfte z. B. darüber, was den Menschen vom Tier unterscheidet. Der Mensch ist ein vernunftbegabtes und rationales Wesen. Als Menschen sind wir im besonderen Maße dazu befähigt, unseren Geist, unsere Rationalität in der Weise unseres Verstandes einzusetzen. Dagegen spricht zunächst nichts. Ganz im Gegenteil: Sehr häufig ist es sinnvoll und äußerst zweckmäßig, dies zu tun.

Ungelöst davon und keineswegs getrennt vom Intellekt verfügen wir ebenso über Emotionen. Beides – Verstand und Gefühl – existieren in einer Einheit und nicht getrennt. Wenn wir wahrnehmen, verarbeiten oder handeln, können wir stets davon ausgehen, dass sowohl unser Geist als auch unsere Seele an diesem Vorgang aktiv beteiligt sind. Besonders dann, wenn wir uns unserer Gefühle und Stimmungen nicht bewusst sind, können wir sicher sein, dass unsere Intelligenz in ganz besonderem Maße von ihnen beeinflusst wird.

Alles, was wir sehen, hören, riechen, schmecken, fühlen ... wird von unserem Verstand und unseren Gefühlen gleichzeitig wahrgenommen. Erst recht wenn wir handeln und engagiert an unserer Umwelt mitwirken, werden all unsere Aktivitäten und Aktionen sowohl von unserem Verstand als auch von unseren Gefühlen geleitet. Wir sind vernunft- und emotionsbefähigte Wesen zugleich – das ist ein großes Geschenk.

Ich bin als Mensch ein vernunftbegabtes
und gefühlvolles Wesen zugleich ...

REGELN AUFSTELLEN

»So oft tanzte ich schon nach der Pfeife anderer.
So häufig musste ich mich schon anpassen und hineinversetzen
in irgendwelche Bestimmungen, Anordnungen oder Regeln
anderer Menschen ...«

Jeder Mensch stellt – wenn es um die Beziehungen zu anderen geht – Regeln auf. Sie deuten – bewusst oder unbewusst – an, wie man z. B. wünscht, angesprochen zu werden, wie viel Maß an Nähe oder Distanz gewollt oder erwartet wird. Sie legen fest, welche Themen als gemeinsame besprochen werden, welcher Ton anzuschlagen ist und vieles mehr. Nicht immer jedoch treffen zwei Menschen aufeinander, die vorhaben, die gleichen oder ähnliche Regeln anzuwenden. Häufig ist es notwendig, sich aufeinander einzulassen, auch wenn dies nicht immer leicht fällt oder gar ganz in unserem Sinne wäre.

Wir müssen selbst entscheiden, inwieweit wir bereit dazu sind, uns auf die Regeln anderer einzulassen oder unsere eigenen aufzustellen. Zunächst liegt es an uns selbst, unsere Regeln erst einmal zu erkennen, um sie dann schließlich klar und offen darlegen zu können.

Ich weiß, was ich will,
und stelle klar und deutlich
meine Regeln auf ...

FREI SEIN

»Du bist frei!«

»Du bist frei!«, sagte ein Freund zu mir, als ich ihm von meinen Problemen erzählte. »Du bist frei!« Was für eine Vorstellung, was für eine Idee?

Zu oft fühle ich mich eingeengt in meiner Welt, fühle mich bedrängt und kontrolliert. Zu oft fühle ich mich getrieben, eine Rolle zu spielen, zu tun, wovon ich glaube, dass andere es von mir erwarten. Zu oft fühle ich mich beschränkt und behindert in meiner Entfaltung, fremdbestimmt, gelenkt und geleitet von irgendwem. Zu oft fühle ich Schuld, Zweifel und Zorn. Zu oft fühle ich Angst, Verwirrung oder Scham. Zu oft fühle ich mich nicht frei, um sagen zu können:

»Ich bin frei!«
Und dennoch:

Gott, hilf mir zu sein, was ich bin.
Hilf, dass ich die Kraft habe,
mein Leben mehr und mehr
nach meinen eigenen Gesetzen zu gestalten.
Mach mich frei für mich und meinen Plan ...

VERSCHLIESSEN UND ÖFFNEN

»Irgendwann einmal hast du dich als Kind verschlossen, weil dir das ›Leben‹ weh getan hat, jetzt musst du wissen, dass dir das ›Leben‹ weh tut, wenn du verschlossen bleibst.«

NINA LARISCH-HAIDER

Wenn Menschen uns in der Vergangenheit demütigten, kamen wir vielleicht irgendwann zu dem Schluss, einer weiteren Demütigung aus dem Weg gehen zu können, indem wir den Menschen aus dem Weg gingen. Wenn Menschen uns ängstigten, glaubten wir vielleicht, die Angst hinter uns zu lassen, wenn wir nur die Menschen hinter uns ließen. Wenn Menschen uns verletzten, vermuteten wir, heil zu werden dadurch, dass wir uns von diesen Menschen distanzierten. Wenn das Leben selbst uns bisher weh getan hat, so müssten wir demnach allem Lebendigem aus dem Weg gehen, um einen weiteren Schmerz zu vermeiden ...

Das Gegenteil ist der Fall. Wir müssen unseren Kurs ändern. Solange wir uns nach alten Mustern verhalten, öffnen wir erneut alten Erfahrungen Tür und Tor. Wenn wir uns verstecken vor den Menschen und dem Leben, verhindern wir neue Einsichten und heilsame Veränderungen. Wir bleiben stehen mit unserem alten Schmerz und verwehren seine natürliche Heilung.

Leben beinhaltet auch Demütigung, Angst, Verletzung und Schmerz. Wenn diese Erfahrungen zu unserer Vergangenheit gehören, so ist das die eine Sache. Leben bedeutet ebenso Freude, Sicherheit, Heilung und Trost. Auch diese Erfahrungen können uns erreichen, wenn wir dem Leben die Chance geben, sie mehr und mehr in unsere Zukunft zu integrieren.

Hilf mir, Gott, mich trotz meiner schmerzhaften Erfahrungen dem Leben immer wieder erneut zu öffnen ...

SAGEN, WAS WIR UNS WÜNSCHEN

Sie haben Wünsche und Bedürfnisse. Wir alle haben Wünsche und Bedürfnisse. Und in manchen Zeiten scheint es, als ginge es im Leben überhaupt nur darum, immer wieder aufs Neue gewisse Mangelzustände zu beheben oder auszugleichen.

Wünsche zu verspüren bedeutet zunächst einmal, dass wir mit einer gegenwärtigen Situation nicht gänzlich zufrieden sind. Wünsche deuten auf Bereiche in unserem Leben, mit denen wir uns noch nicht oder nicht mehr in Einklang finden. Wünsche halten somit wichtige Botschaften bereit. Ebenso werden durch das Spüren gewisser Mangelzustände sehr häufig Energien in uns aktiviert, die uns veranlassen, auf eine heilsame Richtung hin tätig zu werden – gedanklich oder auch handelnd. Manchmal mag es genug sein, unsere Wünsche wahrzunehmen und auszusprechen.

Spüren Sie Ihre Unzufriedenheit? Machen Sie sich Ihre Bedürfnisse bewusst und nehmen Sie sie an? Und vor allem, übernehmen Sie Verantwortung für sich und Ihre Wünsche? Ihre Wünsche sind wichtig und richtig. Sie haben es verdient, dass Ihre Wünsche sich erfüllen. Sie sind es zutiefst Wert, dass Ihre Erwartungen Gestalt annehmen. Beginnen Sie ruhig damit zu sagen, was Sie sich wünschen – sich selbst oder aber auch nach außen. Und richten Sie Ihre konkrete, klare und ehrliche Nachricht an jene Adresse, die für Sie und Ihren Wunsch gerade zuständig ist. Wenn Sie also etwas von Ihrem Partner wünschen, wenden Sie sich mit Ihrem Wunsch an Ihren Partner. Wenn Sie etwas vom Leben wünschen, öffnen Sie sich für das Leben. Sollten Sie etwas von Gott wünschen, wenden Sie sich an ihn. Wenden Sie sich an jene Instanz, die für die Erfüllung ausschlaggebend ist. Sie werden sehen: Sie finden, was für Sie schon längst bereit steht. Gehen Sie diesen Weg. Erleben Sie dieses Glück, ohne an ihm zu haften.

Klar und ganz konkret sage ich,
was ich mir wünsche ...

BEGINNEN, WIEDER ZU LEBEN

»Meine Mutter war gestorben, vor einigen Monaten;
langsam wurde mir bewusst,
dass auch ich im Begriff war zu ›sterben‹.«

Verluste und Frustrationen können unterschiedliche Reaktionen bei uns auslösen. Wir können auf sie mit Wut, Zorn und Aggression antworten oder aber in Trauer, Passivität und Resignation verfallen. Beide Haltungen – Frustration ebenso wie Resignation – entspringen dem Gefühl der Ohnmacht und Hilflosigkeit.

Ob wir wütend um uns schlagen oder verbittert in einem dunklen Winkel unseres Lebens verharren, beides bewirkt, dass wir uns dem Leben und uns selbst einseitig zuwenden. Unsere eingeschränkte Wahrnehmung, genährt von Enttäuschung und gescheiterter Hoffnung, lässt unsere ursprüngliche Fähigkeit, *frei* zu fühlen, zu denken und zu handeln, fixiert sein auf das Dunkle, Schattenhafte.

Es ist völlig in Ordnung, auf etwas Verlorenes oder Genommenes zu reagieren. Es ist mehr als wichtig und richtig, unserer inneren Stimmung auch Ausdruck zu geben. Wir entscheiden selbst, auf welche Art und Weise dies geschieht und über welchen Zeitraum hin für uns in Ordnung ist. Wir beschließen ebenso, wann wir damit aufhören. – Verlieren wir jedoch dabei unser Vertrauen in das Leben, vergessen wir das alte Ziel und kommen von unserem Weg ab, entfernen wir uns Schritt für Schritt von uns selbst. Wenn wir nicht zulassen, dass der Glaube und die Zuversicht uns wieder erreichen, bedeutet dies das Sterben unserer Lebendigkeit.

Trotz allem will ich
wieder beginnen zu leben ...

VERTRAUEN HABEN IN DIE ZUKUNFT

Wenn Wut, Trauer, Angst, Schmerz, Enttäuschung … Gefühle sind, die wir in unserem bisherigen Leben nur allzu gut kennen, dann ist es an der Zeit, offen und bereit zu werden für lichtvollere, willkommenere Lebensumstände. Es ist geradezu lebenswichtig, negative Erinnerungen loszulassen. Vielleicht habe ich in der Vergangenheit gerade den düsteren, krank machenden Stimmungen besondere Aufmerksamkeit geschenkt. Hellere, erfreuliche Ausblicke habe ich womöglich allzu oft übersehen. Die Zeit ist reif, neue Wege zu gehen, neue Ziele anzusteuern. Ich bin reif für eine freundlichere Zukunft. Damit die kleinmütige Grundstimmung die Oberhand verliert, gilt es, damit zu beginnen, aus tiefster innerer Überzeugung darauf zu vertrauen, dass das Leben gut wird, so wie es wird.

Höre auf mit deinen Zweifeln und Unsicherheiten, schaue nach vorn. Lass los, was da an Ängsten und Sorgen noch immer lauert. Glaube an dich selbst. Du bist wer. Du verfügst über Kraft und Stärke. Du wirst sicher sein im Boot des Lebens und das neue Ufer erreichen. Vertraue auch den Menschen, die dich begleiten, sowie dem Leben und vor allem Gott, der dich begleitet, auf all deinen Wegen, immer und überall.

Vieles von dem, was du erwartest, wird in Erfüllung gehen. Vieles, was du ersehnst, wird dich erreichen. Manches bleibt aus, anderes wird zu einem Teil deines Lebens, von dem du im Moment noch gar nicht zu träumen wagst. Sei jedoch sicher: Alles, was wirklich zu dir gehört, wird bei dir sein. Vertraue darauf.

Meiner Zukunft vertrauen,
Gott weiß, was ich brauche
für mein Leben …

UM ANTWORT BITTEN VOR GOTT

In Zeiten der Veränderung und des persönlichen Wachstums erleben wir nicht selten verstärkt innere Konflikte, die nach Lösungen verlangen. Wenn etwas ausgestaltet wird in uns, durchleben wir häufig zunächst Verwirrung und Unsicherheit. Fragen und Antworten ringen miteinander. Je nach Stimmung und aktueller Situation ändern sich sowohl unsere Fragen wie auch die Antworten. Wir erleben solche Phasen der Neuorientierung als besonders aufreibend und ermüdend. Manch einer gelangt dann an den Punkt der Versuchung, entkräftet aufgeben zu wollen.

Wenn wir merken, dass wir aus eigener Kraft ebenso wenig wie mit der Unterstützung durch andere weiterkommen, wenn wir uns im Kreise drehen und keinen Fortschritt sehen, sollten wir uns mit all den Fragen und Entscheidungskonflikten an eine Kraft wenden, die größer ist, als wir selbst es sind – Gott.

Sagen Sie ihm Ihre Ängste und Sorgen, Erwartungen und Hoffnungen – alles. Vertrauen Sie darauf, dass Sie gehört werden. Sie werden erfahren, was Sie erfahren müssen. Ihnen wird zuteil, was für Sie bestimmt ist. Gott wird sich an Sie wenden. Gott wird Ihre Fragen beantworten. Er wird Sie ahnen lassen, was er mit Ihnen vor hat. Sie werden Einblick gewinnen in den Plan, der für Sie bereits in allen Einzelheiten ausgearbeitet ist.

Gott, ich bitte dich um Antwort –
wie und woher sie auch kommt ...

MICH GEBORGEN UND SICHER FÜHLEN
IN DIESER WELT

Als aufmerksame und weltoffene Menschen nehmen wir teil an unserer Umwelt. Wir versuchen, unsere Mitmenschen einzuschätzen, betrachten die Natur und die eigene Person. Vielleicht bewerten wir gerne das vergangene Weltgeschehen oder trauen uns zu, das aktuelle zu interpretieren. Mitunter wagen wir, Prognosen für die Zukunft der Welt zu stellen.

Es ist o. k., wenn wir uns über Dinge, die in unserer Welt geschehen, Gedanken machen. Wenn wir bemüht sind, Einsichten und Hintergründe für vermeintliche Ereignisse und Prozesse zu erschließen, ist dies Ausdruck dafür, dass wir uns und der Welt, in der wir leben, eine angemessene Form der Aufmerksamkeit angedeihen lassen. Es ist gut, im Leben zu stehen und ein Teil von ihm zu sein.

Sicher genügt es nicht, die Welt nur mit ihren Sonnenseiten wahrzunehmen. Es gilt, auch bereit zu sein, dann und wann im Schatten zu stehen. Niemand verlangt jedoch, dass wir den Kummer der Welt allein auf unserem Rücken tragen. Wir haben es nicht nötig, kleinmütig das nächste Unglück zu erwarten. Vielmehr sollten wir alle beängstigenden und verunsichernden Gedanken und Vorstellungen darüber loslassen, was gerade im Moment, in naher oder ferner Zukunft alles geschehen oder ausbleiben könnte ... Es ist absolut überflüssig, pessimistischen Gefühlen und Erwartungen zu unterliegen.

Betrachten Sie die Welt und freuen Sie sich über jeden Tag. Fließen Sie mit dem Leben – offen für Veränderungen. Vor allem erlauben Sie sich, sich geborgen und sicher zu fühlen in Ihrer Welt.

Ich fühle mich geborgen
und sicher in meiner Welt ...

DINGE IN ORDNUNG BRINGEN

»Ordnung ist das halbe Leben.«
SPRICHWORT

Wenn Ordnung das halbe Leben ist, woraus besteht dann die andere Hälfte? Was ist mit Chaos und Unordnung? Was ist mit Verwirrung und Nachlässigkeit? Können wir behaupten, dass wir alles im Griff haben oder sind da noch Rechnungen aus der Vergangenheit, die zu begleichen sind? Wie steht es mit unseren Finanzen? Was erwarten wir von der Zukunft? Wie gestalten sich Beruf und Freizeit? Gibt es ungelöste Konflikte in unseren Beziehungen? Verstehen wir unseren Partner? Kennen wir uns selbst?

Sowohl Ordnung als auch Unordnung gehören zum Leben. Akzeptieren Sie beides. Versuchen Sie jedoch, eine gesunde Gewichtung zu schaffen. Es ist in »Ordnung«, wenn Sie zeitweilig kaum in der Lage sind, in bestimmte Bereiche Ihres Lebens Ordnung zu bringen. Wenn Unordnung und Chaos Sie ein Stück Ihres Weges begleiten, lassen Sie es eine Weile zu. Seien Sie jedoch auch bereit, sich davon zu verabschieden, wenn die Zeit für Planmäßigkeit gekommen ist.

Es ist unnötig, einen Betrag zu begleichen, dessen Rechnung noch nicht einmal gestellt ist. Es ist ebenso unsinnig und abwegig, für eine Leistung zu bezahlen, die noch nicht oder noch nicht zufriedenstellend erbracht wurde. Verschieben oder verdrängen Sie aber nicht, was bereits danach verlangt, erledigt zu werden. Sie müssen heute nicht das tun, was Sie gestern versäumt haben. Ebenso müssen Sie heute nicht jenes erledigen, was morgen auf Sie wartet. Tun Sie heute genau das, was heute noch getan werden will. Bringen Sie Ihr Hier und Jetzt hier und jetzt in Ordnung.

Ich bringe Ordnung in meine Dinge ...

GUTES TUN FÜR DIE GESUNDHEIT

»Gesundheit ist absolutes körperliches,
geistiges und soziales Wohlbefinden«
WELTGESUNDHEITSORGANISATION WHO

Um unsere Gesundheit zu erhalten bzw. um sie wieder zu erlangen, ist es in erster Linie not-wendig, uns selbst und unseren Lebensumständen zugewandt zu sein. Es ist wichtig und unabänderlich, die persönlichen Lebensgewohnheiten zu durchschauen und zu ergründen, was unsere gesundheitliche Befindlichkeit mit uns und unserer Lebenssituation zu tun hat. Es gilt zu erkennen, dass wir selbst es sind, die uns gesund sein lassen oder nicht. Wenn wir sehen können, was krankt an uns, an unserer Art, das Leben zu leben, werden wir befähigt, ungesunde und Krankheit erzeugende Elemente wahrzunehmen. Sobald wir erkennen, was uns schadet, werden wir erschließen, was uns gut tut.

Finden Sie, was Ihre Gesundheit fördert? Erkennen Sie, was ihr schadet? Fragen Sie sich, wie es um Ihre Ernährung steht? Wie fühlen Sie sich bei der Arbeit – wie in der Freizeit? Machen Sie häufig mit Erholung und Entspannung Bekanntschaft oder sind Stress und Anspannung Ihre ständigen Begleiter? Wie fühlen Sie sich morgens, mittags, abends, wie montags oder freitags? Wie fühlen Sie sich zu welchem Zeitpunkt, an welchem Ort, mit welcher Person – und warum? Indem Sie den krank machenden Elementen Ihres Lebens Aufmerksamkeit schenken, übernehmen Sie zugleich Verantwortung für Ihre Gesundheit. Wenn Sie damit anfangen herauszufinden, was Ihnen schadet, können Sie schließlich Schritt für Schritt damit beginnen, die erwünschte und verdiente Gesundheit zurückzufinden. Vertrauen Sie darauf: Sie sind es wert, gesund zu sein und sich gesund zu fühlen.

Ich bin es wert, gesund zu sein ...

MICH VORBEREITEN LASSEN

Wir befinden uns immerzu in einer Zeit des Übergangs. Vergangenheit lassen wir hinter uns, während wir der Zukunft entgegengehen. In der Gegenwart begegnen sich Erlebtes und Erwartetes zugleich. Im Moment, im Hier und Jetzt treffen all diese »Zeiten« aufeinander.

In allem, was wir sind und was wir gerade tun: Wir werden stets vorbereitet auf das, was kommt. Wir werden vorbereitet auf das, wozu wir gedacht sind. Dies geschieht seit Beginn unseres Lebens. Und immer, wenn wir einer Aufgabe gegenüberstehen, werden wir darauf vorbereitet, sie zu bewältigen. Klären wir eine Schwierigkeit und finden wir eine Lösung, dann sind wir dafür vorbereitet, in Zukunft mit einer neuen, vielleicht schwierigeren Frage konfrontiert zu werden. Mag die Anforderung der neuen Lektion eine erhöhte sein, wird uns jedoch ebenso ein erhöhter Gewinn in Aussicht gestellt. Scheitern wir an einer Aufgabe, dann begegnen wir ihr zu einem späteren Zeitpunkt aufs Neue. Dies geschieht so lange, bis wir bereit und in der Lage sind, sie zu lösen.

Öffnen Sie sich dem Lebensplan, der für Sie bestimmt ist? Machen Sie sich bereit, mit dem Leben und seinen Veränderungen zu fließen? Sie werden geführt – kennen Sie das nicht? Wenn wichtige Fragen für Sie noch unbeantwortet bleiben, vertrauen Sie dann darauf, dass sie sich klären, wenn die Zeit reif ist? Wenn Sie heute nicht wissen, wo Sie morgen sein werden, – vertrauen Sie darauf, dass Sie genau da sein werden, wo Sie sein sollen? Vertrauen Sie ebenso darauf, dass Sie heute genau da sind, wo Sie heute sein sollen? Lassen Sie zu, dass sich etwas vorbereitet in Ihnen?

Neue Aufgaben warten auf Sie. Sie werden Sie lösen. Sie werden ebenso Ihren »Gewinn« erhalten.

Ich werde vorbereitet auf eine gute Zukunft –
ich lasse es gelassen zu ...

UNABHÄNGIG SEIN VON DER BESTÄTIGUNG DURCH ANDERE

Sehr bald nach unserem Lebensbeginn hat jeder erlebt, wie es ist, abhängig zu sein. Später dann und in besonderem Maße waren oder fühlten wir uns darauf angewiesen, von anderen bestätigt zu werden. Der Vergleich mit Menschen, die »größer«, »besser« und in vielen Bereichen des Lebens »überlegener« schienen, vermittelt uns ein Gefühl der eigenen Unsicherheit und Schwäche. Bei vielem, was wir taten und waren, spürten wir ein Angewiesensein auf andere.

Und heute? Kann ich es mir jetzt leisten, weitgehend frei und unabhängig zu sein von der Bestätigung durch andere? Habe ich gelernt zu laufen, vor allem ohne Begleitung und »Schützenhilfe«? Ich habe längst gelernt zu sprechen, zu schreiben und zu rechnen, habe gelernt, gelernt, gelernt. Habe ich auch gelernt, unabhängig, wirklich frei zu sein?

Wenn ich manchmal zurückfalle in einen früheren Zustand des Zweifels, der Scham oder Unsicherheit, ist das in Ordnung. Wenn ich mich unsicher fühle und bedürftig – wie auch immer –, sind solche Gefühle in Wahrheit Überbleibsel längst vergangener Zeiten. Sie erinnern mich lediglich daran, was ich einmal war.

Ich habe mich verändert, ja. Habe hinzugelernt, ja. Bin fähig, meinen eigenen Weg zu gehen, ja? Bestätigung, Lob, Zustimmung, Anerkennung von außen nehme ich dankend an. Sie tun gut – aber »brauche« ich sie noch immer? Ich will darauf nicht angewiesen sein, sondern will all das, was mich beflügelt, ermuntert, anspornt und bejaht, zuerst in mir selbst finden – ist das noch Traum oder schon Wirklichkeit? Nur so jedenfalls werde ich selbst zur eigenen Quelle der Wertschätzung.

Bestätigung, Lob und Anerkennung –
Selbstwert hat seine Quelle in mir selbst ...

MEINE SCHWÄCHEN SEHEN UND ANNEHMEN

Fische können schwimmend Ozeane durchqueren, laufen können sie nicht. Vögel überfliegen Kontinente, während sie im Wasser ertrinken würden. Was die eine Pflanze hegt und pflegt, ist der anderen Untergang. Tiere sind ebenso wie Pflanzen festgelegt und angewiesen auf die ihnen zugewiesenen Lebensräume.

Der Mensch ist angelegt für unterschiedlichste Lebensräume, jeder Mensch für seine je eigenen. Durch Vererbung, Anlagen, Neigungen, Interessen und Begabungen versammeln wir in uns zudem sowohl Stärken als auch Schwächen, die unsere Individualität ausmachen. Haben Erziehung und Bildung das Ihrige getan oder unterlassen, ist es an uns, die individuellen Anteile unserer Persönlichkeit geltend zu machen.

Wir sind stark und schwach – beides zugleich. Wenn wir unsere eigenen Schwächen sehen und eingestehen und die Angst loslassen, diese zu zeigen, ist das ein untrügliches Zeichen großer innerer Stärke.

Verabschieden Sie sich von dem Aberglauben, Sie seien nur dann o. k., wenn Sie über herausragende Stärken verfügen. So wie Sie sind, mit all Ihren sichtbaren Schwächen, sind Sie in Ordnung. Nehmen Sie Ihre Schwächen bei der Hand; denn sie wollen Sie nicht behindern, sondern beachtet werden und Sie begleiten auf Ihrem Weg. Noch sind sie Teil Ihrer Persönlichkeit. Noch gehören sie zu Ihnen. Sie gehören zu Ihnen wie Ihre Stärken. Sind Sie bereit, Ihre Schwächen und Unsicherheiten auf Ihrer Reise noch eine Zeit lang mitzunehmen, können Sie sich vielleicht schon bald von ihnen trennen.

Sobald Sie Ihre Schwächen sozusagen begrüßen und willkommen heißen, werden sie sich allmählich von Ihnen mehr und mehr verabschieden können. Sagen Sie ja zu Ihren Unsicherheiten, werden sie bald nein sagen zu Ihnen. Gestehen Sie sich heute Ihre Schwächen ein und lassen Sie zu, dass sich diese morgen von Ihnen verabschieden.

Stark und schwach – beides darf ich sein ...

AUFHÖREN, MENSCHEN VERPFLICHTEN ZU WOLLEN

»Ich war dabei, einen Traum für mich zu begraben.
Plötzlich schien es, als wolle mein Partner
denselben für sich realisieren.«

»Sag mir, dass unsere Liebe ewig halten wird. Versprich, dass du mich auf Händen tragen wirst. Tu bitte nichts, was mich verletzt ...«

Wir könnten unseren Partner nötigen, einen Vertrag zu unterschreiben, der ihn »verpflichtet«, alles zu tun oder zu unterlassen, wann, wo, auf welche Art und Weise, in welchem Umfang auch immer wir dies von ihm wünschen. Wir können Menschen immer wieder fragen, bitten oder bedrängen, uns ihre Loyalität und Solidarität, ihre Liebe, ja besser noch ihr ganzes Leben zu verschreiben. Wir wissen aber auch, dass dies mit einer wahren, offenen Entscheidung nichts zu tun hat: Wir spüren dabei nie und nimmer das erhoffte Gefühl der Sicherheit. Wir vertrauen dabei nicht dem Zustand der Beständigkeit. Wir sind klug genug zu durchschauen, dass diese Verhaltensweisen lediglich inneren Ängste entspringen.

Es ist unmöglich, die Liebe zu rationalisieren. Es ist unmöglich, die Zukunft vorherzusehen. Wir können nicht sagen, was aus unseren Gefühlen wird, was aus uns selbst wird. Niemand kann das. Alles, was wir haben, ist das Vertrauen darauf, dass alles, wie es kommt, und so, wie es geht, wichtig und richtig ist. Nicht mehr, aber auch nicht weniger.

Aufhören, andere Menschen zu kontrollieren
oder zu verpflichten.
Leben heißt Veränderung.
Ich vertraue, dass letztlich alles gut wird ...

LEBEN OHNE WENN UND ABER

Ich muss nicht reich sein, um zu leben.
Ich muss nicht arm sein, um zu leben.

Ich muss nicht intelligent sein, um zu leben.
Ich muss nicht dumm sein, um zu leben.

Ich muss nicht schön sein, um zu leben.
Ich muss nicht hässlich sein, um zu leben.

Ich muss nicht erfolgreich sein, um zu leben.
Ich muss nichts einbüßen, um zu leben.

Ich muss nicht gesund sein, um zu leben.
Ich muss nicht krank sein, um zu leben.

Ich muss nicht gewinnen, um zu leben.
Ich muss nicht verlieren, um zu leben.

Ich muss nicht Freunde haben, um zu leben.
Ich muss nicht einsam sein, um zu leben.

Ich muss nicht Ziele haben, um zu leben.
Ich muss nicht umherirren, um zu leben.

Ich muss weder etwas haben noch etwas sein.
Ich muss auf nichts warten, um mich dem Leben zu widmen.
Ich habe die Wahl.
Ich kann leben,
auch ohne Wenn und Aber.
Worauf warte ich noch?

192

MIR MEINER RECHTE BEWUSST WERDEN

»Lange Zeit dachte, ich hätte
nur Pflichten, keine Rechte.«

Auch wenn uns oft das Gegenteil einzureden versucht wurde:
Wir haben nicht nur Lebenspflichten, sondern auch Lebensrechte.

Habe ich das Recht,
- mich um mich selbst zu kümmern?
- eine Beziehung abzubrechen?
- nicht mehr »mitzuspielen«?
- für mich selbst einzutreten?
- andere zurechtzuweisen?
- mich zur Wehr zu setzen?
- »Schluss« zu machen?
- Regeln aufzustellen?
- Grenzen zu setzen?
- »neu« anzufangen?
- ich selbst zu sein?
- »nein« zu sagen?
- Ich zu sein?
- Ich?

Absolut!

Ich bin wichtig und richtig –
und mir meiner Lebensrechte bewusst ...

VERANTWORTUNG ÜBERNEHMEN

Im Wort Ver-antwort-ung steckt das Wort Antwort. Verantwortung meint Antwort haben und Antwort geben.

Wenn wir lernen, Selbstverantwortung zu übernehmen, sind wir zunächst mit einer Vielzahl von Fragen beschäftigt. Fragen, die wir jedoch bereit sind, für uns selbst – und aus uns selbst heraus – zu beantworten. Das bedeutet nicht, dass wir plötzlich keinen Wert mehr auf die Meinung anderer legen; es steckt vielmehr das Vertrauen dahinter, unsere Antworten in uns selbst zu finden.

Wer lernt, selbstverantwortlich zu handeln, wird es zu Beginn schwerer haben, als einfach dem Rat eines Außenstehenden zu folgen. Es braucht Zeit und Mut, sich mit der eigenen Person aufrichtig und ernsthaft auseinander zu setzen. Eine selbstverantwortliche Entscheidung setzt immer eine wahrhaftige Innenschau voraus, was gerade am Anfang alles andere als einfach erscheint. Wer sich allerdings darin übt, mit seinem Inneren in Beziehung zu treten und aus ihm heraus seine Entscheidungen zu treffen, wird schon sehr bald merken, wie »Innen« und »Außen« sich annähern und das Leben mehr und mehr stimmiger und harmonischer verläuft.

Und plötzlich kann geschehen, was geschehen soll.

Jede Antwort
finde ich in mir ...

VERTRAUEN IN VERÄNDERUNG

Sie wollen vorwärts kommen? Vielleicht müssen Sie eine Entscheidung treffen. Vielleicht wollen Sie neue Lebensräume erreichen? Vielleicht haben Sie Ihre gegenwärtige Situation einfach nur satt und erstreben Veränderung und Umbruch?
Geht es Ihnen nicht schnell genug? Sind Sie ungeduldig? Haben Sie Angst vor einem Rückfall?

Vielleicht aber meinen Sie, die Wende würde sich zu rasant vollziehen. Vielleicht fürchten Sie, nicht mehr mitzukommen. Vielleicht scheint vieles viel zu schnell?

Es kann sein, dass wir erst im Nachhinein erkennen, dass alles, wie es ging und kam, genau zum richtigen Zeitpunkt und auf eine Art und Weise geschah, wie es für uns genau wichtig und richtig war.

Es kann sein, dass wir erst im Nachhinein verstehen, warum und weshalb sich Veränderungen in unserem Leben genau so und nicht anders vollzogen haben. Vielleicht jedoch können wir schon heute erahnen, dass sich morgen alles zum Guten wendet und diese schrittweise Wandlung bereits heute in uns lebt.

Ich vertraue darauf,
dass wird, was sein soll.
Ich vertraue darauf,
dass ich vorbereitet werde auf das, was kommt.
Ich vertraue meinem Leben.
Alles wird gut ...

NICHTS TUN

Im Berufs-, Familien- oder Privatleben haben wir Aufgaben und Pflichten zu erledigen. Für viele ist es da zur Selbstverständlichkeit geworden, tagtäglich das Maximum an persönlicher Leistung zu erbringen. Während wir das Eine gern übernehmen, ist uns das andere eine Last. Während einiges noch heute aufzuarbeiten ist, kann das Meiste jedoch warten, mindestens bis morgen. Geht es Ihnen so?

Manchmal spüren wir jedoch, dass wir gewissen Aufgaben wenig Aufmerksamkeit schenken wollen oder können. Dies mag daran liegen, dass andere Bereiche unseres Lebens danach drängen, aufgearbeitet zu werden. Sehen wir uns z. B. augenblicklich im privaten Bereich mit bedeutsamen Ereignissen konfrontiert, kann es ratsam sein, zunächst diese Erlebnisse in unser Leben einzuordnen, während wir andere Fragen noch offen und unbearbeitet lassen. Wir sollten selbst prüfen, inwieweit es möglich und sinnvoll ist, bestimmte Fragen zu bevorzugen und dabei andere aufzuschieben.

Bevor wir uns von verschiedenen Aufgaben, Schwierigkeiten oder unbeantworteten Fragen erdrücken oder überfordern lassen, sollten wir gesunde Schwerpunkte setzen. Wir brauchen nicht alle Lektionen, die uns das Leben stellt, gleichzeitig lösen. Wir können Schritt für Schritt voranschreiten. Auch mit Ruhe und Gelassenheit werden wir unser Ziel erreichen. Vielleicht sollten wir uns gerade dann, wenn scheinbar alle Fragen gleichzeitig nach Antwort verlangen, gänzlich weigern, mühevoll und angestrengt nach Antworten zu suchen. Vielleicht sollten wir dann und wann loslassen und darauf warten, dass gewisse Antworten von alleine kommen. Vielleicht sollten wir von Zeit zu Zeit nichts tun, gar nichts.

Mein Leben wird sich realisieren –
natürlich und mühelos ...

DEN EIGENEN WEG GEHEN – UNBEIRRT

»Anfang und Ende sind wohl verwandt,
Doch ist der Anfang blind, das Ende hat's erkannt.«

FRIEDRICH RÜCKERT: DIE WEISHEIT DER BRAHMANEN

Den eigenen Weg gehen kann mühevoll und schwierig sein. Vor allem dann, wenn man das Ziel nicht kennt. Wer kennt schon sein Ziel? Sein wirkliches?

Auf der Suche nach unserem Ziel erleben wir unterschiedliche Phasen. Da kann es sein, dass wir uns an einem Tag unseres nächsten Zieles ganz sicher sind, und schon am anderen Morgen halten wir Ausschau nach einem anderen. Wenn wir bezüglich unserer Zielsetzung befangen sind, sind wir ebenso beeinflussbar für Ratschläge von anderen. Solange wir innerlich gespalten sind, sind wir gleichfalls offen für Verstrickung und Verwirrung von außen.

Nicht immer handeln wir in der vollen Überzeugung für eine Sache. Aber wir können unserem Handeln Vertrauen schenken sowie uns selbst und unsere Entscheidungen als wichtig und richtig einstufen. Selbst wenn Dinge nicht laufen, wie erwartet oder erhofft, haben wir dennoch aus uns selbst heraus gefühlt, gedacht und getan – darauf kommt es letztlich an.

Heute will ich meinem Gefühl,
meinem Verstand und meinem Handeln vertrauen.
Ich gehe meinen Weg, unbeirrt.
Ich gelange an mein Ziel und werde erreichen,
was wichtig für mich ist.
Unbeirrbar vertraue ich darauf,
dass alles gut wird ...

DANKBAR SEIN

Mit mir selbst, den Mitmenschen oder den gegenwärtigen Lebensumständen zu hadern ist die eine Sache. Dankbar und verbunden mir selbst, dem Leben und den Menschen zu begegnen die andere.

Dankbarkeit meint eine Haltung, durch die wir empfangene Liebe und Zuwendung anerkennen. Indem wir Dankbarkeit bewusst erleben und zum Ausdruck bringen, beantworten wir die uns zuteil gewordene Aufmerksamkeit in Wort und Tat. Dankbar sein sich selbst, Menschen, die wir lieben, und dem Leben im Allgemeinen ist nicht zuletzt eine zutiefst Heil bringende Grundhaltung.

Unabhängig davon, ob Sie mit Ihren Lebensumständen zufrieden oder nicht zufrieden sind: Nichts geschieht durch Zufall. Nichts geschieht, ohne nicht einen Sinn für Sie zu haben. Sie können darauf vertrauen, dass hinter allem und jedem, überall und jederzeit hilfreiche und heilsame Erfahrungen darauf warten, von Ihnen erschlossen zu werden. Erfahrungen, die Sie weiterbringen an den Ort, an den Sie gelangen sollen. Mit jedem Tag Ihres Lebens werden Sie wachsen und reifen. Mit jedem Tag Ihres Lebens kommen Sie voran. Dies geschieht manchmal ganz natürlich und völlig reibungslos. Dann wiederum bedarf es Zeiten der Verwirrung und Frustration. Hinter allem jedoch, was Ihr Leben und Ihre Lebensumstände ausmachen, steht ein fürsorglicher und gut gemeinter Plan. Es ist Ihr Plan. Er wurde für Sie erstellt. Nehmen Sie Ihn an und danken Sie Gott dafür?

Danke!

KONTROLLBEDÜRFNISSE LOSLASSEN

Immer wieder fallen wir zurück in alte Muster des Fühlens, Denkens und Handelns. Deutlich wird dies u. a., wenn wir dem Bedürfnis nach Macht und Kontrolle nachgeben. Mit ihm machen wir uns abermals zu ergebenen Untertanen einschränkender Sichtweisen und Haltungen und schließlich beginnt ein Kreislauf des Unzufrieden-Seins, der uns die scheinbare Machtlosigkeit den Dingen gegenüber verstärkt vor Augen führt.

Häufig versuchen wir, gerade dann Macht auszuüben, wenn wir uns alles andere als mächtig fühlen oder die Umstände alles andere als kontrollierbar erscheinen. Während wir versuchen, Dinge zu ändern oder loszuwerden, die uns fest und stabil vorkommen, erproben wir ebenso, jenes zu bekommen oder zu halten, was frei und unbeständig wirkt. Hierbei stellen sich zwangsläufig und als Folge nicht erfüllter Erwartungen Frustration und Verzweiflung ein. Wir bezahlen unsere paradoxe Vorgehensweise durch zunehmende Verwirrung und Unsicherheit. Denn immer dann, wenn wir nach absoluter Kontrolle im Leben trachten, stellen wir gleichzeitig eine unlösbare Gleichung auf. Wir können rechnen und rechnen und werden die Rechnung dennoch nicht auflösen.

Es gibt einen Ausweg: Wir können Schluss damit machen, andere Menschen, Situationen oder Umstände ständig überprüfen zu müssen. Wir können frei sein von all den kleinmütigen Sichtweisen. Wir können Misstrauen durch Vertrauen ersetzen. An die Stelle von Verzweiflung rückt Hoffnung. Skepsis und Zweifel tauschen wir aus durch Glaube und Zuversicht. Wir können uns öffnen für eine bejahende und dem Leben zustimmende Haltung und Lebensweise. Alles, was einschränkt, klein, kurzsichtig und krank macht, lassen wir los. Wir brauchen es nicht mehr, wirklich nicht mehr!

Was geschehen soll,
wird geschehen ...

MICH BEFREIEN VON NORMEN

Vieles in unserer hoch technisierten Welt ist genormt. Das Format des Buches, das Sie gerade in Händen halten, die Schriftart der Zeilen, die Sie soeben lesen. Größe und Gewicht jeder einzelnen Seite sowie die Farben des Umschlages sind genormt und somit vereinheitlicht – klar und deutlich, nachvollziehbar.

Auch im menschlichen Miteinander kennen wir Normen und Regeln: »Das macht man nicht« – »das ist in Ordnung« ... In sozialen Situationen haben Normen die Funktion einer Richtschnur, indem sie versuchen, einen Durchschnittswert zu bilden und daran Idealvorstellungen festzumachen. Sie legen fest, was als richtig, falsch, gesund oder krank gilt. In der Psychologie gilt als »normal«, wer arbeits-, gemeinschafts-, liebes- und genussfähig zugleich am Leben teilnehmen kann.

Übertriebene Befolgung von Normen und Regeln behindert Menschen in der Entfaltung der eigenen Persönlichkeit und in der gesunden und positiven Ausgestaltung ihrer Beziehungen. Je mehr wir uns festlegen und vernormen lassen, desto mehr verlieren wir unsere Einzigartigkeit. Wir entfernen uns von uns selbst und unserer Mitte. Wir geraten zwangsläufig ins Schwanken.

Wir sind Menschen, verfügen über einen eigenen Willen, verfügen über Verstand und Stärke, sind keine toten Dinge oder Gegenstände, haben unser Eigenleben, verfügen über individuelle Begabungen und Interessen, wissen, wer wir sind, und sind stolz darauf. Wir haben es nicht nötig und lassen es nicht zu, dass andere oder wir selbst unser Fühlen, Denken oder Handeln zu kontrollieren versuchen. Wir sind frei. Wir sind in uns. Wir bestimmen selbst, wie wir in Erscheinung treten. Wir bestimmen selbst, wen wir lieben. Wir bestimmen selbst, wie wir unser Leben gestalten.

Wie schön es ist, ich selbst zu sein –
selbstständig ...

ANGEBOTE PRÜFEN

Eines Tages bekam ich das Angebot, mich beruflich zu verändern. Ich bat um Bedenkzeit und stellte mir die Frage, was die Veränderung für mich bringen würde. Dabei versuchte ich, zunächst rational vorzugehen. Ich erstellte eine Liste, in die ich alle Vor- und Nachteile eintrug. Danach telefonierte ich mit Freunden, von denen ich glaubte, dass sie mich gut kannten. Ich erzählte schließlich meiner Familie davon, sprach ein Gebet und vertraute auf die Führung durch meine verstorbene Mutter. Spät abends ging ich zu Bett. Ich hatte mittlerweile Kopfschmerzen bekommen.

Nach einer kurzen Nacht erwachte ich müde und gereizt am neuen Morgen und begann den Tag. Ich hatte – immer noch oder schon wieder – Kopfschmerzen. Später, von der Arbeit nach Hause gekommen, legte ich mich ins Bett, mit Kopfschmerzen. Und schließlich verstärkte mein Automechaniker an diesem Tag meinen Kopfschmerz mit der Aufforderung, mir ein neues Auto anzuschaffen.

Langsam wurde mir klar, dass ich vor allem versucht hatte, mit dem Kopf an die Sache heranzugehen. Vielleicht hatte ich meinen Gefühlen nicht vertraut. Vielleicht aber hätte ich unbewusst längst fühlen müssen, dass das Angebot ein schlechtes war – für mich. Der berufliche Aufstieg versprach etwas mehr Geld und etwas mehr Ansehen – bei erheblich erhöhten Anforderungen und zeitlichem Arbeitsaufwand. Meine Freizeit, meine Beziehungen und meine Partnerschaft, meine seelische Gesundheit sollten darunter leiden. Mein Körper litt bereits, denn ich hatte Kopfschmerzen, seit vielen Stunden. Ich prüfte das Angebot und kam zu dem Schluss: Es war ein schlechtes Angebot. Ich lehnte ab und mein Kopf hörte auf zu schmerzen.

Angebote prüfe ich mit Verstand
und Herz ...

MIT DANKBARKEIT GENIESSEN

»Alles ist gut und nichts ist verwerflich,
wenn es mit Dank genossen wird.«

AUS DER BIBEL

Alles, was Sie in die Lage versetzt, Freude und Glück zu erleben, alles, was Ihnen Genuss bereitet – all das ist gut. Nicht immer fällt es uns leicht, das alles auch zu genießen. Vielleicht hindern uns irgendwelche Situationen oder Umstände daran, wahre Gefühle der Freude und des Dankes zu empfinden. Vielleicht sind es andere Menschen oder sogar wir selbst, die uns jegliches Genusserleben erschweren.

Es liegt an uns, dankbar zu genießen, was wir haben und was wir sind. Wir können damit beginnen, all jenes, was uns Genuss und Vergnügen bereitet, willkommen zu heißen. Kosten Sie die schönen und guten Dinge, die Ihnen widerfahren, aus und freuen Sie sich über sich selbst. Atmen Sie die reine Luft und baden Sie Ihre Füße im kühlen Wasser. Lehnen Sie sich an einen Baum und fliegen Sie mit den Vögeln, wenn Ihnen danach zumute ist. Lassen Sie sich treiben und seien Sie frei wie der Wind. Erkennen Sie die Fähigkeiten und Begabungen, die in Ihnen wohnen, die Neigungen und Interessen, die Sie bewegen. Sie verfügen über ungeahnte Kenntnisse und Einsichten.

Täglich machen Sie Fortschritte, was die eigene Person, aber auch die Beziehung zu anderen betrifft. Sie wachsen und reifen. Sie bewegen sich nach vorn und sind dabei niemals allein. Bei all Ihren Aktivitäten und Unternehmungen haben Sie einen Menschen, der Sie vom ersten bis zum letzten Moment Ihres Lebens an liebevoll begleitet: sich selbst. Sie können lernen, die eigene Person als wohlwollendes Geschenk anzunehmen und die eigene Anwesenheit dankerfüllt zu genießen.

In Dankbarkeit genieße ich ...

MIT SCHEINBAREN RÜCKSCHLÄGEN UMGEHEN

Wenn wir einen Wunsch haben und dessen Verwirklichung anstreben, erleben wir mitunter immer wieder aufs Neue, dass wir Rückschläge erleiden. Wir meinen, unseren Weg genau zu kennen. Wir haben Schritt für Schritt geplant. Plötzlich treten Hindernisse auf, die wir nicht bedacht haben.

Was macht uns dann eigentlich so sicher, dass wir wahrhaftig einen Rückschlag erdulden? Kennen wir wirklich unseren Weg? Und wissen wir tatsächlich genau, was wirklich gut und schlecht für uns ist?

Ist alles exakt das, wonach es scheint? Ist alles nur »ja« oder »nein«; nur weiß oder schwarz – oder kann vielmehr beides und noch viel mehr in einem sein? Ja, vielleicht muss manches Mal genau ein »Rückschlag« für den erforderlichen »Fortschritt« sorgen?

Wenn wir in der Überzeugung leben, dass die meisten Rückschläge nur scheinbare Rückschläge sind, müssen wir nicht enttäuscht und verdrossen resignieren vor unerwarteten Ereignissen oder Veränderungen. Wann immer wir erfahren, dass unser geplanter Weg steiniger und buckliger verläuft als zunächst vermutet, können wir jederzeit einen anderen Weg einschlagen. Wir können unseren Lebensentwurf abwandeln und anpassen, neue Ziele sehen, vielleicht endlich unsere wahren. Wir können aber auch den alten, bereits eingeschlagenen Weg beibehalten, indem wir uns nur neues Rüstzeug besorgen. Wer weiß, was an Gutem und Schönem dann auf diese Art und Weise auf uns zukommen kann – Besseres und Schöneres, als wir es jemals erträumt haben?

Ein kleiner Rückschlag heute
kann morgen ein großer Schritt
nach vorne sein ...

Quellen des Lebens

GROSSZÜGIG DENKEN

Betrachten Sie für einen Moment Ihre Umgebung. Sehen Sie sich die Dinge um sich herum an. Was Ihre Augen wahrnehmen, sind Gegenstände jeglicher Art. In Wirklichkeit handelt es sich jedoch um Gedanken oder Ideen, die durch die schöpferische Tätigkeit der Menschen Gestalt angenommen haben. Bevor ein Möbelschreiner beginnt, das Holz zu bearbeiten, muss zunächst das Möbelstück als Vorstellung vorhanden sein. Bevor ein Schneider den Stoff auswählt, muss das Bild von dem Kleid in seinem Kopf existieren. Alles materielle und vom Menschen Geschaffene ist das Produkt eines schöpferischen Vorganges. Alles, was einmal außen in Erscheinung treten soll, muss zuvor bereits gedanklich vorhanden sein.

Wir könnten die Kräfte von Gedanken und inneren Bildern nutzen. Wir können erreichen, was wir uns wünschen. Voraussetzung ist jedoch, dass wir uns unserer Wünsche bewusst sind und verstehen, den Wünschen positive Gedanken zuzuordnen: In Gedanken nehmen wir den erhofften Zustand vorweg. Wir stellen uns vor, das Ersehnte sei bereits eingetroffen. Wir haben genau das erreicht, was wir uns wünschten – auch wenn zunächst nur als geistiges Bild, wird es sich mit der Zeit umwandeln in lebendige Situationen.

Gedanken haben stets die Tendenz zur Verwirklichung. Ob wir uns nun positiven oder negativen, einengenden oder weiträumigen, kleinkarierten oder großzügigen Gedanken hingeben, sie drängen stets danach, sich zu realisieren. Es wäre äußerst ungünstig und für den persönlichen Fortschritt hinderlich, kleinmütig, kurzsichtig oder eingeschränkt zu denken. Daher gilt es, sich zu öffnen und kleinmütige Gedanken aufzubrechen, um das Beste und Schönste für uns zu erwarten.

Ich denke groß und frei ...

WISSEN, WAS ICH WILL

Ich habe geweint und gelitten. Ich habe getrauert und mich verletzt gefühlt. Ich habe zu kontrollieren versucht. Vergebens. Ich habe geha-
dert – mit mir, mit dem Leben, mit Gott. Ich habe alle Mächte dieser
Welt befragt. Ich bekam keine Antwort. Ich wollte die Nähe eines Menschen. Ich war allein.

Ich habe gelernt loszulassen. Ich habe gelernt, dem Leben und Gott zu
vertrauen. Ich habe immerzu geglaubt und geträumt, dass es wahr
werden kann. Geduldig habe ich geliebt und nach wie vor gehofft. Ich
habe dich erwartet. Irgendwann.

Auf einmal warst du bei mir.

Heute und allezeit
will ich an die Liebe glauben.
Ich vertraue auf die Liebe.
Ich weiß, was ich will:
Ich will dich
und wieder lasse ich los …

QUELLEN DES LEBENS

Es gibt viele Quellen im Leben – Quellen der Lust, Quellen der Freude, Quellen der Wut, des Zorns, der Angst, der Rache, Quellen der Schuld, der Scham, des Friedens, des Glücks ...

In Gedanken und in unserer Fantasie können wir einzelne Quellen schwächer und schwächer werden und schließlich versiegen lassen. Wir können förmlich dabei zusehen, wie langsam immer weniger und weniger hervorquillt und letztlich die Quelle ganz verschwindet, ja sogar Moos darüber zu wachsen beginnt.

Ebenso können wir bestimmte Quellen kräftigen, indem wir intensiv an sie denken und sie gleichzeitig ermutigen, mehr noch als bisher von ihrer heilenden Energie an die Oberfläche zu fördern. In unserer Vorstellung lassen wir sie stärker und stärker werden, von Tag zu Tag, von Stunde zu Stunde – wie es uns gefällt. Und wann immer wir wollen, können wir uns geistig in ihr baden, eintauchen und uns erholen, indem wir uns mit all dem umgeben, was wir gerade am dringendsten brauchen.

Ich tauche ein
in die Quelle Hoffnung ...
Ich tauche ein
in die Quelle Liebe ...
Ich tauche ein
in die Quelle Vertrauen ...

VON ANGESICHT ZU ANGESICHT

Eine angstbesetzte Situation zu vermeiden, ihr aus dem Wege zu gehen kann alles nur noch schlimmer machen. Wenn wir davonlaufen, vor etwas flüchten, ist es nicht mehr nur eine Sache des Denkens und Fühlens; auch unser Verhalten und Handeln ist dadurch beeinflusst. Im Vermeiden lassen wir zu, dass unsere Angst eine neue Dimension erreicht und sich mitunter noch mehr ausbreitet, als es ohnehin schon geschehen ist.

Sich einer Sache zu stellen – auch wenn wir Angst davor haben – ermöglicht, vieles zu relativieren und wieder richtig einzuordnen: Sozusagen von Angesicht zu Angesicht, wenn Fantasien und Hirngespinste wenig Raum haben, können wir sehen und durchschauen, mit wem oder was wir es wirklich zu tun haben. Wenn wir den Mut aufbringen, uns einzulassen auf ein Gegenüber und auf die ehrliche Konfrontation mit unseren Schattenseiten, erfahren wir zudem, wie viel Beweglichkeit und Kraft in uns steckt.

Je klarer und offener wir uns einzulassen vermögen auf alles, was uns betrifft, desto weniger Raum bleibt für Angst.

Ich stelle mich –
von Angesicht zu Angesicht ...

ENDPUNKTE HINNEHMEN

Manchmal gelangen wir im Leben an Punkte, an denen wir gezwungen sind aufzuhören, loszulassen und ein scheinbares »Ende« hinzunehmen. Wenn wir alles getan haben, was in unserer Macht stand oder zumindest bereit dazu waren, ist unser Bestes mitunter nicht gut genug.

Wenn das Leben uns Endpunkte setzt und diese sich klar zu erkennen geben, sollten wir uns darauf einlassen und uns nicht mehr als nötig dagegen zur Wehr setzen. Wenn wir Gefühle empfinden, Gefühle der Wut oder des Zorns, der Trauer oder der Angst ..., ist es gut, sie zuzulassen und ihnen Ausdruck zu verleihen. Nach einer gewissen Zeit lassen wir sie dann los und schaffen Platz für Neues und ebenso Gewolltes in unserem Leben. Wir lassen zu, dass leise und sanft aus einem »Ende« langsam wieder ein »Anfang« wird.

Wenn wir vielleicht nicht verstehen können, warum ein »Ende« gerade auf diese oder jene Art und Weise, zu diesem Zeitpunkt, so und nicht anders geschehen soll, können wir dennoch und gerade deshalb versuchen, auf einen tieferen Sinn in allem zu vertrauen.

Was gehen soll, lasse ich gehen –
ich vertraue dem Leben ...

LEBEN OHNE UMSCHWEIFE

Wenn ich ohne Umschweife sage, was ich denke, fühle oder will, sollte ich mich nicht wundern, wenn ich all das, was ich immer schon wünschte, plötzlich erhalte.

Wenn ich beginne, ohne Umschweife zu denken, klar, geordnet und einfach, kann es gut möglich sein, dass meine Rechnungen plötzlich aufgehen.

Wenn ich anfange, ohne Umschweife zu fühlen, ehrlich und offen, mir selber zugewandt und wahr, ist es gut denkbar, in mir selbst den besten Freund zu finden.

Wenn ich mich traue, ohne Umschweife zu handeln, das tun, was ich sage, denke und fühle, komme ich dem, was man Leben nennt, plötzlich sehr, sehr nahe – und nicht zuletzt dem eigenen.

Ich
kann
leben –
ohne
Umschweife ...

»PROPHETEN« PRÜFEN

In Zeiten der Veränderung, des Umbruchs und der Neuorientierung, in Zeiten, in denen wir uns gerade befinden, in diesen Zeiten sind wir manchmal besonders offen für »Propheten« und »Helfer« verschiedenster Art.

Ärzten, wenn sie eine Möglichkeit der Abrechnung sehen – Priestern, solange man nicht geschieden und wieder verheiratet ist – Therapeuten, für den Fall, dass man sich ihrem Rat überlässt – Ehepartnern, sofern die Beziehung an sich nicht hinterfragt wird – Rutengängern, Kartenleger, Astrologen ...

Wir haben es nicht nötig, so hilfsbedürftig wir uns auch empfinden, wir haben es nicht nötig, uns irgend jemanden anzuvertrauen, der nicht unser tiefstes Vertrauen verdient. Wir haben vielmehr die Wahl – so schlecht es uns auch gehen mag – auf ehrliche und uns, ja uns zugewandte Hilfe zu hoffen. Auf Hilfe, die zu echtem Wachstum und Freiheit führt, Hilfe, die aufrichtet, weil sie aufrecht ist – und sei es, dass sie aus uns selbst heraus kommt. Denn eines ist uns ganz gewiss: Wir haben immer noch uns selbst.

Prüfen –
und das Gute behalten ...

GEWINN ODER VERLUST?

Vielleicht hat das Leben sich verändert. Vielleicht deshalb, weil wir es so einrichten wollten und diesbezüglich alles Notwendige geplant und vorbereitet haben? Vielleicht aber geschah alles ganz plötzlich und brach wie aus heiterem Himmel über uns herein? Kann sein, dass wir zufrieden sind mit dem, was sich ereignete, und glücklich die Veränderungen entgegennehmen. Möglich aber, dass wir hadern und verunsichert sind, dass wir zu vergleichen suchen zwischen früher und jetzt, zwischen gestern und heute.

Haben wir gewonnen oder verloren? Hat sich unsere Situation verbessert oder verschlechtert? Was ist gegangen? Was ist gekommen? Was kann noch alles geschehen? Sind wir auf dem richtigen Weg ...?

Sobald wir uns und unser Leben einem göttlichen Plan anheim geben und auf diesen vertrauen, können wir nur noch gewinnen. Wir gewinnen – was immer wir auch dabei zu verlieren scheinen.

Das Leben liebt mich.
Es macht mich zum Gewinner ...

WIEDER LIEBEN

Scham
»Manchmal schäme ich mich ...«

Wut
»Manchmal bin ich wütend ...«

Trauer
»Manchmal bin ich traurig ...«

Ungeduld
»Manchmal bin ich ungeduldig ...«

Angst
»Manchmal bin ich ängstlich ...«

Sicherheit
»Manchmal bin ich sicher ...«

Geborgenheit
»Manchmal bin ich geborgen ...«

Liebe
?

Ich liebe ...

NACHWEHEN AKZEPTIEREN

Sich über eine Sache Gedanken zu machen, Vor- und Nachteile abzuwägen, sich schließlich dafür oder dagegen zu entscheiden ist nicht
immer genug. Sehr häufig beginnt gerade hier erst unsere eigentliche
Aufgabe.

Jetzt ernten wir, was wir gesät haben. Nun haben wir zu leben mit Entscheidungen, die wir getroffen, und mit Umständen, die wir eingefä-
delt haben. Und nicht selten sehen wir uns konfrontiert mich »Nachwehen«. »Nachwehen«, als hätten wir ein Kind geboren. Schließlich
sind wir schwanger gegangen mit einer Idee, einer Vermutung oder einer Vorstellung und irgendwann kam der Entschluss, all das auszutragen und in die Welt zu setzen.

Wenn eine einst getroffene Entscheidung zu »Nachwehen« führt, ist
dies nichts Ungewöhnliches – vor allem dann nicht, wenn noch Unsicherheiten mit im Spiel sind. Die Aufgabe besteht darin, damit auf angemessene Art und Weise umzugehen. Angemessen meint, dass wir
die damit verbundenen Gefühle und Stimmungen in uns annehmen
und uns ebenso von ihnen auffordern lassen, im Nachhinein nochmals zu hinterfragen, ob wirklich richtig war, wie wir entschieden oder
gehandelt haben. Wir beantworten die Frage, soweit es uns zum jetzigen Zeitpunkt möglich ist. »Angemessen« bedeutet auch, dass wir die
»Nachwehen« als natürliche Folge von Veränderung akzeptieren und
ihnen nicht mehr Bedeutung geben, als sie verdienen. So können
»Nachwehen« uns sensibilisieren für Bisheriges und gleichzeitig vorbereiten für Zukünftiges – und wieder gehen, wenn sie überflüssig geworden sind.

Nachwehen –
eine natürliche Folge
jeder Veränderung ...

MÜNDIG SEIN

»Es ist so bequem,
unmündig zu sein.«

IMMANUEL KANT

Unmündig, sein Leben zu leben, ist, wer nicht Verantwortung übernehmen will für sich selbst – wer sich anlehnt nur an anderen, niemals an sich selbst – wer alles annimmt, ohne zu hinterfragen – wer nicht nach Eigenem sucht – wer zu allem bereit ist, wenn nur er selbst nichts entscheiden muss. Wer unmündig ist, braucht Hilfe. Wer unmündig ist, bekommt Hilfe. Mehr noch: Anweisung, Anleitung, Rezepte und Regeln.

Wer unmündig ist, braucht keine Entscheidungen zu treffen; sie werden ihm abgenommen. Wer unmündig ist, braucht sich keine Vorwürfe zu machen, braucht sein Tun nicht zu bewerten oder in Frage zu stellen. Wer unmündig ist, kann nichts falsch machen, aber auch nichts richtig. Wer unmündig ist, kann stets anderen die Schuld geben, alles und jeden für irgendetwas verantwortlich machen. Wer unmündig ist, kann es sich ganz schön bequem machen.

Aber was ist das für ein Leben?

Ich bin frei ...

VIELES DÜRFEN, NICHTS MÜSSEN

An manchen Tagen spüre ich sehr viel stärker als an anderen das Verlangen, Dinge zu tun, von denen ich weiß, dass ich andere damit verletzen kann. An diesen Tagen habe ich Angst, dass ich – im Sinne der Eigenverantwortung und der Selbstverwirklichung – all das tun müsste oder zumindest sollte, wonach ich mich manchmal sehne. Ich habe Angst, den Menschen, die ich liebe, weh zu tun. Ich habe Angst, auch mir selbst dadurch weh zu tun.

Wer hat mir nur einzureden versucht, dass »Heilung« darin besteht, alles in mir nach außen zu tragen, alles auszuleben – ohne Rücksicht auf Verluste? Woher habe ich diese fixe Idee, aus jedem Funken eine riesige Explosion machen zu müssen? Warum habe ich nur diese verdammte Angst?

Ist es nicht so, dass es oft schon genügt, sich seiner inneren Anteile bewusst zu werden? Ist es nicht so, dass es schon sehr viel bedeuten kann, wenn man damit beginnt, den Blick mehr und mehr nach innen zu richten – behutsam und sanft, langsam und leise – und sich zu sehen und zu verstehen lernt? Ist es nicht so, dass ich selbst das Tempo und die Richtung bestimme, die ich zu gehen bereit bin, dass ich selbst die Wahl und die freie Entscheidung darüber habe, was ich tue oder unterlasse, ja, dass ich vieles tun darf, aber nichts tun muss?

Genauso ist es!

Ich bin frei –
ich darf vieles und muss nichts ...

Sich auffangen lassen von Gottes Hand

Fange mich auf, Gott –
wenn mein Herz schmerzt.

Fange mich auf, Gott –
wenn meine Gedanken immer schwerer werden.

Fange mich auf, Gott –
wenn ich mich unfähig fühle zu handeln.

Fange mich auf, Gott –
wenn ich drohe zu fallen.

Die Hand Gottes
fängt mich auf –
immer und überall ...

SCHLECHTE TAGE WEITERZIEHEN LASSEN

Tage kommen und gehen – gute und schlechte.

Ich kann sie mir ansehen, ganz genau, ihren Sinn hinterfragen, sie nutzen und förmlich auszuschlachten suchen. An manchen Tagen, zu manchen Zeiten mag das genau das Richtige sein. Dann können sie mir eine Richtung weisen und Wichtiges aufzeigen.

An anderen Tagen, wenn ich zu schwach oder einfach nicht bereit dafür bin, noch tiefer in das Schwarz des Tages einzudringen, gehe ich anders mit ihnen um. Ich kann ihn zulassen, ihn erspüren, wahrnehmen und empfinden. Ich kann ihn wirken lassen, mit all der Traurigkeit, der Wut, der Angst ... und dennoch genau so, wie er gekommen ist, auch wieder gehen lassen – nichts weiter – einfach so – ohne nachzufragen. Ich kann ihn ziehen lassen – wohin auch immer.

Schlechte Tage
lasse ich weiterziehen –
einfach so ...

NEBENSÄCHLICHKEITEN GUT SEIN LASSEN

Hören Sie auf, sich über Nebensächlichkeiten den Kopf zu zerbrechen. Sie sind wertvoll und wichtig, einzigartig und frei. So vieles, was geschieht in Ihnen und in Ihrem Leben, so vieles, was wirklich wichtig ist: die Menschen, die Sie lieben, Ihre Wünsche und Träume, Ihre Pläne und Vorhaben, Ihr großes Ziel – all das ist wichtig und bedeutsam. Nebensächlichkeiten sind unwichtig und verdienen es nicht, dass Sie sich mit ihnen allzu sehr befassen.

Wer sich mit Nebensächlichkeiten beschäftigt, vergeudet unnötig Zeit und Energie; Gedanken werden eingesperrt und wirklich Wichtiges bleibt vernachlässigt. Wenn wir zulassen, dass Nebensächliches bei uns allzu große Aufmerksamkeit findet, verschließen wir uns der Betrachtung des Wesentlichen und all dem, was es tatsächlich lohnen würde, dass wir es ansehen. Wir verlieren die Gegenwart und den Sinn für große Zusammenhänge. Wir geben Dingen einen Wert, der schon kurze Zeit später völlig bedeutungslos erscheinen kann. Leider wird häufig erst im Nachhinein klar, wie unangemessen unser Denken, Fühlen oder Handeln war.

Es ist in Ordnung, wenn Sie zunächst spüren, wie es Ihnen geht, wenn nicht alles so klappt, wie Sie es sich vorgestellt haben. Lassen Sie aber auch wieder all die Unvollkommenheit des Lebens los und geben dem Ganzen jene reduzierte Aufmerksamkeit, die es verdient. Lassen Sie dabei all die Kleinigkeiten gut sein, die Ihnen widerfahren, und verhindern Sie vor allem, dass Nebensächlichkeiten Ihr Leben bestimmen – sie sind es einfach nicht wert!

Ich bin wertvoll und frei –
ebenso meine Gedanken …

AUFHÖREN, OPFER ZU SEIN

Was soll es bringen, was kann es nützen, Opfer zu sein? Was können wir schon erreichen, wenn wir in der Überzeugung leben, dass wir vernachlässigt, nicht geliebt und benachteiligt sind? Mitleid? Erbarmen? Nachsicht? Schonung? – Was auch immer: niemals das, was wir tatsächlich brauchen!

Hören wir auf, andere für unsere Umstände verantwortlich zu machen. Lassen wir die Schuldzuweisungen sein und klagen wir nicht länger an. Es bringt nichts – vor allem das nicht, wonach wir uns wirklich sehnen.

Nur in uns selbst kann eine Verantwortung wachsen, die auf angemessene Art und Weise für unsere Wünsche und Bedürfnisse eintritt. Eine Verantwortung, die weiß, wer wir sind und was gut für uns ist. Eine Verantwortung, die sich traut, Träume zu realisieren und Lebendigkeit zu leben. Eine Verantwortung, die nur in uns selbst entstehen kann, nirgendwo sonst.

Ich lasse los:
die Überzeugung, Opfer zu sein.
Das Leben liebt mich ...

ABSCHIED NEHMEN

Es kann so befreiend sein, Abschied zu nehmen. Abschied von engen und unglücklichen Beziehungen. Abschied von einschränkenden Verhaltensmustern. Abschied von Vorurteilen, von Angst, Trauer und Schmerz. Abschied von einer schlechten Vergangenheit, die wir hinter uns lassen möchten.

Es kann aber auch schmerzvoll und schwierig sein, Abschied zu nehmen. Abschied von Menschen, die wir lieben. Abschied von Unerledigtem und noch Offenem. Abschied von Träumen, Hoffnungen, Wünschen. Abschied von einer Zukunft, die Besserung versprach.

Abschied nehmen heißt aufhören und anfangen, Ausklang und Neubeginn zugleich, loslassen: all das, was aus unserem Leben geht – und begrüßen und willkommen heißen, was kommt. Dies ist oft mit harter Arbeit verbunden. So kann es sein, dass wir um Verlorenes trauern, uns der Lücke und des Verlustes bewusst sind und keineswegs bereit sind, diese Leere vom Leben wieder ausfüllen zu lassen. Und gleichzeitig passieren Veränderungen in oder um uns, die genau darauf abzielen. Dies scheint uns manchmal zu überfordern, bringt uns mit einer Flut verschiedenster Gefühle und Stimmungen in Berührung und lässt uns fürchten, dass wir all das nicht mehr schaffen. So können wir mitunter noch so sehr an unserer derzeitigen Situation leiden, aber weil wir so mit vergangenen Veränderungen beschäftigt sind, sträuben wir uns gegen künftige – auch wenn wir spüren, dass allein darin unsere Chance liegt.

In Frieden
nehme ich Abschied ...

UNSER RECHT EINFORDERN

Warum sollten wir auf unser Recht freiwillig verzichten? Warum sollten wir zurückstecken, uns ducken und ruhig verhalten? Warum sollten wir uns abfinden mit einen Zustand, der nicht recht für uns ist?

Es gibt keinen vernünftigen Grund dafür!

Machen wir uns bewusst, wo wir in unserem Leben etwas zu richten haben. Spüren wir, worin unsere Rechte bestehen, und setzen wir uns dafür ein, damit wir erhalten, was wir verdienen.

Ich will
und erhalte mein Recht …

VOM BITTEN UND FORDERN

Hinter einer Forderung verbirgt sich oftmals eine große Wut, Zorn, Aggression ... fast immer jedoch Angst, die wir mehr oder weniger bewusst oder unbewusst wahrnehmen. Hinter einer Forderung steckt häufig eine Art Panik, die uns fürchten lässt, dass wir durch Bitten allein nicht zu unserem Recht kommen. Somit suchen wir nach einer deutlicheren und kräftigeren Variante des Bittens und versuchen unser Glück, indem wir fordern.

Wie eine Forderung aus negativen Gefühlen entsteht, bewirkt sie nicht selten auch dieselben bei demjenigen, dem wir eine solche Forderung entgegenbringen. Sehr schnell fühlt auch der andere sich bedroht und eingeengt und reagiert mit Zorn oder aber mit Widerstand. So kann es sein, dass mit zunehmendem Ausmaß der Forderung schließlich die Wahrscheinlichkeit der Erfüllung schwindet, weil der andere mit einem »jetzt erst recht nicht« reagiert.

Anders als eine Forderung spricht aus einer Bitte die Haltung der Hoffnung und des Vertrauens. In der Bitte steckt Ruhe und Ausgeglichenheit. Eine Bitte lässt Diskussion und Gespräch zu; eine Forderung ist schon entschlossen. Wenn wir einen anderen Menschen um etwas bitten, nehmen wir ihn ernst und respektieren seinen Entschluss – wie immer er auch ausfällt. Dadurch geben wir ihm das Gefühl, dass er selbst – und aus sich selbst heraus – seine Entscheidungen trifft. Und häufig geschieht dies dann auch zu unserem Besten.

Bitten wir um das, was wir uns wünschen. Bitten wir aufrichtig und aus ganzem Herzen und vertrauen wir darauf, dass alles gut wird – egal, was auch geschieht.

Alles, was ich mir wünsche,
kann ich erbitten –
dann vertraue ich ...

VORANSCHREITEN

Was unterscheidet »erfolgreiche« von »erfolglosen« Menschen? Es mag da einige Aspekte geben. Eines haben jedoch die meisten erfolgreichen und glücklichen Menschen gemeinsam: Sie machen entschlossen und zielbewusst weiter, wo Erfolglose resigniert aufhören – trotz Hürden und Hindernissen.

Haben auch Sie manchmal das Bedürfnis, stehen zu bleiben und Ziele aufzugeben, weil Sie sich zu mächtigen Hürden und Hindernissen gegenübersehen? Wenn dem so ist, sollten Sie sich bewusst machen, dass Hürden und Hindernisse zu den alltäglichen Erscheinungen des Leben gehören. Es ist ganz natürlich, wenn wir bei unseren Bemühungen auf Grenzen stoßen. Letztendlich sind es ja gerade die scheinbaren Rückschläge, die uns lehren können, unsere Wünsche neu zu überdenken, und wenn nötig, unsere Kräfte und Energien erneut zu mobilisieren.

Häufig sind wir der festen Überzeugung, die äußeren Umstände würden uns behindern oder verhindern, dass wir weitermachen und voranschreiten. Oftmals leben wir in dem Aberglauben, äußere, uns nicht innewohnende Dinge beeinträchtigen unseren Erfolg und unser Lebensglück. Wenn wir uns ernsthaft bemühen, diese Probleme und Schwierigkeiten unter dem Licht der Wahrheit zu betrachten, müssen wir allerdings nicht selten feststellen, dass vielmehr wir selbst es sind, die unserem Wachstum entgegenstehen und aufhören weiterzumachen.

Und doch – wir können weitergehen, wo andere stehen bleiben. Wenn andere meinen, wir müssten uns einen Schritt zurück bewegen, so schreiten wir dennoch voran. Wir können unsere Stimme erheben, überall da, wo wir früher geschwiegen hätten. Wir schreiten voran. Wir erreichen unser Ziel.

Ich schreite voran –
ich erreiche mein Ziel ...

FRAGEN OHNE ANTWORT

Warum
– bin ich, was ich bin?

Warum
– ist, was ist?

Warum
– kommt, was kommt?

Warum
– geht, was geht?

Warum
– habe ich Fragen?

Warum
– finde ich keine Antworten?

… und spüre dennoch:

In allem
gibt es Sinn …

ICH VERTRAUE DIR, GOTT

Manchmal erreichen uns Nachrichten, die auf eine schwierige und harte Zeit hindeuten: »Sie haben Krebs« – »Ich werde arbeitslos« – »Wir trennen uns« ... Nicht sanft, sondern hart wie ein Hammerschlag wird uns eine Meldung zuteil. Angst, Unsicherheit und Sorge überkommen uns. Wir fühlen uns hilflos und ohnmächtig.

Wir wissen nicht, was die Zukunft uns noch bringen wird. Wir wissen nicht, wohin das Leben uns noch führen wird. Wir kennen nicht die Aufgaben und Lektionen, die wir noch zu meistern haben. Wir ahnen nicht den Ort, an dem wir ankommen werden. Vielleicht verstehen wir kaum noch unsere gegenwärtige Situation. Wie können wir da vertrauensvoll nach vorne blicken?

Gott kennt unseren Plan. Wenn wir nicht wissen, was gut für uns ist, so weiß Gott es. Gott weiß, zu welchem Zeitpunkt, an welchem Ort, welche Veränderung für uns wichtig ist. Gott wird dafür sorgen, dass geschieht, was geschehen muss. Auch wenn wir nicht verstehen und begreifen, vergebens nach dem »Warum« fragen, können wir darauf vertrauen, dass Gott den Grund kennt. Gott liebt uns. Er meint es gut mit uns. Gott stellt uns Fragen und hilft uns dabei, sie zu beantworten. Wenn die Zeit reif ist, wird er für die not-wendigen Veränderungen sorgen.

Wenn wir unser Leben vertrauensvoll in Gottes Hand legen, können wir teilhaben an seiner Kraft. Wir können die Anwesenheit Gottes spüren. Überall und jederzeit begleitet er uns. Er ist für uns da – immer und überall. Gott ist wie ein Vater. Gott vertraut uns. Wir können auch ihm vertrauen.

Ich vertraue dir, Gott ...

NACH EINEM PLAN LEBEN

Wenn ich davon spreche, nach einem Plan zu leben, dann meine ich gewiss nicht, dass wir unser Tun an festgefahrenen und unveränderbaren Regeln auszurichten haben oder nach einem Rezept – ohne Wenn und Aber – handeln sollten. Nach einem Plan zu leben bedeutet vielmehr, sich Gedanken darüber zu machen, unter welchem Leitbild wir unser Dasein leben.

Indem wir Pläne kreieren, setzen wir uns bewusst mit unserer derzeitigen Situation auseinander. Wir fragen uns: »Was ist nicht so, wie ich es mir wünsche?« »Was kann und will ich verändern?« und: »Bin ich bereit dazu?« Ein Plan – und sei er auch nur gedanklich und nicht bereits auf einem Papier vorhanden – richtet unsere Aufmerksamkeit auf ein Ziel aus. Wir nehmen wahr, was für uns wichtig ist, und lassen los, was nicht in diesen Plan gehört. Dadurch nehmen wir unser Leben selbstverantwortlich in die Hand und schaffen optimale Voraussetzungen für ganz gezielte und gewünschte Veränderungen.

Ebenso kann ein Plan einen langen Weg verkürzt erscheinen lassen: Viele noch unüberschaubare Schritte, die vor uns liegen, können wir einteilen in kleine Segmente von jeweils aufeinander folgenden Schritten. So werden Ziele in Etappen erschlossen und belohnen schon im Voraus.

Einem Plan zu folgen ist das A und O jeder bewussten Entwicklung. Unser Vertrauen hineinzulegen ist Zeichen innerer Heilung.

Ich habe einen Plan ...

LEBENSKUNST STATT LEBENSKAMPF

Der griechische Philosoph und Denker der Antike, Seneca, war der Ansicht, dass zu leben zugleich bedeutet zu kämpfen. Sind auch Sie manchmal dieser Meinung? – Hören Sie auf zu kämpfen. Betrachten Sie das Leben nicht als einen Gegner, den wir besiegen müssen.

Es ist unnötig und unsinnig, gegen das Leben zu kämpfen. Das Leben will, dass wir es leben – nicht mehr und nicht weniger. Hierbei geschehen Dinge, ob wir sie wünschen oder zu vermeiden versuchen. Wichtige Veränderungen, die für uns vorgesehen sind, werden in unser Leben treten – so oder so.

Es tut gut, wenn wir unsere Möglichkeiten erkennen, wie wir im Leben aktiv und kreativ wirken können. Es tut gut, tätig zu werden und seine Fähigkeiten und Begabungen zu erproben. Wir leben unsere Neigungen und Interessen, unsere Veranlagungen und Strebungen. Wir respektieren unsere Abneigungen und Grenzen. Bei all unseren Bemühungen sollten wir voller Vertrauen an die jeweiligen Vorhaben herangehen. Gehört etwas wirklich zu uns und setzen wir es uns zum Ziel, werden wir es erreichen. Gehört etwas nicht wesenhaft zu uns, wird es uns versagt bleiben. Dabei können wir sicher sein, stets jenes zu bekommen, wessen wir am dringendsten bedürfen.

Leben Sie Ihr Leben – jetzt, jetzt … Sie müssen nicht kämpfen. So können Sie vielmehr mit Freude und Zuversicht an alle Projekte herangehen. Das Leben meint es gut mit Ihnen. Sie lernen neue Menschen kennen. Sie werden neue Aufgaben übernehmen. Sie werden sowohl im privaten als auch im beruflichen Leben Veränderungen erfahren. Sie selbst werden sich verändern. Langsam werden Sie zu dem Menschen heranreifen, der Sie sein sollen. Das Leben fließt. Fließen Sie mit und entdecken Sie die kreativen Mächte Ihres eigenen Daseins als Lebenskünstler.

Das Leben ist eine Kunst –
ich bin Lebenskünstler …

In Bewegung bleiben

Manchmal fühlen wir uns gezwungen, Entscheidungen zu treffen. Wir sagen ja zu dem einen und nein zu dem anderen. Wir sorgen dafür, dass gewisse Entwicklungen ihren Lauf nehmen, während wir uns darum bemühen, andere zu unterbrechen. Dies kann hin und wieder auch Angst und Unsicherheit in uns erzeugen, weil wir spüren, dass wir bereits heute Verantwortung für morgen zu übernehmen haben. Müssen wir uns tatsächlich heute schon für morgen festlegen? Können wir wirklich ganz genau sagen, wer wir morgen sein sollen, was wir morgen erreicht haben möchten, wo wir uns morgen befinden wollen?

Zunächst ist es sicherlich wichtig und richtig, klare Ziele zu verfolgen, Vorstellungen von dem zu haben, was wir uns wünschen und anstreben. Es ist gut, Pläne für die Zukunft zu schmieden und nach vorne zu schauen. Wir erhalten dadurch das Gefühl der eigenen Stärke. Ebenso setzen wir die notwendigen Kräfte und Energien frei, die wir benötigen, um Pläne, Lebensperspektiven auch zu realisieren.

Wann immer wir dies tun, sollten wir nie vergessen, dass unsere Entscheidungen, wie sie auch momentan lauten mögen, nur momentanen Charakter haben. Wir legen stets heute fest, was wir heute festlegen können. Wir tun heute, was uns heute richtig erscheint. Wir lassen heute zurück, was wir heute als unnötig empfinden.

Zu fast allem, zu dem wir heute ja oder nein sagen, haben wir auch morgen noch einmal Zeit und Gelegenheit, erneut ja oder nein zu sagen. Das Leben gibt uns immer wieder Gelegenheit, unser Leben neu zu organisieren. Wir lassen offen, ob das, was wir heute sagen, auch morgen noch Gültigkeit besitzt. Wir bleiben uns auch morgen noch zugewandt. Wir bleiben auch morgen noch in Bewegung.

Ich bin und
bleibe in Bewegung ...

ÄNGSTE WAHRNEHMEN UND LOSLASSEN

Ängste streben danach, wahrgenommen zu werden. Wahrgenommen in dem, was sie sind, woher sie kommen, warum wir sie spüren, in welcher Beziehung sie zu uns stehen ...

Wenn wir uns sträuben, sie wahrzunehmen, geschieht es meist, dass sie sich verstärken, und zwar solange, bis wir sie schließlich wahrnehmen müssen – in welcher Form auch immer.

Je eher wir bereit sind, das, was uns ängstigt, bewusst zu machen, umso schneller lässt es uns los. Je natürlicher und aufmerksamer wir unsere Ängste wahrnehmen, desto weniger haben sie es nötig, in stärkerer Form zum Vorschein zu kommen, umso leichter können sie sich auflösen.

Spüren Sie ihre Ängste, nehmen Sie sie wahr und lassen sie zu, dass sie sich wieder von Ihnen verabschieden.

Ich nehme wahr, was mich ängstigt –
dann lasse ich es los ...

FEHLER HABEN EINE BOTSCHAFT

Es ist unnötig und bringt nicht das Geringste, wenn wir uns über Fehler ärgern. Sie wollen etwas ganz anderes, als uns Kummer oder Sorgen zu bereiten. Fehler weisen uns darauf hin, dass wir in irgendeinem Bereich unseres Lebens etwas begreifen und korrigieren sollten.

Fehler im Handeln sind sehr häufig die natürliche Folge von »fehlgeleiteten« Gefühlen oder Gedanken. Und genau hier liegen die Ursachen unserer unangenehmen Erfahrungen des Scheiterns und des Misserfolges.

Wollen wir aus Fehlern lernen und sie in Zukunft vermeiden, gilt es, zunächst ihre jeweilige Botschaft zu erkennen. Dann ergibt sich die Aufgabe, in irgendeiner Art und Weise gewisse Einstellungen und Überzeugungen – was auch immer – zu verändern. Ist uns dies gefühlsmäßig und gedanklich gelungen, müssen wir auch im Lebensvollzug keine weiteren »Fehler« erwarten.

In jedem Fehler
steckt eine heilsame Botschaft –
es gilt, sie zu erkennen ....

MIT VERLUSTEN LEBEN

Auch wenn wir noch so viel Zeit und Energie damit verbringen, uns mit dem zu beschäftigen, was wir in unserem Leben erreichen wollen – letztendlich werden wir all das auf irgendeine Weise wieder verlieren. Was tatsächlich bleibt, weiß niemand.

Alles geht, zumindest sieht es allenthalben so aus. Unsere Jugend, unsere Kräfte und all das, was wir im Laufe der Zeit erreicht haben: Alles geht und vergeht. Menschen gehen, weil sie sich von uns trennen, weil sie umziehen oder sterben. Träume gehen, weil wir den Mut nicht finden, sie zu verwirklichen. Das Leben geht, weil wir uns mit jedem Atemzug ganz natürlich unserem Tod nähern. Schließlich werden wir wirklich gehen, irgendwohin – ohne vorab zu wissen, was uns erwartet.

Warum haben wir, was wir haben? Woher bekamen wir, was wir besitzen? Wohin geht, was wir verlieren? Welcher Sinn steckt hinter all dem? – Keiner weiß es! Aber woher wollen wir wissen, dass Verluste negativ sind, dass sie uns schaden oder zerstören? Wer weiß, was es bringt für uns an Neuem und Wichtigem, wenn wir Altes hinter uns lassen? Könnte es nicht sein, dass ein Plan existiert, ein Plan, in dem geschrieben steht, was nacheinander zu folgen hat und weshalb?

Nichts desto trotz – unser Leben wird sich verändern und in eine gute Richtung wenden, wenn wir lernen, den Dingen zu vertrauen und daran glauben, dass nichts – was es auch sei – sinnlos ist und umsonst geschieht. Wir können annehmen, was das Leben uns gibt und akzeptieren, was es uns nimmt, sobald wir aus einer tiefen Hoffnung heraus unser Leben leben – aus einer Hoffnung heraus, die Verluste nicht kennt.

Verluste akzeptiere ich als Teil des Lebens –
wer weiß schon, was sie wirklich sind ...?

VOLLER SELBSTVERTRAUEN VERÄNDERUNGEN ANNEHMEN

Befinden Sie sich gerade in einer Zeit des Übergangs? Neues will sich in Ihnen ausarbeiten? Sie werden vorbereitet für neue Aufgaben? Werden reif für neue Beziehungen? Erhalten, was bereits auf Sie wartet? Finden zu sich selbst und lernen schließlich, Sie selbst zu sein?

In Zeiten des Neu-Werdens erleben wir Veränderungen mitunter als etwas Verunsicherndes, vielleicht Beängstigendes. Zunehmend wird uns die Fähigkeit abverlangt, Altes zu verabschieden und Neues zu begrüßen. Dabei kann es sein, dass wir ins Wanken geraten und versuchen, uns den Gesetzen der Zeit zu widersetzen.

Wenn es uns besonders schwer fällt, Gegenwärtiges loszulassen, sollten wir zurückblicken auf ähnliche Situationen und Erfahrungen. Wenn wir uns Zeit nehmen und nach bereits vergangenen Phasen der Veränderung suchen, wird uns bewusst, dass es in unserem Leben keinen Abschnitt gab, in dem keine Veränderung vorbereitet wurde. Wir erkennen, dass sich zu jeder Zeit unseres Lebens eine Veränderung vollzogen hat. Wir begreifen, dass Leben und Veränderung zwei gleichbedeutende Begriffe sind.

Veränderungen gehören zum Leben. Veränderungen formen unsere Persönlichkeit. Wir wachsen und reifen mit ihnen. Sie geschehen. Wir können begreifen, dass es darum geht, sie vertrauensvoll anzunehmen und das Beste aus ihnen zu machen. Dann können wiederum Veränderungen das Beste aus uns und unserem Leben machen. Alles wird gut.

Vertrauensvoll gebe ich mich
allen Veränderungen meines Lebens hin ...

DEM EIGENEM ZIEL VERTRAUEN

Wenn wir Projekte und Aufgaben in Angriff nehmen oder begonnene durchhalten, stellen andere Menschen oder wir selbst uns mitunter die Frage, mit welchem Ziel wir überhaupt handeln. Was willst du damit? Was willst Du eigentlich erreichen? Was erwartest du dir davon? Vielleicht haben wir eine klare Antwort, vielleicht aber auch nicht. Vielleicht kennen wir unser Ziel, vielleicht kennt es uns.

Wenn Menschen uns fragen nach dem Weg, den wir vorhaben zu gehen, nach dem Ziel, das wir vorhaben zu erreichen, und wir nur unverbürgt Stellung nehmen können, so ist das in Ordnung. Wenn wir selbst hinterfragen, was wir mit wem, wo und wann unternehmen oder bleiben lassen und uns die Antwort momentan noch mangelhaft erscheint, so ist auch dies in Ordnung. Keiner von uns muss heute wissen, was morgen sein wird.

Es tut gut, das Bedürfnis loszulassen, heute das Morgen exakt planen und kontrollieren zu wollen. Wir können und müssen es nicht. Kein Mensch kann dies. Manchmal sollten wir weniger Fragen stellen und vielmehr auf die Antworten vertrauen. Wir können sicher sein: Sie stellen sich ein. Darüber hinaus sollten wir uns in einer vertrauensvollen Haltung unserer Zukunft gegenüber üben. Wir können versuchen, unserem – vielleicht derzeit noch unbewusstem – Ziel Zuversicht und Optimismus entgegenzubringen. Bei allem, was wir tun oder nicht tun, können wir stets einem Gesetz des Lebens vertrauen, das besagt: Wir erreichen unser Ziel, so oder so.

Egal, ob wir heute wissen, wo wir morgen sein sollten, wir werden uns morgen am richtigen Ort befinden. Egal, ob wir heute wissen, wie wir morgen handeln sollten, wir werden morgen das Richtige tun. Egal, ob wir heute wissen, mit wem wir morgen unseren Tag verbringen sollten, wir werden die richtigen Menschen um uns haben. Wir können stets darauf vertrauen, dass geschieht, was geschehen soll.

Ich vertraue meinem Ziel ...

MITEINANDER SPRECHEN

»Das Menschlichste, was wir haben,
ist doch die Sprache.«

THEODOR FONTANE

Vermutlich geht es bei den meisten Problemen, die Menschen umtreiben, um Beziehungsprobleme. Als Menschen sind wir nun einmal soziale Lebewesen. Wir sind zutiefst darauf angewiesen, innerlich ebenso wie äußerlich, dass Menschen sich mit uns zusammentun. Beziehungsprobleme und -schwierigkeiten sind vorprogrammiert, weil Menschen mit unterschiedlichen Ansichten, Denk- oder Verhaltensweisen in Beziehung treten.

Ärgern Sie sich und sind wütend? Entwickeln Sie versteckte Hassgefühle und spielen den/die Beleidigte(n)? Entwickeln Sie irgendwelche geheimen Strategien oder bestrafen Sie Ihren Partner mit Liebesentzug? Vertrauen Sie auf Telepathie oder auf die Fähigkeit Ihres Partners, Gedanken lesen zu können? – Vielleicht aber suchen Sie die Schuld bei sich selbst, fressen alles in sich hinein, fühlen sich wieder einmal schuldig, weil Sie in der Überzeugung leben, alles falsch zu machen, oder schweigen ganz einfach und sind stumm?

Wenn Sie zur Mehrzahl der Menschen gehören, die über ein gesundes Sprachorgan verfügen und daher in der Lage sind, Ihren Gedanken und Gefühlen hörbaren Ausdruck zu verleihen, so sollten Sie dieses von Zeit zu Zeit ruhig einmal einsetzen. Sprechen Sie und gebrauchen Sie Ihre Stimme als Werkzeug der Kommunikation. Reden Sie mit Ihrem Gesprächspartner über jene Angelegenheiten, die Sie beide betreffen. Sagen Sie, was Sie sich denken, was Sie fühlen – ist es auch ungewohnt und übungsbedürftig. Haben Sie Mut, »Klartext« zu sprechen.

Wie menschlich ist es,
miteinander zu sprechen ...

AUGUST

Alles hat seine Zeit

Rebellion und Versöhnung

Wenn wir uns versöhnen, schließen wir Frieden nach einem Streit, vergeben uns gegenseitig oder auch uns selbst. Das deutsche Wort »Versöhn-ung« bezieht sich auf die Rivalität zwischen Vater und Sohn und meint den Vorgang, mit dem sich der Sohn wieder als Sohn und der Vater wieder als Vater zueinander bekennen. Die Bibel kennt dafür das Gleichnis vom »verlorenen Sohn«, der sich vom Vater lossagt, am selbstständigen Leben scheitert und dann wieder in den Schutz des Vaters zurückkehrt. Der Vater liebt den Heimkehrenden mehr als den älteren Sohn, der ihm nie den Gehorsam aufgekündigt hat. Erst die Rebellion des Jüngeren macht seine Heimkehr zu einem kostbaren Sieg.

So kann es ungewohnt fruchtbare Phasen in der Entwicklung eines Menschen geben, in denen Rebellion eine besondere Bedeutung der Selbstfindung zukommt: in der »Trotzphase« des Kindes, in der »aufständischen Pubertät« des Jugendlichen und auch während des »Wechsels« des älter werdenden Erwachsenen. Dabei richten sich Aggressionen natürlich nicht nur gegen Eltern, sondern auch gegen Vorgesetzte, Institutionen, Regeln, Gesetze ... oder gegen das Leben generell und haben den einen Sinn: Selbststand – auch wenn es manchmal so scheint, als werde da einem unausgesöhnten Kind-Eltern-Groll aus längst vergangener Zeit stellvertretend Luft gemacht.

Versöhnung bedeutet hier ein Verstehen der Beweggründe rebellischer Neigungen und Handlungen, die dann in neuer Freiheit – nach einer gewissen Zeit der Rebellion – hintan gestellt werden können.

In der Rebellion steckt Wut,
in der Versöhnung Mut –
beides zu seiner Zeit ...

MEINEN PLATZ FINDEN

Die Welt, in der wir leben, ist nicht mehr danach ausgerichtet, dass wir allein durch unser Hineingeboren-Werden auch automatisch schon unseren festen Platz im Leben einnehmen. Wir wachsen auf in einer Familie mit gewissen Werten und Idealen, mit einem bestimmten sozialen Hintergrund und vielleicht auch in der Reihe einer Geschwisterkonstellation ... Doch scheinen all diese Umstände in unserer modernen Welt zu wenig dauerhaft und prägend, als dass wir darin unsere Identität fürs ganze Leben finden könnten. Die Mitwelt hält sich auf der persönlichen Ebene zunehmend mit Platzzuweisungen zurück. Wir werden in gewisser Weise weniger denn je gefordert, von außen auferlegte Pflichten zu erfüllen oder gar eine gewisse Rolle zu übernehmen. Es ist uns mehr oder weniger freigestellt, in welche Richtung wir uns entwickeln. Das mag Freiheit bedeuten, reduziert aber auch die Räume von Sicherheit und Geborgenheit in einem familiär oder sozial verlässlichen Gefüge.

Manch einer hat es schwer, ganz und gar eigene Entscheidungen zu treffen oder auf eigenen Füßen zu stehen, hat Angst vor den vielen Möglichkeiten der Lebensweisen, die sich ihm anbieten, und Angst vor sich selbst. Nicht selten geht jemand eine Partnerschaft, eine Beziehung ein – glückliche wie auch unglückliche – und wird dadurch noch mehr von sich selbst abgelenkt. Man sucht seinen Platz an der Seite eines Menschen, was jedoch nicht von vornherein garantiert, dass dies auch der eigene Platz ist.

Es gilt, zu prüfen und kritisch abzuwägen, was wir anerkennen und was wir ablehnen. Es gilt, sich seine eigene Meinung zu bilden und diese nach außen hin zu vertreten. So haben wir in gewisser Weise die Wahl, aber auch die Pflicht, den eigenen Platz im Leben selbst zu suchen.

Meinen eigenen Platz im Leben finden ...

239

ERWARTETES EINLADEN

Einmal angenommen, Sie möchten einen lieben Menschen gerne wieder einmal sehen. Was unternehmen Sie? Vielleicht laden Sie ihn ein, zu sich nach Hause, ins Café oder zum Essen, indem Sie ihn anrufen oder eine Karte schreiben. Und wenn Ihre Einladung freundlich und nett formuliert ist, wird es vermutlich auch zu dem gewünschten Treffen kommen. Egal, was Sie erwarten, laden Sie ein!

Laden Sie Gesundheit ein. Laden Sie Geld ein. Laden Sie Freude ein. Laden Sie Glück ein. Laden Sie einen Partner ein, Kinder, Familie. Laden Sie Vertrauen ein oder Sicherheit, Mut, Stärke, Kraft, Energie. Laden Sie Antworten ein und Lösungen. Laden Sie Ihren Schutzengel ein. Laden Sie Gott ein. Laden Sie sich selbst ein. Laden Sie ein, was immer Sie sich wünschen, so konkret oder abstrakt Sie es auch bezeichnen wollen.

Formulieren Sie Einladungen, indem Sie eine echte Einladungskarte entwerfen oder einen Brief. Überlegen Sie, an wen oder was die Einladung gerichtet ist, wer oder was kommen soll. Lesen Sie diese Zeilen immer wieder und bewahren Sie sie an einen besonderen Platz auf, vor allem in ihrem Herzen. Oder sagen Sie sich einfach nachfolgende Affirmation, solange bis Sie das Gefühl haben, dass Ihre Einladung angenommen wird. Tun Sie dies mit der Kraft Ihrer positiven Gedanken und Gefühle und vertrauen Sie darauf, dass all das, was wirklich zu Ihnen gehört, Ihrer Einladung folgen wird – zum richtigen Zeitpunkt, am richtigen Ort. Alles Gute wird kommen – ganz bestimmt!

Erwartetes –
ich lade dich ein,
bei mir zu sein ...

GEDULD HABEN

Es kann mitunter mühevoll sein, wenn wir hoffen und warten, warten und warten ... Tage, Wochen, Monate, Jahre? Wenn unsere Wünsche sich nicht verwirklichen, unsere Träume sich nicht realisieren und wir unsere Ziele nicht erreichen, wenn nicht geschieht, was geschehen soll, und nicht geht, was gehen soll, dürfen wir da nicht ungeduldig und unruhig werden?

Wir dürfen und wir sollen Ungeduld spüren, wenn wir ungeduldig sind. Wir dürfen sie wahrnehmen, sie in Worte fassen und in Taten demonstrieren. Wir dürfen annehmen und zeigen, wie wir uns fühlen – im Zustand der Erwartung. Doch zu gegebener Zeit, wenn unsere Wut entladen und Zorn sich gelegt hat, dann sollten wir uns wieder dem Vertrauen in den Lauf der Dinge hingeben und mit Ruhe, Gelassenheit und Zuversicht künftige Geschehnisse erwarten.

Immer wieder haben wir die Möglichkeit, unsere Wünsche einer göttlichen Macht anzuvertrauen und im Glauben daran, dass geschieht, was geschehen soll, unser »übriges« Leben zu leben, anstatt nur zu warten, zu warten und warten ...

Ich lebe heute –
und erwarte das erwünschte Morgen
mit Geduld und Gelassenheit ...

LEICHTIGKEIT UND OFFENHEIT

Leichtigkeit

- ein unbeschwertes Kind,
- der erste Sommertag,
- eine zarte Blüte,
- ein Sonnenstrahl,
- ein leichter Wind,
- eine fröhliche Melodie,
- ein weißes Tuch,
- eine kleine Feder,
- ein Schmetterling

und
Offenheit

- rein und klar,
- der Welt zugewandt,
- jung,
- versehrt,
- gesund,
- interessiert,
- verzeihend und vergebend,
- Freundschaft schließend,
- das Leben genießend

sind meine Begleiter.

Leichtigkeit und Offenheit –
wunderbare Begleiter ...

DAS FEUER LÖSCHEN

Wärme kann so wohltuend und heilend sein. Schützende Wärme, wenn es kalt ist – an Wintertagen, wenn es uns friert. Wärme, die Geborgenheit spendet und Gemütlichkeit. Wärme, die Leben schützt.

Wenn die Wärme unseres Hauses allerdings zur Hitze wird und das Feuer stärker und stärker brennt, wendet sich das einst wohltuende und schützende Element des Lebens gegen uns. Wenn wir geben und geben – anderen Menschen immer und immer wieder, dann bleibt irgendwann nichts mehr übrig für uns selbst. Das Feuer verbrennt, was es einst vor dem Erfrieren retten sollte. Gute Energie wird verzehrend. Erhaltendes zerstört.

Ausgebrannt und abgebrannt ist das Haus – irgendwann, wenn wir nicht rechtzeitig umkehren. Zerstört von einer einst guten Kraft, kaputt gemacht und leer. Nichts mehr zu finden, nichts mehr zu reparieren und längst nichts mehr zu holen – wertlos für andere und für uns selbst.

Nicht lebendig verbrennen –
ich lösche das Feuer,
bevor es mich sengt ...

DANKE, LEBEN, FÜR ...

Danke, Leben,
dafür, dass ich Mensch sein darf – mit Herz und Hand und mit Verstand, mit Stärken und Schwächen, mit Sehnsucht und Hoffnung, mit Wünschen und Träumen ...

Danke, Leben,
dafür, dass ich Kind sein darf – in einer Welt mit vielen Gesichtern, mit Sonne und Mond und mit Sternen, mit Bewegung und Rhythmus, mit Kommen und mit Gehen ...

Danke, Leben,
dafür, dass ich ich sein darf – mit meinen Ängsten, Träumen und mit meinen Freuden, mit meinem Hoffen, Vertrauen und mit meinem Glauben, mit meinem »Ich« und meinem »Du« ...

Danke, Leben,
dafür, dass ich leben darf – mit deinen Höhen und Tiefen, mit deinem Auf und deinem Ab, mit deinen Sonnen- und Schattenseiten, mit deinem Geben und deinem Nehmen ...

Danke ...

Danke, Leben ...

MEIN HERZ ÖFFNEN

Trotz all der Rückschläge, trotz all der Unsicherheiten und Ängste, trotz all der negativen Erfahrungen macht es Sinn, das Herz immer wieder zu öffnen. Indem wir das Herz öffnen, lassen wir zu, dass uns erreicht, was um uns ist. Wir sehen, hören und fühlen. Wir erleben ... und gleichermaßen wird auch unser Leben davon berührt. Wir nehmen Teil an dem, was geschieht.

Wir werden so zwar verletzlich, das stimmt, und zugleich angreifbar und auf eine gewisse Weise auch beeinflussbar. Und dennoch, dennoch: mich öffnen, weil auch das Schöne und Gute mich nur dann erreichen kann, wenn ich im Herzen offen bin ...

Mein Herz öffnen ist ein Prozess, der mit dem Erwachsenwerden auch nicht leichter wird. Zu vieles kann geschehen, zu vieles an unberechenbaren und bedrohlichen Dingen. Zu vieles, was das noch ausstehende Leben aus der Bahn werfen kann. Doch mit den Jahren und der Reife des Älterwerdens, wenn der größte Teil des Lebens gelebt ist, mögen viele Menschen sich wieder mehr und mehr im Herzen weiten und im Herzen wiederfinden. Plötzlich wird aus einem »distanzierten« Vater ein »liebevoller« Großvater und aus einer einst zwanghaften Frau eine gelassene und in sich selbst ruhende Persönlichkeit.

Wenn ich mich öffne, im Herzen, kann ich darauf vertrauen, dass mein Leben an Herzlichkeit gewinnt – übrigens auch in jungen Jahren, denn zu früh ist es dafür nie!

Mein Herz ist weit und offen –
Licht und Liebe kommen herein ...

MIT MEINEN KRÄFTEN HAUSHALTEN

Haushalten Sie mit Ihren Kräften. Spüren Sie hinein in Ihren Körper, in Geist und Seele und nehmen Sie wahr, inwieweit die einzelnen Bereiche Ihrer Selbst zu geben bereit sind. Wo haben Sie viel an Kraft und Energie, wo haben sie wenig? Wo zeigt sich Ihnen ein Mangel an Ruhe und Gelassensein, an Entspannung und Erholung?

Wie empfinde ich meinen Körper? Als Haus, in dem mein Geist und meine Seele wohnen oder als fremd und äußeres Werkzeug? Nehme ich ihn an, so wie er ist mit all seinen Veränderungen, die er durchlebt im Laufe der Zeit? Übernehme ich Verantwortung für ihn und gebe ihm, was er braucht an Essen, Trinken, an Bewegung und Schlaf ...?

Was sagt mein Geist, was sind vornehmlich meine Gedanken? Bin ich erfüllt mit Gedanken an Freude und Zuversicht oder sehe ich eher schwarz und pessimistisch?

Und die Seele – kann sie noch baumeln und wandern, ausgelassen und frei zwischen Fantasie und Wirklichkeit, zwischen Alltag und Privatleben, oder ist sie nur noch geplagt von einem Zuviel oder Zuwenig? Fühle ich mich seelig, meiner Seele nah – wenigstens manchmal?

Und für wen, für wen tue ich das Ganze? Für wen bin ich bereit, all das zu dulden? Macht es Sinn?

Liebevoll haushalten mit meinen Kräften –
so erhalte ich mir langfristig ein kraftvolles Haus.
Ein Haus, in dem mein Geist und meine Seele
geborgen zu Hause sind ...

GOTT UM HILFE BITTEN

»Herr, in der Not sucht man nach dir.«
JESAJA 26,16

Manchmal fällt es uns schwer, daran zu glauben, dass alles in unserem Leben gut sein soll. Wir wünschen uns mehr Zeit für uns selbst und haben sie nicht. Wir sehnen uns an einen anderen Ort und bleiben dennoch, wo wir sind. Wir suchen einen Menschen und sind allein ...

Wenn unsere Wünsche sich bisher nicht erfüllten, wenn unsere Bedürfnisse unbefriedigt blieben, wenn unsere Träume sich einfach nicht verwirklichen wollen, können wir Gott darum bitten, dass er den weiteren Verlauf übernimmt. Wenn wir uns selbst zu schwach und müde fühlen, können wir uns an Gott wenden, dass er sich um unser Leben kümmert. Wir können loslassen und einer Kraft vertrauen, die größer ist als wir selbst.

Wir können hadern mit dem Leben, können Wut, Zorn, Ärger und Hass empfinden, können unsere Trauer oder unser Selbstmitleid hegen, können uns eine Phase des Verdrängens einräumen und vorübergehend versuchen, mit dem Leben zu verhandeln ...

Und - wir können trotz allem auf Gott vertrauen und daran glauben, dass alles, so wie es ist, gut ist und gut wird. Vielleicht sind wir jetzt im Moment weit davon entfernt, gewisse Dinge einfach anzunehmen, so wie sie sind. Vielleicht aber – Gott gebe es – erfahren wir irgendwann Sinn und Zweck von allem, was geschieht.

In der Not hilf mir, Gott ...

LICHTER DES LEBENS

Lichter,
die den Tag erhellen,
die Freude schenken,
die Liebe geben,
die Trauer nehmen,
die Freundschaft schließen,
die das Leben begrüßen,
die Brücken bauen,
die liebevoll auf sich selbst schauen

Lichter, wie
eine Hand, die uns jemand reicht,
ein Lachen, welches erweicht,
eine Tat, die hilft,
ein Mensch, der vergibt,
eine Geste, die befreit,
eine Freude, die uns erreicht,
ein Vertrauen, in alles, was geschieht,
ein Mensch, der sich selbst liebt

Ich bin offen und frei
für die Lichter des Lebens ...

ÜBER DEN EIGENEN SCHATTEN SPRINGEN

Vielleicht kamen wir auf die Welt und vieles, was unsere späteren Stärken und Schwächen betraf, war schon festgelegt. Vielleicht haben unsere Eltern, Lehrer und/oder andere Bezugspersonen uns allzu deutlich geprägt. Vermutlich aber sind viele unserer heutigen Verhaltensweisen das Ergebnis von beidem: Veranlagung und Erziehung.

Egal welchem Umstand wir es jeweils zu »verdanken« haben, dass wir sind, wie wir sind: In allem steckt Leben und Leben ist immerzu Veränderung und Wandlung. So können wir nur bedingt zurückgehen, ein Stück weit noch einmal von vorn beginnen und Schritt für Schritt das Bild von uns erneut zu malen beginnen, uns selbst ein Konzept der eigenen Person erstellen. Wo wir unsere Grenzen angenommen haben, können wir hinterfragen, ob es sich tatsächlich um unsere eigenen Grenzen handelt oder um Grenzen, die unsere Mitwelt im Laufe unseres Heranwachsens in uns hineinprojiziert hat ...

Vielleicht haben wir in vielerlei Hinsicht jene Charaktereigenschaften angenommen, die unsere Umwelt für uns vorgesehen hatte. Stellen wir bei dieser Selbsterfahrung fest, dass wir auf eigenes Desinteresse, ungenutzte Begabung oder auf Abneigung stoßen, haben wir die Möglichkeit, dies in Frieden anzunehmen oder aber daran zu arbeiten. Erkennen wir dagegen einen manipulierenden Einfluss vergangener Fremderziehung, können wir dem mit der Kraft unserer heutigen »Selbsterziehung« entgegentreten und das Schattenleben verlassen.

Ich bin keine Laterne; ich bin frei
und springe – wenn ich das möchte –
über meinen eigenen Schatten ...

DEN GLAUBEN BEHALTEN

Ich glaube,
  - an einen Plan, für mich bestimmt,
  - an einen Gott, der gibt, nicht nimmt ...

Ich glaube,
  - an das Leben, voll Vielfalt und Veränderung,
  - an alles, was geschieht, an spirituelle Bereicherung ...

Ich glaube,
  - an die Menschen und den guten Kern,
  - an mich, den das Leben so sehr hat gern ...

Ich glaube,
  - an den Glauben, der nicht weiß, nur vertraut,
  - an alles im Leben, was mein Auge schaut ...

Ich glaube,
  - weil ich spüre, das Leben hat Mut,
  - und weil ich ahne: Alles wird gut!

Ich glaube –
alles wird gut ...

ALLES BRAUCHT ZEIT

»Kein Morgen ohne Heute, keine Nacht ohne Tag,
keine Veränderung ohne Zeit – alles braucht Zeit!«

Alles braucht Zeit, alles, ob es entstehen oder verschwinden, kommen oder gehen soll – alles braucht Zeit, seine ganz bestimmte Zeit.

Meistens nutzt es uns nichts, wenn wir auch noch so darauf drängen und noch so darauf warten, dass etwas Erwünschtes geschieht oder etwas Unerwünschtes endlich vergeht. Nicht immer haben wir Einfluss auf das, was geschieht und wie es geschieht. Oft sind wir unsicher, worin gerade unsere Aufgabe besteht, worin unser Beitrag liegt, was wir zu tun oder zu lassen haben. Und nicht selten können wir für erhoffte Veränderungen am meisten tun, indem wir möglichst gar nichts tun.

Finden Sie für sich heraus, in welchen Bereichen Sie Ungeduld verspüren. Was sehnen Sie herbei, möglichst noch heute, und warum spüren oder haben Sie noch nicht, wonach Sie streben? Sollen Sie sich üben im Warten? Im Vertrauen? Im Verzicht? ... Gibt es Offenes, was zuvor noch geklärt werden muss?
Und – sind Sie dazu überhaupt bereit? Vielleicht aber braucht alles einfach noch Zeit?

Alles braucht Zeit –
ich habe und nehme mir sie ...

GEDANKEN KÖNNEN BEFLÜGELN

Gedanken – welche Macht in ihnen steckt! Ein Gedanke des Grauens lässt uns zittern. Ein Gedanke der Lust lässt uns schwitzen. Ein Gedanke der Angst lässt uns frieren. Ein Gedanke der Freude lässt uns Schmerz verlieren.

Gedanken bestimmen Gefühle und Stimmungen. Gedanken bestimmen Einstellungen und Verhalten. In dem, was wir denken, drückt sich aus, wie wir leben, und umgekehrt. Durch unsere Gedanken machen wir uns eng oder weit – auch in dem, was geschieht mit uns und um uns herum.

In Gedanken können wir zulassen, dass uns Flügel wachsen. In Gedanken können wir uns erheben, uns befreien. Wir können – für eine gewisse Zeit – in die Lüfte emporsteigen und unsere Sorgen auf dem Boden zurücklassen. Dort droben verändert sich der Blick der Dinge und vieles wird an Tragik und Dramatik verlieren.

Wir können an Schönes denken, Erfreuliches. Wir können uns zurückdenken oder voraus. Wir können erdenken, was immer wir wollen: Gesundheit, Schönheit, Glück, Geld ... und darauf vertrauen, dass jeder Gedanke eine Spur hinterlässt und gleichzeitig in eine neue wesentlichere Richtung weist ...

Ich lasse mich beflügeln
von meinen Gedanken,
ohne an ihnen zu hängen ...

VERÄNDERUNGEN ERWARTEN KÖNNEN

»Viele Wenig machen ein Viel.«
DEUTSCHES SPRICHWORT

Manchmal haben wir den Eindruck, dass alles, was wir uns wünschen, sich einstellt, ganz von selbst, in absehbarer Zeit. Dann wiederum fühlen wir uns überfordert und ausgelaugt. Es gibt Zeiten, in denen wir mit Vollgas voraus unser Ziel ansteuern und die Freude über den bevorstehenden Erfolg bereits vorwegnehmen. An anderen Tagen dagegen kennen wir weder den Ort, an dem wir uns befinden, noch den, den wir anstreben. Bemühungen, irgendwelche Entwicklungen allerdings künstlich zu beschleunigen kosten Kraft und mehr Zeit, als vorgesehen.

Wenn wir dem Leben vertrauen, wissen wir, dass uns für all die Lektionen, die wir innerhalb und außerhalb unserer eigenen Person zu meistern haben, ein angemessener Zeitraum zur Verfügung steht. Wir verfügen genau über den Zeitraum, den wir benötigen, um Altes abzuschließen und Neues zu beginnen.

Wir haben Zeit. Wir haben alle Zeit der Welt. Wir haben unsere Zeit. Sie ist genau für uns und unsere Situation bemessen. Sie reicht. Deshalb sollten wir den Zwang loslassen, alles auf einmal haben zu wollen. Wir sollten loslassen, unnatürlichen und ungesunden Entwicklungen und Zielen hinterherzulaufen. Wir können vielmehr aufatmen und uns ausruhen, bevor wir den nächsten Schritt tun. Von Zeit zu Zeit sollten wir uns umdrehen und dankbar und freundschaftlich den Weg der Vergangenheit hinter uns lassen. Ebenso können wir mit aufrechter Haltung und zuversichtlichem Blick vorausschauen auf den Weg, der in die Zukunft führt. Wir sollten vor allem aber ruhig und gelassen im Hier und Jetzt voranschreiten und behutsam mit uns selbst und unseren gegenwärtigen Veränderungen umgehen.

Ich habe die Geduld,
mein Glück zu erwarten ...

FREI SEIN VON KONKURRENZ

Sicher – wir brauchen den Vergleich, wir brauchen das »Du«, um das »Ich« zu erkennen. Erst im andern erkennen wir uns selbst. An dem, was uns unterscheidet, und an dem, was uns verbindet, an all dem können wir letztendlich erschließen, wer und was »Wir« sind.

Da gibt es Menschen, denen gegenüber wir uns als überlegen und souverän einschätzen. Menschen, die uns nicht das Wasser reichen, die von uns etwas lernen können. Wären da nicht auch all jene, in deren Gegenwart – und sei es nur, dass wir an sie denken – wir uns klein und minderwertig empfinden! Menschen, die mehr verdienen, besser aussehen, mehr leisten ... als wir – oder auch nicht – vielleicht nur in unserer Vorstellung, nicht wirklich.

Sich in Konkurrenz zu anderen sehen kostet Kraft. Es braucht Zeit und Energie, unsinnige Vergleiche anzustellen. Es benötigt den Versuch, Unvergleichbares zu vergleichen – was jedoch unmöglich ist und daher zu nichts Sinnvollem führen kann. Allein der Versuch, sich anderen gegenüberzustellen, wird oft genug bewirken, dass wir uns schlechter abschneiden lassen als all die Menschen um uns herum.

Konkurrenz bedeutet Kampf, Kampf vor allem gegen uns selbst. Es ist besser, alle Impulse loszulassen, die dieses Konkurrenzdenken begünstigen. Fangen wir vielmehr damit an, mit uns selbst und unserer Umwelt Frieden zu schließen.

Ich bin frei
von Konkurrenz ...

VERANTWORTUNG ÜBERNEHMEN
IM HIER UND JETZT

Wäre es nicht schön,
mit den Fehlern der Vergangenheit Freundschaft zu schließen?
Wäre es nicht schön,
im Hier und Jetzt frei und unabhängig unser Leben zu leben?
Wäre es nicht erstrebenswert,
von falschen Zwängen und Normen loszulassen?
Wäre es nicht schön,
alles Einschränkende und Kleinmütige aufzugeben?
Wäre es nicht schön,
alles Schlechte und krank Machende gehen zu lassen?
Wäre es nicht schön,
uns zu verabschieden von allem, was nicht zu uns gehört?

Wäre es dagegen nicht schön,
uns den guten Dingen des Lebens zu öffnen?
Wäre es nicht schön,
an der Unendlichkeit und Größe des Universums teilzuhaben?
Wäre es nicht schön, wirklich liebevolle Menschen um uns zu haben?
Wäre es nicht schön, auch im Beruf Anerkennung zu finden?
Wäre es nicht schön, hätten wir endlich zu uns selbst gefunden?
Wäre es nicht schön, von ganzem Herzen davon überzeugt zu sein,
dass wir das Beste vom Leben verdient haben?
Wäre es nicht schön, innerlich erfüllt zu sein von der Vorfreude auf das
Beste, das die Zukunft bringt?

Ja, das wäre nicht nur schön, das ist auch schön!

Ich bin bereit für das Beste –
schon heute ...

BEWERTUNGEN FALLEN LASSEN

Die Kinder dieser Welt wachsen so sehr den Reaktionen ihrer Umwelt ausgesetzt auf, dass sie sich Jahre später noch von daher definieren – Reaktionen, die stets verbunden sind mit einer klaren Wertung, z. B. einem bestätigendem »Ja« oder einem ablehnenden »Nein«: »Das hast du gut gemacht« – »Du bist böse« – »Sei wieder brav« – »So mag ich dich nicht«... Schnell wird eine Bewertung zur Abwertung.

Bewerten kostet Kraft und Energie – die eigene und die der anderen, wenn wir sie dadurch abwerten. Wir treffen innerlich eine Entscheidungen darüber, wie wir zu einer Sache stehen, und stellen diese momentane Haltung nach außen hin klar. Einmal getroffene Bewertungen wollen nicht selten aufrechterhalten werden, um einer erneuten Kräfte zehrenden Um- oder Neubewertung aus dem Wege zu gehen. Dies macht starr. Letztlich beginnt ein Mechanismus, der immer mehr daran hindert, auf natürliche Art und Weise mit dem Leben zu fließen.

Lassen wir Bewertungen los. Hören wir auf, alles und jeden in gut oder schlecht einzuteilen. Was macht uns so sicher, dass alles so ist, wie wir es gerade empfinden? Kann es nicht vielmehr so sein, dass nichts in diesem Leben nur gut oder nur böse ist, weil ohnehin alles in allem steckt?

Wir machen es uns und unseren Mitmenschen sehr viel leichter, wenn wir aufhören, das Leben und seine Ereignisse in eine Skala von unterschiedlichen Werten einzuteilen, wenn wir lernen, gelassener und offener dem gegenüberzutreten, was uns gerade betrifft, möglichst frei und unvoreingenommen all dem zu begegnen – so werden wir zugänglich für eine neue Heiterkeit und Zufriedenheit.

Ich bin Lehrling, nicht Lehrer des Lebens –
ich höre auf, seine Erscheinungen zu bewerten ...

TATEN STATT WORTE

»An Taten werdet ihr gemessen ...«
AUS DER BIBEL

»Am Anfang war das Wort ...« – so beginnt in der Bibel das Johannesevangelium. Das Wort gehört einfach dazu, wenn wir über uns nachdenken und etwas verändern wollen. Das Wort in gesprochener oder geschriebener Form, um Gedanken, Gefühle und Ideen zu verdeutlichen oder um Vorhaben und Absichten hör- oder lesbar zu machen, damit sie uns noch stärker auffordern, ihnen zu folgen.

Doch beim Wort soll es nicht bleiben, wenn eine gewisse Ernsthaftigkeit hinter dem steckt, was wir anstreben. Es sollen Taten folgen; erst dann können Worte lebendig werden. Erst dann kann sich vollenden, was in Worten begann.

Da gilt es fortsetzen, was durch Gedanken und Gefühle längst in uns keimt. Lassen Sie uns ernten in Form von überzeugenden Handlungen, was wir geistig und emotional bereits gesät haben. Es ist an der Zeit, Taten zu setzen und eine reiche Ernte einzufahren, damit aus ersehnter Fantasie tatsächlich Wirklichkeit wird.

Ich bin bereit für eine tiefere Wirklichkeit –
meine Taten legen den Grundstock ...

EINFACHHEIT ZULASSEN

Warum ist vieles so schwierig, so mühevoll, so kompliziert? Warum ist vieles so hart und problematisch? Warum? Vielleicht einfach deshalb, weil wir es dazu machen?

Warum sollten wir nicht einfach handeln, ohne zu grübeln, ohne uns große Sorgen darüber zu machen? Warum sollten wir nicht einfach leben, ohne zu fürchten und ohne zu erwarten? Warum nicht einfach sein, ohne zu werden und ohne zu vergehen, ganz einfach, einfach so?

Es muss nicht alles verzwickt und umständlich sein in dem, was wir tun oder sind, was wir denken oder fühlen. Das Leben kann einfach und übersichtlich, schlicht und schön sein – ohne Wenn und Aber.

Alles ist einfach –
alles wird gut ...

258

SICH VERBÜNDEN MIT ANDEREN MENSCHEN

Wie weit kämen wir allein? Wahrscheinlich nicht so weit! Im Verbund mit anderen können wir uns stark fühlen und tatsächlich stärker werden. Durch fruchtbare Beziehungen erhalten wir Mut und Kraft, unsere Aufgaben besser oder leichter zu bewältigen. Wir erfahren Rückhalt und Unterstützung.

Sich verbünden heißt einen Bund schließen mit Menschen gleicher Interessen, Absichten, Probleme ... – was auch immer. Sich verbünden heißt auch, sich verbunden zu fühlen mit der Energie derer, auf die wir uns einlassen durch ein Band der Gemeinsamkeit. Eigene Wunden werden verbunden und heilsame Gemeinschaft entsteht.

Vielleicht haben wir die Anwesenheit von anderen Menschen mitunter als unangenehm oder sogar bedrohlich empfunden, weil wir eine Erfahrung der negativen Kraft anderer gemacht haben. Kann sein, dass wir im Laufe unseres Lebens gelernt haben, uns zurückzuziehen und unsere Angelegenheiten stets mit uns selbst auszumachen. Möglicherweise finden wir aber dennoch den Mut, uns einzulassen auf ein Bündnis mit einer heilsamen Gemeinschaft.

Ich bin verbunden
mit der Kraft
einer Gemeinschaft ...

SCHMERZVOLLE ERINNERUNGEN ZULASSEN UND LOSLASSEN

Schmerzvolle Erinnerungen – sie sind nicht da, um von uns vergessen oder verdrängt zu werden. Genauso wenig sollten wir zulassen, dass sie von uns Besitz ergreifen und uns blockieren im Hier und Jetzt.

Schmerzvolle Erinnerungen wollen uns erinnern an Ereignisse der Vergangenheit, an gefühlsstarke Geschehnisse, die noch heute in uns wirken. Von Zeit zu Zeit möchten sie wieder beachtet und erfühlt werden. Und dies geschieht so lange, bis wir wirklich Frieden mit ihnen geschlossen haben – wenn auch manchmal ein Leben dafür nicht auszureichen scheint.

Wir können uns unserer Vergangenheit stellen – mit all den Ängsten, der Trauer, der Wut, den Zweifeln … Wir können uns bewusst machen, was noch offen und unerledigt oder vorbei und unabänderlich ist. Manches mag noch heute an uns appellieren. Anderes scheint längst abgelaufen und fern jeglicher Macht.

Es tut weh, sich schmerzvollen Erinnerungen zu stellen. Und es braucht Mut und Kraft, es dennoch zu tun. Doch es ist die einzige Chance, mit ihnen Frieden zu schließen. Denn nur wenn wir uns erinnern – mit all dem, was wir gehört, gesehen, gedacht und vor allem gefühlt haben –, nur dann können wir allmählich all den Schmerz loslassen und der Schmerz schließlich uns. Nur wenn wir uns dem stellen, was uns in der Vergangenheit kränkte, können wir gesunden auf Zukunft hin.

Ich lasse schmerzvolle Erinnerungen zu –
und sie lassen mich los …

DEN MUT HABEN, DINGE OFFEN ZU LASSEN

Wir arbeiten an uns und sind mehr oder weniger bereit, Offenes zu klären und Fragen zu beantworten. Wir streben nach Heilung und Realisierung unserer Pläne und Ziele. Mitunter müssen wir jedoch erkennen, dass nichts zu vollenden möglich ist und keine Antwort zur Verfügung steht, bevor die Zeit nicht reif dafür ist.

Wann ist die Zeit reif? Wann? Wie und wofür? Und woran werden wir es merken? Werden unsere Vorhaben jemals gelingen oder bleibt offen, was offen ist, ein Leben lang? Fragen über Fragen und viele Unsicherheiten – sie werden sich beantworten, ganz von selbst, im Laufe der Zeit!

Vertrauen wir, wenn wir schon nicht verstehen können, dass hinter allem ein göttlicher Wille wohnt. Glauben wir, wenn wir nicht wissen können, dass in allem ein tiefer Sinn lebt. Hoffen wir wenigstens, wenn wir nicht fordern können, dass alles gut wird. Lassen wir los, was wir nicht aufhalten können, und nehmen wir an, was wir nicht fernhalten können. Lassen wir offen, was (noch) nicht zu erledigen ist.

Ich habe den Mut, Dinge offen zu lassen.
Ich vertraue darauf, dass alles wird,
wie es werden soll:
zum richtigen Zeitpunkt,
am richtigen Ort –

Alles wird gut ...

AKZEPTIEREN, WAS DAS LEBEN UNS NIMMT

Ein Geheimnis liegt im Akzeptieren, nicht im Verstehen, nicht im Durchschauen, nicht im Nachvollziehen, sondern im Akzeptieren.

Wir können nicht immer verstehen, durchschauen, nachvollziehen, warum das Leben uns nimmt, was wir einst erhalten haben, warum geht, was kam, warum sich verabschiedet, was wir willkommen hießen.

Wir vertrauen darauf, dass alles einem göttlichen Plan folgt und dieser uns eines Tages zuteil wird. Heute jedoch besteht unsere Aufgabe darin zu akzeptieren.

Lass mich akzeptieren,
was das Leben mir nimmt ...

ABSTAND GEWINNEN

Wir sollten uns mit all dem auseinander setzen, was uns ängstigt, verärgert ... was wir vermeiden und wem wir aus dem Weg zu gehen suchen. In vielen Fällen mag es notwendig erscheinen anzunehmen, was wir vorhaben, um es dann auch zugleich loszulassen und nicht anzuhaften, Nähe aufzubauen, bevor wir uns distanzieren. Das große Ziel besteht jedoch darin, Abstand zu gewinnen.

Unsere Aufgabe kann nicht darin liegen, uns immer und immer wieder, fast zwang- oder automatenhaft mit Konflikten und Problemen zu konfrontieren. Noch weniger ist dies angebracht, wenn es sich dabei um vergangene Zeiten handelt. Wir sind nicht dazu verurteilt, ein Leben lang an alten Geschichten haften zu bleiben. Vielmehr haben wir die Möglichkeit und die Aufgabe, uns Künftigem zu widmen, einer heilsameren Zeit entgegenzugehen.

Gewinnen Sie Abstand. Lassen Sie los. Lernen Sie, sich »abzuschütteln«. Legen Sie sich ein »dickeres Fell« zu. Ziehen Sie ein für alle Mal einen Schlussstrich ... – tun Sie, was Sie wollen, aber gewinnen Sie Abstand. Gewinnen Sie Abstand und finden Sie zu sich selbst – das ist kein Widerspruch!

Ich gewinne Abstand
und finde zu mir selbst ...

SICH ABGRENZEN VOM LEID ANDERER MENSCHEN

Wenn Menschen, die uns nahe stehen, ein Leid widerfährt, sind auch wir davon betroffen. Wir erleben mit und nehmen wahr, was der andere fühlt, was er denkt, wie er umgeht mit der neuen Situation oder sich ihr verweigert. Nicht selten verwandelt sich dann auch das Verhalten uns gegenüber und neue Inhalte formen die Beziehung zueinander.

Plötzlich wird aus dem Freund, dem Arbeitskollegen oder dem Verwandten jemand, der unsere Hilfe braucht. Und wir werden zu einem Menschen, der helfen soll. Wir sind aufgefordert, Hilfe anzubieten. Eine Hilfe, die heute im Trost und Zuspruch und morgen vielleicht schon in Motivation und Anfeuerung besteht – manchmal klar erbeten, dann nur von den Lippen abzulesen oder aber auch tunlichst zu unterlassen. Eine Hilfe, die wir so nicht geben können. Außerdem sind wir als nicht direkt Beteiligte Stellvertreter all der Gesunden, Erfolgreichen, Verschonten. Und häufig erleben wir dies in Form von Aggression, die uns vom Betroffenen entgegenkommt.

Wir können helfen und den andern unterstützen, seine Situation erfolgreich zu meistern. Wir können da sein und ein Stück gemeinsam mit ihm die Lektionen »durcharbeiten«. Wir können jedoch nur insoweit helfen, als wir uns selbst in unserem eigenem Leben dafür in der Lage sehen. Vieles wird dem Betroffenem selbst überlassen bleiben. Spätestens wenn Helfen uns selbst hilfsbedürftig macht, sollten wir uns aus Liebe zu uns selbst abgrenzen vom Leid des anderen. Wir überlassen ihn ein wenig mehr – fällt es uns auch noch so schwer – seinem eigenen Weg und vertrauen vielmehr liebevoll darauf, dass auch in seinem Leben geschieht, was geschehen soll.

Ich vertraue darauf,
dass auch im Leben meiner Mitmenschen
genau jenes geschehen wird, was geschehen soll –
mit und ohne mein Zutun ...

Das Leben ist mein

Das Leben,
- ist nicht für die Trauer;
- das Leben ist mein.

Das Leben,
- ist nicht für die Wut;
- das Leben ist mein.

Das Leben,
- ist nicht für die Arbeit;
- das Leben ist mein.

Das Leben,
- ist nicht für die anderen;
- das Leben ist mein.

Das Leben,
- ist nicht für Gott;
- das Leben ist mein.

Wie froh ich bin,
dass ich mein Leben habe ...

MEIN EIGENER THERAPEUT SEIN

Viele haben schon einiges hinter sich gebracht, was die Arbeit an der eigenen Person und Lebenssituation betrifft. Viele waren bei Ärzten, Therapeuten, Heilern ... jeglicher Art, haben Therapien ausprobiert, schulmedizinische, alternative ... Einige mögen fast davor gestanden haben, sich selbst aufzugeben, um irgendeinem Heilsversprecher zu folgen.

Dabei ist es zunächst völlig richtig, wenn wir uns Hilfe suchen und dies bei anderen Menschen und deren Erfahrungen und Verfahren. Da können wir erproben, experimentieren, können eigene Erfahrungen machen, positive wie auch negative. Schließlich haben wir die Möglichkeit herauszufinden, worin unsere Art der aktuellen Lebensbewältigung besteht. Es kommt jedoch immer wieder die Zeit, in der wir selbst befähigt sein sollten, all das Angebotene eigenständig und ohne ständige Unterstützung für uns anzuwenden und in den ganz persönlichen Alltag zu integrieren.

So werden und müssen wir irgendwann zum eigenen Therapeuten heranreifen. Dann wissen wir, was uns schadet oder uns gut tut. Dann erkennen wir, wenn wir »Fehler« machen oder nach alten, krank machenden Mustern verfahren. Dann treten wir für uns selbst ein und handeln im Sinne einer gesünderen Lebensweise. Dann übernehmen wir Verantwortung für unser Fühlen, Denken und Tun und sorgen selbst dafür, dass wir Not-wendiges erhalten.

Meine Sensibilität für das, was ich brauche,
wächst von Tag zu Tag.
Es wächst auch die Kraft,
mir selbst Not-wendiges zu geben ...

VORBILD STATT BELEHRUNG

Wenn wir das Gefühl haben, dass wir durch die Beschäftigung mit uns selbst vieles dazu gelernt haben, was uns weiter bringt oder unser Leben bereichert, neigen wir häufig dazu, dies auch anderen Menschen zu berichten. Allzu gerne würden wir auch ihnen jene positiven Erfahrungen oder Erkenntnisse zukommen lassen, die wir machten. Allzu groß ist jedoch hierbei die Gefahr des Missionierens.

Wollen wir überzeugen bezüglich dessen, was wir glauben, und dessen, was wir sind, kann ein Weniger oft mehr sein. Wir müssen nicht ständig bekunden, was mit uns geschehen ist oder in unserem Leben; unsere Umgebung wird es früh genug merken, wenn sich wirklich etwas verändert hat. Sie wird das Bild wahrnehmen, das wir ihnen geben, und selbst entscheiden, inwieweit es ihr Vorbild sein kann.

Ich kann Vorbild sein –
allein durch das, was ich bin ...

HEMMSCHUHE AUSZIEHEN

Ein Hemmschuh,

schwer,
eng,
hinderlich,
störend,
klein,
beschränkt,
begrenzt,
anstrengend,
marternd,
hemmend,
lästig,
unbequem,
unbrauchbar,
verfehlt,
müßig,
überflüssig,
überdrüssig,

wie alte Verhaltensmuster –
vielleicht früher sinnvoll,
heute nicht mehr.

Warum tue ich mir das an,
warum immer noch?

Wer bin ich,
dass ich mit Hemmschuhen herumlaufe ...?

SEPTEMBER

Leben mit Zuversicht
und Gelassenheit

EIGENE WEGE GEHEN UND DENNOCH KIND BLEIBEN

»Ich stehe mitten im Leben, habe Freunde, Arbeit, Hobbys. Ich verbringe viel Zeit mit unterschiedlichen Dingen und Menschen. Ich lebe glückliche Beziehungen und bin erwachsen, mein eigener Herr – und dennoch, ja dennoch bin und bleibe ich Kind, Kind meiner Eltern.«

Wie sollen wir uns trennen und verabschieden von unseren Eltern? Wie sollten wir Abstand finden oder Gleichgültigkeit dem gegenüber empfinden, wie es unseren Eltern geht? Wie werden wir frei und völlig unabhängig?

Gar nicht – wir sind Kinder unserer Eltern und bleiben es, ein Leben lang, ob wir wollen oder nicht. Dennoch – in der Psychologie gibt es den Begriff »Elternmord«. Das bedeutet, ins Reine zu kommen mit all dem, was vorgefallen ist in unserer langen Beziehung mit ihnen. Ins Reine kommen auch mit dem, was sie für uns waren all die Jahre und was sie heute immer noch sind. »Elternmord« will Freundschaft schließen mit all den Wunden der Vergangenheit, mit all den Vorwürfen und Schuldzuweisungen. Wenn überhaupt, dann sollen noch bestehende Konflikte ermordet werden. Eine neue Klarheit und Offenheit, eine neue Gleichberechtigung und Emanzipation sollen einkehren, wo bislang Unmündigkeit und immer noch Abhängigkeit waren.

Es geht darum, die Eltern zu lieben und anzunehmen, was sie für uns waren, Gutes wie auch Schlechtes. Es geht darum, Vorwürfe loszulassen und vielleicht noch immer wirksame kindliche Erwartungen, die heute keinen Schritt weiter bringen. In Liebe und Achtung können wir uns zugleich aufmachen, immer mehr unsere eigenen Wege zu gehen.

Ich bin und bleibe Kind meiner Eltern
und gehe meinen eigenen Weg ...

FÜR MICH BIN ICH

Für mich
– stehe ich auf am Morgen.

Für mich
– lasse ich meine Sorgen los.

Für mich
– lebe ich jeden neuen Tag.

Für mich
– gönne ich mir, was ich mag.

Für mich
– geh ich meinen eigenen Weg.

Für mich
– weiß ich, wonach ich streb'.

Für mich
– möchte ich mein Leben leben.

Für mich
– soll es nur das Beste geben.

Für mich –
bin ich ...

FREUDENSPENDER HEGEN UND PFLEGEN

So viele Tag vergehen, die voll mit Pflichten und Aufträgen sind. Tage, an denen keine Zeit oder keine Energie übrig bleibt, um noch zu uns selbst zu finden oder Dinge zu tun, die uns wirklich Freude machen.

Vielleicht empfinden wir gerade in jenen so hektischen und stressigen Zeiten deutlicher als in anderen, was uns fehlt und was wir immer schon erleben wollten. Vielleicht erspüren wir eine Sehnsucht nach vergangenen Stunden oder ein Heimweh nach alten Quellen des Glücks.

Warum sollten wir uns nicht wieder an dem erfreuen, was uns in der Vergangenheit Freude bereitete? Warum sollten wir nicht wieder aufgreifen, was womöglich lange Zeit – wenn auch womöglich *vor* langer Zeit – wichtig und richtig für uns war?

Das wär's: wieder sensibler werden für all das, was im Leben Freude macht. Mich dem Schönen und Angenehmen öffnen und ein bisschen dankbar sein für all die guten Stunden und Augenblicke so kostbaren Daseins.

Hegen und pflegen,
was mir Freude schenkt ...

ICH WERDE ERKENNEN

Ich
in diesen Tagen,
dessen Anfang ich nicht kenne.

Ich
auf meinem Weg,
dessen Ende ich nicht weiß.

Ich
als Teil der Welt,
dessen Ganzes ich nicht ahne.

Und doch ist mir gewiss,
die Wahrheit zu ergründen.

Ich werde die Lösung finden,
die mir den Anfang nennt.

Das Ende wird mich nicht bedrohn,
auf diesem langen Weg.

Und groß wird die Erkenntnis sein
vom Ganzen und von mir als dessen Teil.

*Ich werde erkennen,
was ich erkennen soll ...*

MICH DURCHSCHAUEN IN MEINEN VORURTEILEN

Vorurteile nennt man Meinungen und Anschauungen, die ohne eigene Erfahrung und entsprechendes Urteil von anderen übernommen wurden. Vorurteile machen das Leben leichter, da es unmöglich wäre, alle Erfahrungen, die Menschen je vor uns gemacht haben, erneut zu prüfen oder gar am eigenem Leibe zu erfahren. Häufig enthält ein Vorurteil berechtigte Einstellungen, die erst dadurch problematisch werden, dass man sie verallgemeinert. Vorurteile, die ohne Rücksicht auf die Vielfalt des Lebens bestehen, wiederholen nicht selten Auffassungen, denen wir bereits in der Kindheit bei unseren Bezugspersonen begegnet sind. Wenn das weitere Leben den Zuwachs an selbst gemachten, reflektierten Erfahrungen oder eigenem Urteil begrenzt, können sie noch viele Jahre später in mir wirksam bleiben.

Am stärksten ausgeprägt sind gewöhnlich die Vorurteile gegen andere Menschen, wenn diese – in welcher Weise auch immer – als Minderheit erlebt werden. Durch ihr Anderssein fühlt sich die eigene Identität attackiert. Wir werden konfrontiert mit einer anderen Art der Lebensgestaltung oder -anschauung.

Nicht selten wenden wir uns in unseren Vorurteilen gegen genau jene Verhaltensweisen, die wir auch selber – wenn auch unbewusst – anstreben, jedoch bewusst, nach außen, ablehnen. Andere empfinden als richtig und in Ordnung, was wir selber als abwegig einzuschätzen gelernt haben, und begehen die »Sünden«, die wir selbst manchmal begehen möchten. Was läge da näher oder erschiene eleganter, als im Zuge der Abwehr – mit einem Vorurteil – die anderen dann stellvertretend für die eigene Person zu Sündenböcken zu machen?

In meinen Vorurteilen
offenbart sich ein Teil
von mir selbst ...

In der Einfachheit der Dinge

Welch eine außergewöhnliche Welt, in der wir leben, was für eine Zeit! So vieles scheint machbar zu sein, so wenig noch offen und rätselhaft. Menschen fliegen zum Mond. Tiere werden geklont. Und niemand kann absehen, was die Zukunft noch alles bringt.

Wir haben Möglichkeiten, von denen unsere Eltern nicht einmal träumen konnten. Wir können viel freier darüber bestimmen, was wir tun oder lassen. Wir können wählen, wo, mit wem, wann und auf welche Weise wir unser Leben verbringen wollen. Viele verfügen über genügend Geld, um sich ihre Wünsche zu erfüllen ...

Woran mag es liegen, dass nicht wenige dennoch auf all die Sensationen und Attraktionen verzichten? Vielleicht daran, dass sie sich in der Einfachheit ihres Lebens sehr viel geborgener und beschützter empfinden? Vielleicht daran, dass sie sich verunsichert fühlen durch die scheinbar unbegrenzten Möglichkeiten unserer Zeit? Andere haben für sich erkannt, dass nur in einfachen Dingen – von Menschenhand unangetasteten – wirklich Göttliches steckt.

Im Einfachen
verbirgt sich oft
die größte Fülle ...

ALL-EIN SEIN ODER EINS MIT DEM ALL SEIN

Bei der Vorstellung, allein zu sein,
sehe ich das Bild von mir:
einsam und verlassen, zurückgeblieben,
den Anschluss verpasst, hilflos wartend,
hektisch und ruhelos,
ohne zu wissen worauf,
irgendwo und irgendwann
in dieser dunklen, kalten Welt zu stehen,
ohne Orientierung, ohne Sinn, ohne alles, allein ...

Bei der Vorstellung, eins mit dem All zu sein,
spüre ich die Kraft einer unendlichen Macht,
die Energie der Erde, des gesamten Kosmos,
Einklang und Geborgenheit,
eine wunderbare Freiheit,
Schönheit und Ewigkeit,
das Bestehen in der Endlosigkeit,
dem Leben vertrauend und viel, viel Zeit ...

Eins sein
mit dem All
und allem ...

DENKEN, FÜHLEN UND TUN
AUF REISEN SCHICKEN

Wenn wir uns vorstellen, unser Leben sei ein großer Bahnhof mit vielen Gleisen und Zügen – da gibt es Züge, die sind schon so alt wie wir selbst, andere ganz modern und kaum gebraucht. Da sind Züge mit vielen Waggons und andere mit wenigen. Manche mögen schon außer Betrieb sein, andere beginnen gerade ihre erste Reise ...

Wohin fahren die Züge? Nach Nord oder Süd, nach Ost oder West? Alle in die gleiche Richtung oder jeder in eine andere? Wohin fahren sie, mit welcher Fracht und welchem Ziel?

Bedenken Sie, dass alles, was Sie anpacken, durch Ihre Gedanken, Gefühle und Handlungen auf ein bestimmtes Gleis gestellt wird? Durch die Intensität der Aufmerksamkeit, die Sie diesen Dingen schenken, schlagen sie mehr oder weniger schnell den Kurs in die von Ihnen festgelegte Richtung ein. Manches mag das Ziel erreichen, anderes verliert sich irgendwo, irgendwann. Vieles mag zurückkehren, und zwar genau so, wie Sie es einst auf Reisen geschickt haben.

Durch mein Denken, Fühlen und Handeln
bestimme ich die Reiseroute meines Lebens ...

SPIELRAUM SPÜREN

In Situationen, in denen Angst oder Unsicherheit zu unserem ständigen Begleiter geworden sind, haben wir gelernt, in für uns durchschaubaren und kontrollierbaren Verhaltensmustern zu re-agieren. Wir haben uns förmlich Schablonen zurechtgelegt, in denen wir denken, fühlen und handeln. Durch diese Grenzen erleben wir uns etwas weniger hilflos und verloren, wenn auch unsere Spontaneität dabei auf der Strecke bleibt.

Nichts spricht dagegen, wenn wir uns vorbereiten auf angstbesetzte Situationen, um so unangenehme Gefühle vermindern zu können. Doch sollte man sich nicht gänzlich programmieren und dann nur noch auf bestimmte Reize mit bestimmten Reaktionen re-agieren. Da bestünde die Gefahr, dass die menschliche Persönlichkeiten und Individualität auf der Strecke bleibt.

Wir verfügen über einen Spielraum und können uns darin frei bewegen. Wir können uns auf jede Situation einstellen, sekundenschnell oder eine kleine Ewigkeit lang. Wir können nachdenken und prüfen, fühlen und erleben, was uns gerade erreicht. Und wir können jonglieren, den Ball weitergeben, eine Auszeit einlegen, die Spielregeln ändern oder das Spiel gar ganz abbrechen.

Meinen Spielraum
wahrnehmen
und leben ...

278

INMITTEN EINES REICHEN UNIVERSUMS

Lebend in einer unendlich großen und weiten Welt
mit unzähligen Planeten und Sternen,
Tag und Nacht,
zahllosen Menschen und Tieren,
Wasser, Land und Luft,
mit einer Fülle von wunderbaren Pflanzen
und wohlschmeckenden Früchten,
Himmel und Erde ...

bin ich hineingeboren in diese reiche Welt
als deren Kind.

Ich bin Kind
eines reichen Universums ...

ZUKUNFT ALS RAUM DER FREIHEIT

*»Die Zukunft ist als Raum der Möglichkeiten
der Raum unserer Freiheit.«*
KARL JASPERS

Unsere Vergangenheit mit all ihren Höhen und Tiefen haben wir bereits gelebt. Manche Phasen mögen wir eher durch- oder gar überlebt haben. Es gab Stunden, Tage, Wochen, Jahre, an die wir noch immer erinnert werden und die noch immer in uns wirken. Dennoch – es sind Tage von gestern.

Gegenwart geschieht gerade jetzt, in diesem Moment, und wenn wir nicht genau Acht geben, ist sie vorbei, bevor wir sie je bewusst spüren konnten.

Vor uns liegt die Zukunft mit all ihren Chancen und Herausforderungen, mit all ihren neuen Aufgaben und wunderbaren Augenblicken – der Teil unseres Lebens, der noch offen ist. Zeit und Raum der vielen Möglichkeiten – auch der Raum unserer Freiheit.

*In meiner Zukunft
steckt unendliche Freiheit ...*

ICH BIN WILLKOMMEN

Diese Welt hat mich hervorgebracht,
hat ihre Türen aufgemacht,
und mir das Leben geschenkt.

Ich bin ein Kind von ihr,
heute, jetzt und hier,
und werde liebevoll gelenkt.

So hab' ich freie Wahl,
so vieles, was ich kann,
und wenig nur, was mich beengt.

Beschäftige mich mit ihr,
mit mir und auch mit dir
und allem, was man Leben nennt.

Und stets willkommen hier
bin ich ein Kind von ihr,
geliebtes Kind von dieser weiten Welt.

Ich bin
willkommen ...

WENN DIE ZEIT REIF IST

Ich vertraue darauf: Wenn die Zeit reif ist, wird geschehen, was geschehen soll. Es wird kommen, was kommen soll, und gehen, was gehen soll. Was bleiben soll, wird bleiben. Alles wird, wie es werden soll, wenn die Zeit reif dafür ist.

Es ist unnötig, den Zeiger auf der Uhr zu verfolgen und die Sekunden zu zählen. Es ist überflüssig und völlig zwecklos, eine gewünschte Veränderung erzwingen zu wollen. Nichts kann entstehen oder bleiben, wenn es nicht zu uns gehört. Nichts können wir verhindern oder vertreiben, wenn es als Teil unseres Lebens geplant ist.

In der Haltung des Vertrauens können wir geduldig alle Veränderungen erwarten. Wir können unser Leben leben und uns all unseren jetzigen Aufgaben widmen. So laufen wir weder vor etwas davon, noch laufen wir irgendetwas nach. So können wir heute sein und morgen werden, wenn die Zeit reif dafür ist.

Wenn
die Zeit
reif ist ...

RICHTIG ODER FALSCH?

»Was ist richtig, was ist falsch,
in einer Welt, in der fast alles möglich scheint?«

Möglichkeiten, unser Leben individuell und selbst gesteuert zu gestalten, stehen bereit. Wir entscheiden selbst, an welchem Ort dieser Welt, mit wem, in welcher Beziehung, mit welcher Absicht ... wir leben. Wir können sagen, was wir denken, und denken, was wir wollen, und tun, wonach uns gerade ist, solange wir nicht gegen die Freiheit anderer verstoßen. Was ist geschehen mit den Werten? Wo sind die Grenzen? Wer sagt, was richtig oder falsch ist?

Religionen und Sekten, Propheten, Heiler und Gurus bieten heute ihre Dienste und ihr Wissen an, mehr als zu vergangenen Zeiten, wie es scheint. Doch auch hier scheiden sich die Geister. Oder – wer sich an einen Therapeuten wendet, weiß nicht, an wen er gerät. Von »Wertewandel« und »Wertepluralismus« ist die Rede. Gemeint ist das unüberschaubar gewordene Angebot unterschiedlichster Überzeugungen, Meinungen, Philosophien, Weltanschauungen ... verbunden mit mehr oder weniger detailliert ausformulierten Lebensrezepten. Ist dies nicht auch Ausdruck einer allgemeinen Unsicherheit und Orientierungslosigkeit, ein Versuch, die Angst vor dem Leben und den eigenen Entscheidungen zu verringern?

Die Zeiten sind hierzulande gottlob vorbei, in denen wir diktatorisch gesagt bekommen, was zu tun oder zu lassen ist. Vorbei auch die Unmündigkeit, die Menschen zu Untertanen und Befehlsempfängern macht. Vorbei die Gesellschaft, die in sich geschlossen nach den gleichen Geboten lebt – zumindest hierzulande. Wir sind selbst gefragt, uns auf die Suche nach dem eigenem »Richtig« oder »Falsch« zu begeben.

Was richtig ist oder falsch,
entscheide ich für mich,
für niemand sonst ...

ERWARTUNGEN ÄUSSERN

Dadurch dass wir etwas erwarten, legen wir zwar den Grundstein für die Verwirklichung eines bestimmten Zieles; dies allein reicht jedoch meist nicht aus.

Wenn wir Erwartungen anderen Menschen gegenüber wirklich Gelegenheit geben wollen, dass sie sich realisieren können, sollten wir sie offen und direkt aussprechen. Dadurch dass wir sie in klare Worte fassen und an unsere Partner, Freunde, Familie, Arbeitgeber oder unseren Gott richten, bringen wir zum Ausdruck, wie bedeutsam uns ein Vorhaben, ein Ziel, ein Wunsch sind.

Ich sage, was ich mir vom anderen wünsche, und gebe ihm zugleich Gelegenheit, mir mitzuteilen, was er zu geben bereit ist. So können zuvor unausgesprochene Ziele bereits in ersten Schritten und Taten lebendig werden. So können Gedanken Gestalt bekommen oder aber im Dialog wird deutlich, dass Erwartungen neu zu strukturieren sind.

Ich nehme einmal gedanklich vorweg, wie sich mein Leben verändern würde, wenn geschieht, was ich erwarte ... Wenn ich mir dann meiner Erwartungen immer noch sicher bin und mir an der Realisierung liegt, äußere ich sie, wenn sie mit anderen Menschen zu tun haben, und sorge dafür, dass jede Erwartung ihren Empfänger erhält. Dann muss ich allerdings darauf gefasst sein, dass lang gehegte Wünsche plötzlich wahr werden können ...

Offen und klar
meine Erwartungen äußern ...

BELASTUNGEN BEGRENZEN

Wir müssen nicht schuften, bis wir tot umfallen. Wir erhalten keinen Orden dafür, dass wir uns kaputt arbeiten. Nichts und niemand kann es uns gebührend danken, wenn wir uns von Tag zu Tag immer mehr auf den geistig-seelisch-körperlichen Zusammenbruch hinbewegen, wenn wir Freundschaften vernachlässigen oder kaum mehr unseren Hobbys nachgehen. Kein Mensch würde es würdigen, wenn wir vor lauter Einsatz für irgendeine Sache völlig den Blick für uns selbst verlieren.

Wenn ich das Gefühl habe, zu geben und zu geben, zu schuften und zu schuften, stets da zu sein für andere, immer und überall, ununterbrochen und rund um die Uhr, dann könnte ich mir gleich auf die Stirn schreiben: »Macht mit mir, was ihr wollt!«

Alles, was ich tue und gebe, sollte aus dem Herzen heraus geschehen oder zumindest nicht in deutlichem Widerspruch dazu stehen. Ich sollte gerne tun, was ich tue oder wenigstens in irgendeiner Weise von dessen Nutzen überzeugt sein. Spätestens jedoch, wenn der Körper mit symbolträchtigen Symptomen reagiert, gilt es, die Notbremse zu ziehen.

Hören Sie auf, bevor Sie »die Nase voll haben« oder Ihnen alles »an die Nieren geht«. Hören Sie auf, bevor Sie »auf dem Zahnfleisch daherkriechen« oder völlig den »(Rück-)Halt verlieren«... Hören Sie auf, solange Sie noch aufhören können! Begrenzen Sie, was Sie zu begrenzen droht.

Den Belastungen des Lebens
Grenzen setzen ...

NEGATIVE BILDER VERABSCHIEDEN

Es gibt eine Übung, um sich von alten einengenden, krank machenden oder einfach überflüssig gewordenen Gedanken, Ideen, Vorstellungen, Einstellungen, Verhaltensweisen ... Bildern zu lösen:

Ich schließe die Augen und stelle mir eine Galerie vor. In dieser Galerie hängen eine Menge Bilder – Bilder, die jeweils für einen Inhalt aus meinem Leben stehen. Dabei ist auch ein Bild, das für mein derzeitiges bzw. bereits gelöstes »Problem« steht. Ich suche danach. Ich betrachte es und spüre noch einmal seiner Stimmung nach. Dann nehme Sie es von der Wand und entferne es aus meiner unmittelbaren Umgebung. Ich räume es zum Sperrmüll, verschenke oder verbrenne es – ich tue damit, was immer mir einfällt. Dann kehre ich wieder zurück zu dem Platz in der Galerie, an dem das Bild hing. Ich freue mich über den neuen Raum, den ich für ein neues Bild, für neue Erfahrungen, Gefühle und Gedanken geschaffen habe. Vielleicht habe ich schon ein neues Bild, ein schöneres, das diesen Platz einnehmen soll.

Diese Übung kann helfen, sich von alten Geschichten und mit ihnen verknüpften Betroffenheiten zu verabschieden.

Bilder von Gesundheit und Freiheit
suche und finde ich in mir ...

IM GLAUBEN LEBEN,
DASS ES KEINE VERLUSTE GIBT

»Glaub' nur, dass kein Atom
verloren geht dem All,
kein Tropfen aus dem Strom.
kein Blatt im Fall.
Auch kein Gedanke,
kein Verlangen, nichts ...
Erkenne dies und schreib dich ein
ins Buch des Lichts.«
LINGG

Was immer Sie betrauern,
was immer Sie glauben verloren zu haben –
wer mag den Verlust
vom Gewinn unterscheiden?
Wer kann heute sagen,
was daraus morgen wird?

Nichts geht verloren,
was einst geboren –
nichts!

MEINE EIGENE WELT LIEBEN UND GENIESSEN

»Selig, wer sich vor der Welt
ohne Hass verschließt,
Einen Freund am Busen hält
Und mit dem genießt ...«
GOETHE, AN DEN MOND

Warum sollten wir uns nicht einmal ganz bewusst verschließen und zurückziehen aus der Welt? Warum sollten wir uns nicht dann und wann unseren Träumen und Fantasien hingeben und unsere eigene Welt erschaffen?

In der eigenen Welt können wir sein, wer und was wir wollen. Wir können über Sie herrschen oder ihr dienen. Wir können ihr ein Gesicht geben, das uns anlächelt.

Die eigene Welt kann sein, dass wir uns mit einem guten Buch zurückziehen, in einen Wald oder eine Wüste hineinhorchen. Sie kann sein, dass wir auf einem Berg stehen oder bei unserer Musik durch die Wohnung tanzen. Sie kann all das sein, was wir in sie hineinlegen, und all das geben, was wir aus ihr herausnehmen.

Wie liebevoll ist
meine eigene Welt ...

LEBEN MIT ZUVERSICHT

»So komme, was da kommen mag!
Solang du lebest, ist es Tag.«
THEODOR STORM: TROST

Leben! Was immer auch kommen mag – leben!

Wir sind nicht auf dieser Welt, um uns ständig Sorgen zu machen. Es ist nicht unser Auftrag, uns auszumalen, was an schlimmen und unangenehmen Dingen alles passieren könnte. Wir brauchen unser Leben nicht auf Eis zu legen. Wir müssen keine Warteschleife fliegen, bevor wir uns dem nächsten Ereignis widmen. Wir können leben, jeden Tag!

Solange wir leben, ist es Tag. Solange wir leben, können wir handeln und entscheiden, denken und fühlen – alles, was zum Leben gehört. Wir können uns freuen oder uns ärgern. Wir können protestieren oder trauern ... Wir können leben, ohne jemals zu müssen, aber stets zu dürfen. Und vor allem können wir leben mit Zuversicht.

Leben –
mit Zuversicht ...

289

ZIELE VISUALISIEREN

Wenn wir uns etwas erträumen, wenn wir Ziele und Pläne haben, wie unser Leben künftig verlaufen soll oder was wir erreichen wollen, kann es uns bei der Verwirklichung helfen, wenn wir all das bereits vorher visualisieren.

Visualisieren bedeutet, dass wir uns ein inneres Bild von dem machen, was wir erwarten. Beim Visualisieren können wir mit unseren »inneren Augen« in der Fantasie heute schon vorwegnehmen, was morgen in der Realität entstehen soll. Gleichzeitig teilen wir unserem Unterbewusstsein mit, in welche Richtung hin es uns bei unseren Gedanken, Gefühlen und Handlungen unterstützen soll.

Visualisierte Bilder sind zwar zunächst nur in unserem Geiste vorhanden, haben auf uns und unsere künftigen Aktivitäten jedoch großen Einfluss. Unserem Unterbewusstsein ist es egal, ob das, womit wir es »füttern«, von materieller oder ideeller Natur ist. Für unser Unterbewusstsein zählt nur die Intensität des Eindrucks oder die emotionale Beteiligung, die wir dabei empfinden.

Stellen Sie sich in allen Einzelheiten vor, was in Ihr Leben treten soll. Malen Sie sich ein Bild von all dem, was Sie erreichen möchten und freuen Sie sich, wenn Sie es betrachten. Lassen Sie beim Anblick dieses Bildes auch all jene Gefühle zu, die Sie vermutlich später – wenn aus der Idee Wirklichkeit geworden ist – empfinden werden.
    Danach braucht es Geduld und die Energie des Vertrauens. Sie werden sehen: Alles wird gut!

Meine inneren Augen sehen:
Das Beste liegt noch vor mir …

DEN PRÜFSTAND VERLASSEN

Wie viele Prüfungen haben wir in unserem Leben schon gemacht – während der Schulzeit, während der Ausbildung oder des Studiums! Manche mehr, andere weniger.

Wie viele Prüfungen hat das Leben mir schon gestellt – leichte wie harte!

Wie oft wurde ich bewertet mit Noten von »eins« bis »sechs«, von »sehr gut« bis »ungenügend«!

Wie oft fühlte ich mich dementsprechend!

Es ist an der Zeit, den Prüfstand zu verlassen! Sicher, unsere Aufgaben haben wir nach wie vor zu lösen und unsere Probleme zu bewältigen. Aber wir müssen noch lange nicht das, was wir sind, und das, was wir tun, immer und überall auf den Prüfstand legen. Das Leben kennt nicht das System der Benotung von »eins« bis »sechs«, von »bestanden« bis »durchgefallen«.

Leben – anstatt sich ständig überprüfen und beurteilen zu lassen! Meinen Wert erkennen, ohne von den Bewertungen anderer abhängig zu sein!

Was immer ich tue,
was immer ich bin,
ich bin wertvoll ...

ICH HABE DIE WAHL

Ich habe die Wahl – zu tun oder zu lassen

Ich habe die Wahl – meine Vorhaben zu schaffen

Ich habe die Wahl – »ja« oder »nein« zu sagen

Ich habe die Wahl – dem Leben zu danken für seine Gaben

Ich habe die Wahl – vorwärts oder rückwärts zu gehen

Ich habe die Wahl – mich so, wie ich bin, zu sehen

Ich habe die Wahl – zu sein, wie ich mich fühl'

Ich habe die Wahl – zu tun, was ich will

Ich habe die Wahl – nach den Sternen zu greifen

Ich habe die Wahl – an meinen Erfahrungen zu reifen

Ich habe die Wahl – mich dafür oder dagegen zu entscheiden

Ich habe die Wahl – zu gehen oder zu bleiben

Ich habe die Wahl – zu konfrontieren oder zu vermeiden

Ich habe die Wahl – mich selbst zu leiden

Ich habe
die Wahl ...

VON LÖWEN UND MÄUSEN

Ein Löwe und eine Maus stehen sich gegenüber. Wer, denken Sie, hat eher das Bedürfnis, sich groß zu machen, viel größer, als er tatsächlich ist? Die Maus natürlich! Der Löwe ist sich seiner Bedeutung bewusst, er kennt seine Größe, seine Stärke und Macht. Er weiß schließlich, wer er ist. Die Maus, die sich ihm gegenüber sehr klein fühlt, vielleicht noch kleiner, als sie wirklich ist, ihr wird daran liegen, sich aufzubäumen, um im Angesicht des Löwen nicht ganz so mickrig zu erscheinen.

Wenn jemand sich allzu gerne künstlich in Szene setzen, wenn sie etwas darzustellen versuchen, dann ist dies häufig ein Zeichen dafür, dass sie all dies gar nicht sind. Jene, die groß reden, sich schmücken, sich über das Übliche hinaus zur Schau stellen, fühlen in sich nicht selten genau das Gegenteil. Und um der inneren Begrenztheit und Unzulänglichkeit entgegenzuwirken, wird außen mit Weite und Perfektion geprotzt.

Wer lässt sich allzu sehr beeindrucken von »großen Personen«, der Löwe oder die Maus? Wer weiß, wie klein sich solche »Persönchen« selbst erleben!

Ich selbst sein, Löwe oder Maus – wie auch immer ich mich fühle, gerade jetzt, heute, morgen, zu jeder Zeit: Ich akzeptiere, dass auch ich inneren und äußeren Einflüssen unterworfen bin und mal das Eine und mal das andere bin.

Löwe oder Maus –
ich bin, was ich bin ...

VON ALTEN ZEITEN

Alte Zeiten – auf der einen Seite sind sie gelebt, als Vergangenheit vorbei, abgehakt. Auf der anderen Seite sind sie Teil unseres Lebens und können noch heute unsere Gegenwart und sogar Zukünftiges begleiten und mitbestimmen.

Ganz unterschiedlich, wie wir sie erleben, die Zeiten, die alten. Mag sein, dass wir uns gerne zurückerinnern, weil wir uns an sie mit Freude und Leichtigkeit erinnern. Vielleicht aber tut manches auch weh, wenn wir daran denken, wie es einmal war. So vieles ist da an Gefühlen. So vieles kann noch einmal zum Leben erwachen.

Was ist passiert in all den Jahren? Was hat sich verändert, zum Guten oder zum Schlechten? Was ist aus all den vergangenen Tagen geworden?

Ganz gleich, was geschehen ist, und unabhängig davon, wie es uns heute mit diesen Erinnerungen geht, die alten Zeiten kann niemand ungeschehen machen, die Uhr kann keiner zurückdrehen und einfach ein neues Drehbuch schreiben. Alte Zeiten – ich habe sie gelebt und erlebt.

Ich kann aber ein für mich gesundes Maß an Nähe oder Distanz zu all jenen Erfahrungen herstellen. Ich kann mich freuen an dem, was mir zuteil wurde, oder hinter mir lassen, was mich verletzte. Ich kann Tag für Tag meine alten Zeiten neu bewerten und durch das, was ich an neuen Erlebnissen und Erkenntnissen seitdem gesammelt habe, auch neu verstehen. Auf eines vertraue ich: Alles hat seinen Sinn und gehört zu meiner individuellen Lebensgeschichte einfach dazu.

Alten Zeiten sind gelebte Zeiten,
Teil meines Lebens –
nicht mehr, aber auch nicht weniger ...

GLAUBE UND VERTRAUEN

Ich befand mich in einer Krise. Beruflich hatte ich mich verändert und privat gesehen: wieder einmal Liebeskummer. Ich liebte, doch die Liebe wurde nicht erwidert. Ich zeigte mich von meiner besten Seite. Ich zeigte mich von meiner schlechtesten Seite. Ich rief ihn an. Ich ging nicht ans Telefon. Ich las ein Buch und befolgte die Kunst des Liebens. Nichts half. Irgendwann riet mir jemand: »Lege dein Herz und deinen Verstand zusammen und glaube, dann wird sich erfüllen, wonach du dich sehnst.« So setzte ich mich hin und schrieb in liebevollen Worten einen ausführlichen Brief an Gott und das ganze Universum. Ich schrieb alles nieder, was ich mir erhoffte. Jeden Abend, kurz vor dem Einschlafen las ich mit voller Hingabe und Vertrauen auf die Verwirklichung dessen, was ich geschrieben hatte, und freute mich auf die Veränderungen. Von inneren Bildern beflügelt, glaubte und vertraute ich.

Nach ein paar Wochen begann sich in mir etwas zu verändern. Ich erkannte, dass jener Mensch für meine Wunschbeziehung nicht der richtige war. Alles, was ich mir wünschte, und bereit war zu leben, schien nicht zu funktionieren, nicht mit ihm. Gleichzeitig träumte ich immer wieder im Schlaf davon, ein neues Du zu finden. Eines, das wie ich das Gleiche im Leben suchte. Dann wurden meine Erwartungen still. Voll Vertrauen ließ ich die fixe Idee los, dass nur jener mich glücklich machen könnte. Das Beste sollte mich erreichen – so oder so – mit ihm oder mit jemand anderem. Dies spürte auch er. Und je mehr ich mein Leben meiner Fügung und Gott überließ, desto mehr suchte er meine Nähe. Und je mehr ich losließ, umso mehr hielt er fest an mir. Schließlich geschah es. Wir sind zusammengekommen und bis heute zusammengeblieben.

Ich glaube und vertraue
und lasse los ...

WER SAGT, DASS ...?

Wer sagt, dass ...
- es keinen Himmel gibt
- und keine Engel?

Wer sagt, dass ...
- es keine Hoffnung gibt
- und keinen Plan?

Wer sagt, dass ...
- es keinen Sinn gibt
- und keinen Zweck?

Wer sagt, dass ...
- es keinen Gott gibt
- und keine höhere Macht?

Wer sagt, dass ...
- es kein Vertrauen gibt im Leben
- und kein Ziel, es anzustreben?

Wer all das sagt,
muss ein armer und gekränkter Mensch sein.

Ich schaffe mir
meine eigene Realität –
sie ist wunderbar und göttlich ...

SICH ABSICHERN

Das Gefühl der Sicherheit hat sehr viel mit uns selbst zu tun und ist etwas sehr individuell Wahrnehmbares. Wenn wir aus uns selbst heraus eine gewisse Sicherheit als Person empfinden, spricht man bekanntlich von »Selbstsicherheit«. Wer braucht sie nicht, um ein gesundes und glückliches Leben führen zu können? Von Selbstsicherheit allein wird man aber sicher nicht satt. Sie ist die Basis und Voraussetzung für vieles, reicht aber in unserer komplexen Gesellschaft nicht aus.

Es ist gut, sich abzusichern, soweit es sinnvoll ist und unsere Möglichkeiten es zulassen oder sogar verlangen, auch oder gerade weil der Lauf vieler Dinge nicht voraussehbar ist. Vieles ist jedoch bei einem möglichen »Unglück« sehr wohl zu begrenzen. Nur begrenzt lässt sich etwa verhindern, krank zu werden und mit hohen Arztrechnungen konfrontiert zu sein; eine angemessene Krankenversicherung ist ein gutes Schutzpolster. Wir können vielleicht nicht verhindern, irgendwann einmal an Lungenkrebs zu erkranken, aber wir können dennoch aufhören zu rauchen; auch so kann ich mich absichern.

Das Leben wäre allerdings nicht mehr das Leben, ließe es sich gegen alles und jedes absichern. Aber es hat nichts dagegen, wenn wir Sorge tragen für uns selbst und uns in selbstverantwortlicher Lebensführung hinsichtlich bestimmter Gefahren ein Stück weit absichern. So sehr wir auch einem inneren Plan und einer göttlichen Macht vertrauen, manches liegt wohl auch in unserer eigenen Hand.

Für Sicherheit sorgen
mit Augenmaß ...

BEKANNTES UNGLÜCK STATT UNBEKANNTES GLÜCK

Bekanntes Unglück
- ist mir vertraut, wohl bekannt und beim Namen benannt,
- schon seit einiger Zeit kenne ich es und es mich,
- ich kann es einschätzen, kann kalkulieren,
- wenn auch seiner überdrüssig, ich habe es
- und es hat mich ...

Unbekanntes Glück
- ist mir ein Rätsel, fern, unerforscht und ungenannt,
- und doch spüre ich eine Sehnsucht,
- es ist ungewiss und fremd, unberechenbar,
- und gerade deshalb so geheimnisvoll,
- kann ich es finden, jemals ...?

Wenn ich auch mein Glück
noch nicht kenne –
ich vertraue darauf:
Mein Glück kennt mich,
kennt meinen Namen ...

MICH ENTSPANNEN

Mich entspannen, egal, was ich noch alles vorhabe. Mich entspannen ... Ich löse mich von all dem Druck, der auf mir lastet. Ich erledige eines nach dem anderen, ruhig und entspannt ...

Wenn wir ständig unter Strom stehen, verhärten sich unsere Muskeln und der Körper wird hart, mit ihm auch die Gedanken und Gefühle. Es entsteht ein äußerer Panzer, der zugleich unser Inneres umschließt. Wir werden unbeweglich, in körperlicher, geistiger und seelischer Hinsicht. Probleme werden noch übermächtiger und Lösungen noch schwieriger. Es beginnt ein ungesunder Kreislauf, der weder unserem Wohlbefinden noch der Bewältigung unserer Aufgaben dient.

Erst dadurch, dass wir immer wieder für Entspannung und Ausgleich sorgen, können unsere Muskeln sich lösen. Die Gedanken ordnen sich und die Gefühle werden wieder zugänglich. Durch ein regelmäßiges und angemessenes Maß an Entspannung können wir umso besser auch die Spannungen im Lebensalltag überwinden. Aus einem entspannten Befinden klärt sich unser Tun und Fehlleistungen verringern sich. Wir finden zu uns selbst und können uns zu gegebener Zeit wieder um anderes kümmern.

Wenn ich mich entspanne und dem Leben vertraue, gebe ich ihm die Gelegenheit, mich bei meinen Vorhaben zu unterstützen. Ich erledige meinen Teil und das Leben den seinen. Alles wird gut!

Ich entspanne mich –
körperlich, geistig, seelisch ...

Das eigene Lebenshaus einrichten

ICH BIN LEBEN

Ich bin
– nicht nur am Anfang oder am Ende

Ich bin
– nicht nur am Tag oder in der Nacht

Ich bin
– nicht nur fröhlich oder traurig

Ich bin
– nicht nur Sein oder Schein

Ich bin
– nicht nur groß oder klein

Ich bin
– nicht nur fremd oder daheim

Ich bin
– nicht nur heute oder gestern oder morgen

Ich bin
– alles,

Denn ich bin Leben

Ich bin Leben –
und darf alles sein ...

VOLLER VERTRAUEN NACH VORNE SCHAUEN

»Ja, aus der Welt können wir nicht fallen.
Wir sind einmal darin.«

GRABBE'S TROSTWORTE AN SEINEN HELD HANNIBAL

Wer vertraut, ist davon überzeugt, dass er sich auf den Schutz der Mitmenschen oder auch auf die eigene Stärke und die Gunst des Schicksals verlassen kann. Der amerikanische Psychoanalytiker E.H.ERIKSON spricht vom »Urvertrauen«, das ein Kind bereits in den ersten Monaten seines Lebens erwirbt. Je nachdem, wie viel Liebeszuwendung und Anerkennung ein Mensch durch seine Umwelt – vor allem durch seine Eltern – erfährt, kann das Vertrauen sich entfalten oder muss verkümmern. Ist das Vertrauen in die Welt nun sehr spärlich ausgebildet, führt dies häufig zu Blockaden und Hemmnissen der Lebensentfaltung.

Das Verhältnis zwischen Vertrauen und Misstrauen richtet sich nach der Intensität bzw. dem Mangel liebevoller oder leidvoller Erfahrungen, die jemand in seinem bisherigen Leben gemacht hat. Und oft genug empfinden sich Menschen von früheren Erfahrungen mehr bestimmt als von aktuellen. So kommt es, dass, wer ungesichert, ungeborgen aufgewachsen ist, sich nicht selten noch immer unsicher fühlt und handelt. Wer dagegen auf sein Lebensglück vertraut, wird es auch immer wieder begünstigen.

Manch einer stellt sein Vertrauen immer neu auf die Probe. Andere finden es im Glauben an eine höhere Macht. Versuchen Sie, für sich selbst herauszufinden, wie Sie Ihr Vertrauen und damit auch Ihr Leben stärken und festigen können und lassen Sie zu – was immer auch war –, dass Sie mehr und mehr mit Vertrauen nach vorne schauen.

Vertrauen in mich und ins Leben
ist wie ein guter Rückenwind ...

VON DER MACHT DER OHNMACHT

Ohnmacht,

– ohne Macht und ohne Kraft
– ohne Handeln und ohne Tun

– ohne Leben und ohne Erfahrung
– ohne Ziel und ohne Sinn

– ohne wenn und ohne aber
– ohne Hoffnung und ohne Mut

und vielleicht gerade deshalb
ein Gefühl, das so gut tut?

Vielleicht könnte Ohnmacht erklären,
untätig zu sein,
um mich vor den Erfahrungen
des Lebens zu schützen?
Eine Macht wartet in mir,
leben zu dürfen ...

MIR SELBST ETWAS GÖNNEN

Manch einer hat sich daran gewöhnt, sich selbst zu bestrafen – in der Weise negativer und sich selbst beschuldigender Gedanken bezüglich der eigenen Person oder des eigenen Wertes. Selbstbestrafung z. B. auch durch Stress, den man sich zufügt oder zumindest zulässt, durch unglückliche Partnerschaften und Beziehungen. Andere verlieren sich in Abhängigkeiten, plagen sich mit Selbstvorwürfen, kennen nicht die Liebe zu sich selbst und der eigenen Situation.

Wer hat ihnen erzählt, dass das Leben mühevoll und beschwerlich sein muss? Wer hat ihnen beigebracht, dass es alles hart zu erarbeiten oder erkämpfen gilt?

Niemand sollte aber auch warten, bis all seine Wünsche sich erfüllen, irgendwann, irgendwie. Niemand sollte bei anderen suchen, wovon er träumt. Vieles könnten wir uns selbst erfüllen – schon heute, hier und jetzt.

Es wird Zeit, damit anzufangen, sich selbst zu beschenken und sensibel dafür zu werden, was wir brauchen, Verantwortung zu übernehmen für uns und unsere Bedürfnisse. Wir könnten uns selber Freude bereiten und mehr von der Freundschaft spüren zu uns selbst. Nicht zuletzt wird uns dann ein Stück von der unendlichen Freiheit der eigenen Entscheidungen zuteil.

Ich achte auf die Freundschaft mit mir selbst –
und gönne mir mehr Freude ...

LEBEN UND ENTWICKELN

Sich entwickeln heißt:

erinnern,
     was war,

wahrnehmen,
     was ist,

ahnen,
     was sein könnte,

und werden,
     was sein muss.

Leben
heißt
Entwicklung ...

HERR/FRAU SEIN IM EIGENEM HAUS

Schließen Sie einmal die Augen und stellen Sie sich ein Haus vor. Warten Sie ganz entspannt – einfach darauf, bis sich ganz von selbst ein inneres Bild einstellt. Betrachten Sie dann das Haus und seine Umgebung in allen für Sie interessanten Details. Erst dann öffnen Sie wieder die Augen und beantworten folgende Fragen:

Was habe ich gesehen? Sah ich ein großes Haus oder ein kleines, ein modernes oder ein älteres? Aus welchem Material besteht es hauptsächlich, aus kaltem, aber stabilem Stein oder aus natürlichem, aber vergänglichem Holz ...? Wo steht es, steht es verlassen, idyllisch, in einer Siedlung, mitten in der Stadt ...? Wie gelange ich dorthin? Gibt es Hindernisse oder steht es leicht zugänglich? Ist ein Zaun vorhanden, ein Gartentor, ist es offen oder verschlossen ...? Die Haustür, ist sie einladend und offen oder zurückversetzt und zugesperrt ...? Ist Leben in dem Haus? Ist es bewohnt? Welche Räume hat es und wie viele? Verfügt es über einen Keller und über einen Speicher? Gibt es Winkel, die ich lieber alleine nicht besichtigen möchte ...? Was gefällt mir besonders gut daran? Was würde ich gerne verändern? Wer ist Herr in diesem Haus ...?

Ein Haus stellt für das Unterbewusstsein ein Symbol für die eigene Persönlichkeit dar. Ihr inneres Bild kann Ihnen vieles über sich selbst erzählen. Dabei spielt alles Wahrgenommene eine Rolle. Sehr vieles, was Sie als Persönlichkeit ausmacht, spiegelt sich in diesem Haus wider. Auch aktuelle Gegebenheiten und Lebensumstände zeichnen sich ab.

Wenn Sie diese Visualisierung zu einem späteren Zeitpunkt wiederholen, kann das Bild ein etwas anderes sein. Stellen Sie sich dann noch einmal die Frage: »Wer ist Herr/Frau in diesem Haus?« und versuchen Sie es außerdem mit folgender Affirmation:

Ich bin Herr/Frau
in meinem Haus ...

IN KRISENZEITEN AUF MICH ACHTEN

In Krisenzeiten, wenn eine bedrohliche Entwicklung, z. B. eine Krankheit ihren Höhepunkt erreicht und ein gefährliche Situation sich zuspitzt, fühlen wir uns konfrontiert mit einer veränderten Welt, in der wir mit unseren bisherigen Problemlösungsmöglichkeiten nicht mehr zurecht kommen. Wir ahnen einen Wendepunkt, der einiges verändern wird in uns selbst und unserer Lebensweise.

So macht entweder die Krise etwas aus uns oder wir machen etwas aus ihr – wir können scheitern oder reifen. Und gerade in dieser Zeit, wo noch ungewiss ist, ob sich unsere Situation verändert, sind wir eingeladen, mehr noch als vorher auf uns selbst zu achten. Wenn die Außenwelt unkontrollierbar und gefährlich erscheint, brauchen wir Sicherheit und Kraft in uns selbst.

Auf sich selbst zu achten kann in Krisenzeiten bedeuten, dass wir unserem Körper geben, was er braucht: Schlaf, Nahrung, Hygiene ... All unsere Gefühle, von Verzweiflung bis Wut, sollten wir uns bewusst machen. Was alte Einstellungen und Überzeugungen betrifft, wäre es gut, sie zu hinterfragen und wenn nötig loszulassen.

Jede Krise lässt uns reifen, wenn wir in liebevoller, bejahender Haltung für uns selbst sorgen.

Behutsam und liebevoll
sorge ich für mich ...

VERZEIHEN KÖNNEN

Ich verzeihe
- den Menschen und ihren Worten
- und auch ihren Taten

Ich verzeihe
- der Welt, ihrem Gesicht
- und auch ihren Schatten

Ich verzeihe
- dem Leben und seinem Plan
- und auch seinem belehrenden Wesen

Ich verzeihe
- der göttlichen Macht
- und auch seinen Rätseln

Ich verzeihe
- mir selbst und meinem Leben
- und allem, was an Dunklem gewesen

Ich kann verzeihen –
und verzeihe ...

DEN SINN IM EIGENEN LEBEN SUCHEN

»Sinn kann nicht gegeben,
sondern muss gesucht werden.«

VIKTOR E. FRANKL

Der Begründer der Logotherapie, VIKTOR FRANKL, geht davon aus, dass Menschen umso eher für Stress anfällig seien, je größere Schwierigkeiten sie hätten, im eigenem Leben einen Sinn zu suchen. Dabei seien vor allem Menschen sinnfrustriert, die in all zu starkem Maße sich selbst kritisch beobachten und denen der sanfte Blick für die Umwelt verloren ging.

Wie die Fähigkeit des Auges, die Welt wahrzunehmen, geprägt ist von der Fähigkeit oder Unfähigkeit, sich selbst wahrzunehmen, so mögen wir mitunter mehr im Außen leben, je weniger wir unser Erleben auf die Innenwelt lenken?

Wann sieht das Auge sich selbst oder etwas von sich selbst? Doch nur dann, wenn es erkrankt ist. Wenn ich an einem grauen Star leide, nehme ich ihn in Form eines Nebels wahr, den ich sehe, und wenn ich an einem grünen Star erkrankt bin, dann sehe ich rings um die Lichtquellen einen Hof von Regenbogenfarben. So oder so, in dem Maße, in dem das Auge etwas von sich selbst sieht, ist das Sehen gestört. Das gesunde Auge ist in der Lage, über sich selbst hinaus zu sehen, sich selbst sogar zu übersehen.

Beides – darauf kommt es an: mich selbst sehen, aber auch andere. Bei mir sein, aber auch bei anderen. Mich selbst akzeptieren, aber auch die Menschen um mich herum. Neben dem »Ich« auch ein »Du« und ein »Wir«. Jedes zu seiner Zeit. jedes auf angemessene Art und Weise.

Im »Ich« und »Du« und »Wir«
Sinn suchen und finden ...

MEINEM LEBEN DANKEN FÜR JEDEN TAG

Ein neuer Tag –
was bedeutet er für mich?

- wieder einer von den vielen, die es – hoffentlich ohne größeren
  Schaden – zu überstehen gilt?
oder:
- einer, den es von morgens bis abends voll und ganz zu leben lohnt?

- wieder ein Tag, der An- und Überforderung?
oder:
- ein Tag der neu anregenden und bereichernden Herausforderungen?

- wieder ein Tag, dessen Ende mir lieber ist als der Anfang?
oder:
- ein Tag, auf den wir uns von ganzem Herzen freuen?

Wie unterschiedlich meine Tage auch verlaufen:

Danke, Leben,
für jeden Tag ...

VON TAG ZU TAG BESSER ...

Egal wo wir gerade stehen und egal wo wir irgendwann einmal hinge-langen möchten, ob es nun Gesundheit ist oder Wohlstand, eine Part-nerschaft oder einfach eine gewisse Zufriedenheit – es gibt eine Affir-mation, die wahre Wunder wirkt:

Von Tag zu Tag, in jeder Hinsicht
geht es mir immer besser ...

Sagen Sie diesen Satz mehrmals täglich zu sich selbst und glauben Sie daran, dass es tatsächlich aufwärts geht, dass es besser und besser wird, von Tag zu Tag. Sagen Sie sich diesen Satz an jedem neuen Tag, gleich nach dem Erwachen am Morgen oder vor dem zu Bett gehen am Abend. Sagen Sie sich diesen Satz während der Arbeit oder in der Mit-tagspause und legen Sie jedes Mal eine große Portion Vorfreude mit hi-nein.

Haben Sie Vertrauen in die Kraft dieser heilsamen Wort und lassen Sie zu, dass ganz natürlich und völlig mühelos sich ihr Leben Schritt für Schritt verbessert. Machen Sie sich bereit für ein Wunder – vermutlich können Sie schon heute ein wenig von dem Glück erspüren, welches bereits morgen und an jedem darauffolgenden Tag mehr und mehr auf Sie zukommt.

Von Tag zu Tag, in jeder Hinsicht
geht es mir immer besser und besser ...

WEITERZIEHEN STATT FLIEHEN

Weiterziehen –

ich ziehe weiter,
wenn das Vergangene beendet ist und getan,
wenn ich im Reinen bin
mit all den Dingen, die geschehen sind
und noch geschehen,
wenn ich im Leben steh
und auch vertrau auf dessen Fluss,
wenn die Geschehnisse in Ordnung sind
und ich mit ihnen den nächsten Schritt einfach weitergehe ...

Fliehen –

ich fliehe weiter,
wenn die Zukunft mich bedrängt,
wenn ich doch Zweifel hab
an allem, was noch kommen mag,
wenn ich gestrandet bin
im Meer der Angst,
wenn keine Antwort ist auf wie und wann
und ich dem nächsten Schritt nicht trauen kann.

Vertrauen ist
auf meinem Weg ...

⁓

PROBLEME RELATIVIEREN

»Manchmal hilft es mir, wenn ich sehe,
dass ich mit meinem Schmerz nicht alleine bin.«

Was immer uns bedrückt und wie wir dies auch spüren und erleben mögen, wir sind mit unserem Problem nicht allein. Wir haben unsere Sorgen und andere haben die ihren. Und nicht selten haben wir alle ähnliche, wenn nicht sogar die gleichen.

So sind zwar wir selbst es, die ein Problem ereilt, die sich ihm stellen und es letztendlich bewältigen. Dennoch ist da nichts in uns, was uns ängstlich, unsicher, gehemmt, wütend, zornig ... werden lässt, was nicht auch in anderen Menschen ebenso zu finden wäre. So ist alles, was uns Sorgen und Nöte bereitet, auch in anderen Menschen und ihrem Zuhause. So reihen sich trotz Individualität und unverwechselbarer Persönlichkeit unsere Probleme ein in die lange Reihe der Menschheit.

Zwar mag mein Problem nicht allein dadurch verschwinden, dass ich es bei anderen ebenso wahrnehme, aber es kann helfen, meine Sichtweise und Einstellung dazu zu relativieren. Ich bin nicht allein, wie einsam und hilflos ich mich auch fühlen mag. Da draußen gibt es sehr viele Menschen, die sich genau in diesem Moment mit der gleichen Art der Erfahrung auseinandersetzen.

Meine Probleme reihen sich ein
in eine lange Reihe der Menschheit ...

NICHT NACH JEDEM KÖDER SCHNAPPEN

»Ich wollte es jedem recht machen.
Jedem – außer mir selbst.«

Viele mögen gelernt haben, anderen Menschen ihre Wünsche von den Lippen abzulesen, noch bevor diese sie haben selber formulieren können. Viele hat das Leben gleichsam zu Helfern gemacht, mehr noch: zu Dienern, Knechten und Untergebenen, um anderen immer und überall zur Verfügung zu stehen.

Es ist nicht notwendig, dass wir uns bereit erklären, sofort angeschwommen zu kommen, wenn ein anderer die Angel auswirft. Wir sollten zunächst bei uns selbst bleiben und in Ruhe und nach eingehendem Bedenken sowie in Absprache mit uns selbst unsere Hilfe anbieten. Dann sollten wir konkret sagen, was wir zu tun bereit sind und für wie lange. Wir könnten aber auch ablehnen und absagen mit oder ohne Begründung.

So kann Hilfe, die wir anbieten, aus ganzem Herzen kommen. So können wir Helfer sein, Freund und Begleiter, aber verstricken uns nicht mehr ins Helfen-Müssen, das uns und auch anderen nicht gut tut. Unsere Hilfe wird zum Ausdruck einer Beziehung, die wir empfinden, und dient nicht mehr dazu, von der eigenen Hilfsbedürftigkeit abzulenken.

Ich lasse mich in Ruhe überlegen
und dann erst entscheiden,
was ich zu tun bereit bin ...

ICH SCHAFFE ES

Ich schaffe es
- gleichgültig, was die anderen sagen,
- egal, was die Welt dazu sagt.

Ich schaffe es
- ohne »wenn« und ohne »aber«,
- ohne »kann sein« und ohne »vielleicht«.

Ich schaffe es
- weil ich bin, was ich bin,
- weil ich weiß, was ich will.

Ich schaffe es
- dank meiner Kraft,
- dank meines Vertrauens.

Ich schaffe es
- so kann ich nach vorne schauen,
- und stets auf mich selber bauen.

Ich schaffe es ...

SORGEN EINFACH ABSCHÜTTELN

Es gibt eine einfache, aber dennoch wirkungsvolle Übung, um sich von seinen Sorgen zu distanzieren:

Stellen Sie sich einmal hin, aufrecht und mit leicht gespreizten Beinen. Beginnen Sie dann, den ganzen Körper, besonders Arme und Beine zu schütteln. Alle Belastungen, negativen Gedanken, Ärger und Sorgen, alles darf und kann jetzt abgeschüttelt werden. Atmen Sie dabei hörbar aus und spüren Sie, wie die Schwere einer neuen Leichtigkeit weicht ...

Es wird nicht funktionieren, wenn Sie sich diese Übung nur vorstellen. Es wird wohl auch nicht von einer Sekunde zur anderen wunschgemäß gelingen. Ein wenig Zeit sollten Sie sich dafür lassen. Dann werden Sie die Fähigkeit, sich von unerwünschten Energien des Tages, die an Ihnen haften geblieben sind, zu befreien, durchaus deutlich ausbauen.

Mit der Zeit wird schon der Gedanke an diese Übung oder allein das starke Bedürfnis, Negatives abzuschütteln, fühlbar befreiend und erleichternd wirken.

Lassen Sie die schweren Lasten des Lebens los und geben Sie her, was nicht zu Ihnen gehört. Schütteln Sie Ihre Sorgen ab, geistig und auch körperlich ...

Was mich beschwert,
schüttle ich ab – einfach so,
und eine wunderbare Leichtigkeit entsteht ...

TAGE, AN DENEN WIR UNS SELBST NICHT MÖGEN

Es gibt Tage, an denen wir uns selbst nicht mögen – trotz all unserer Fortschritte, trotz all unserer Erfolge. Wir wachen auf am Morgen und ahnen – vielleicht ehe wir überhaupt das Bett verlassen haben und aufgestanden –, dass es heute wieder »so ein Tag« ist. Ohne schlecht geschlafen zu haben, ohne bewussten negativen Einfluss – und dennoch können wir uns selbst nicht leiden, nicht an diesem Tag.

Was soll's? Müssen wir immer wissen und ins Letzte hinterfragen, unseren Geist zermürben mit Warum, Wann, Weshalb? Gerade so und nicht anders? – Warum wir so fühlen, wie wir fühlen? Müssen wir es immer wissen? Nein – sicher nicht!

Gönnen Sie sich ruhig das Recht, unangenehme Stunden, ja ganze Tage einfach so – ohne Kräfte zehrende Analysen und Reflexionen – vorbeiziehen zu lassen. Lassen Sie diese Tage kommen. Lassen Sie sie bleiben. Und schließlich: Lassen Sie sie wieder gehen – woher auch immer sie gekommen sind ...

Schlechte Tage –
na und ...?

ANDERE MENSCHEN ANDERE MENSCHEN
SEIN LASSEN

Wir können nicht erwarten, dass unsere Mitmenschen nach den gleichen Zielen streben wie wir selbst, und nicht davon ausgehen, dass andere ganz ähnliche Gedanken, Gefühle, Vorstellungen und Fantasien haben wie wir selbst. Anderes Verhalten sollte daher nicht mit eigenem verglichen oder gar bewertet werden.

Andere Menschen – andere Gewohnheiten, andere Sitten und Sichten. Andere Menschen – andere Ängste und andere Unsicherheiten, auch andere Freuden und Glücksmomente. Andere Menschen – andere Werte, andere Normen, andere Ideale, andere Pläne und Absichten. Andere Menschen sind mitunter ganz andere Menschen.

Wir haben genug damit zu tun, das eigene Ich, das eigene Menschsein zu leben und anzunehmen. Nehmen wir, wer und wie wir sind? Gehen wir liebevoll mit dem um, was wir sind? Wenn wir soweit sind, uns selbst uns selbst sein zu lassen, dann haben wir wahrscheinlich auch keine Probleme mehr damit, dass andere Menschen andere Menschen sind.

Ich und du –
hier und jetzt –
alles ist gut ...

GOTT IST MIT UNS

»Von guten Mächten wunderbar geborgen,
erwarten wir getrost was kommen mag.
Gott ist mit uns am Abend und am Morgen
und ganz gewiss an jedem neuen Tag.«

DIETRICH BONHOEFFER

Ärzte sagten mir, dass ich jederzeit damit rechnen müsse, dass meine Mutter sterben könne. Sie gaben mir den Rat, mich innerlich und äußerlich darauf vorzubereiten.

Wie sollte ich mich jedoch vorbereiten auf ein Ereignis, das ich nicht kannte? Wie konnte ich vorwegnehmen, wie es ist, wenn plötzlich von einem auf den anderen Tag meine Mutter nicht mehr da ist? Wie hätte ich den Schmerz und die Trauer und all die anderen Gesichter meiner Gefühle im Voraus kennen können?

Ich war verwirrt und fühlte mich hilflos, bis ich eine Melodie im Radio hörte. Zunächst ganz leise und schwach, dann drehte ich lauter und vernahm deutlicher. Ich konnte schließlich den Text verstehen und lauschte weiter den Worten: *»Von guten Mächten wunderbar geborgen ...«*

Plötzlich war etwas anderes da. Trotz meiner Angst konnte ich dennoch – im Vertrauen, dass ich nicht alleine war – »getrost erwarten, was kommen mag« ...

... an jedem neuen Tag ...

320

MICH BEFREIEN VON SCHULDGEFÜHLEN

Schuldgefühle sind wie Wächter, wenn wir uns in irgendeiner Situation falsch verhalten haben. Sie tauchen auf, wenn die Gefahr besteht, dass aufgrund unseres Verhaltens ein anderes Lebewesen Schmerz erleidet. Sie appellieren, wieder eine gewisse »Ordnung« in unsere Beziehungen zu bringen.

Hat jemand allerdings so sehr die Rolle des »Schuldigen« oder des »Täters« übernommen und ist nicht mehr fähig, auf angemessene Weise mit Schuldgefühlen umzugehen, wird er in gewisser Weise kontrollierbar für all jene, die sich gerne als »Opfer« betrachten. Wer an Gefühlen der Schuld übermäßig festhält, liefert sich seiner Umwelt aus. Die Angst vor eigenen Entscheidungen und Handlungen macht ihn gefügig und offen für Manipulationen. So wird er nicht selten zum Spielball der äußeren Welt und obendrein zum Symptomträger für die Schuld anderer Menschen.

Dieser Kreislauf lässt sich durchschauen und unterbrechen, indem wir unterscheiden, wo wir einerseits tatsächlich etwas versäumt oder falsch gemacht haben und was andererseits aus einer selbstverantwortlichen, bewussten Entscheidung heraus geschah. So gilt es, echte Schuld zu erkennen und darüber nachzudenken, wie Versöhnung geschehen kann – mit einem anderen Menschen und mit uns selbst –, und zu gegebener Zeit sich von ihr befreit zu wissen.

Niemand ist frei von Schuld –
aber niemand ist zu verurteilen ...

LEBEN UND LERNEN – JEDES ZU SEINER ZEIT

Manchmal mag man das Leben mit einer Schule vergleichen – das Leben, welches seine Aufgaben als Fragen und Probleme an uns stellt, die wir zu lösen bzw. zu beantworten haben. Ist eine Aufgabe gelöst, sind wir um Erfahrungen reicher und es ist überflüssig, dass wir uns noch weitere Zeit damit beschäftigen. Sind ein Problem, eine Herausforderung ungelöst geblieben, können wir sicher sein, dass das Leben sie uns erneut anbietet, vielleicht in veränderter Gestalt, unter anderen Vorzeichen. Dies geschieht solange, bis die Lektion gelernt und der nötige Wachstumsschritt getan sind.

Die Psychologie nennt diesen Mechanismus, der Menschen immer wieder in gleiche Situationen bringen lässt, »Wiederholungszwang«. Häufig verbunden mit dem »Wiederholungszwang« ist ein gewisser so genannter »psychischer Masochismus«, der bewirkt, dass Personen, die ihre Lebensthemen nicht bewältigt haben, durch ihr Tun oder Unterlassen unbewusst immer wieder gleiches Leid in ihr Leben holen. So erscheint das Leben tatsächlich wie eine Schule oder ein Lehrmeister– ein Lehrmeister der entschiedenen Art.

Doch häufig begegnet uns das Leben nicht halb so erbarmungslos und fordernd, wie wir selbst mit uns umgehen. Das Leben macht uns ein Angebot und wir entscheiden, ob wir es annehmen, was immer wir daraus machen. Wir werden lernen durch Versuch und Irrtum, durch Einsicht, durch Vorbilder auch, denen wir nacheifern … Und manches Mal werden wir uns sträuben, werden »vom Unterricht fernbleiben«, werden schwänzen oder uns krank schreiben lassen. Dann ist auch das in Ordnung – bis das Leben wieder anklopft …

Leben und lernen –
jedes zu seiner Zeit …

»NEIN« SAGEN

Es ist für manch einen gar nicht so leicht, »nein« zu sagen. Im Gegenteil: Es ist sehr schwer und geht kaum über die Lippen, das Wort »Nein«.

Mitunter ist es wirklich ein bewusster Lernprozess, den wir in Gang zu setzen haben, um uns in entsprechenden Situationen zu Recht abgrenzen zu können, wenn es um Erwartungen oder gar Forderungen seitens unserer Umwelt geht.

Wenn wir frei genug sind, verantwortet »nein« zu sagen, heißt das nicht, grundsätzlich Bitten abzuschlagen, sich prinzipiell nicht aufs Helfen und Unterstützen anderer einzulassen - sicher nicht!

Bewusst »nein« zu sagen bedeutet vielmehr auch, bewusst »ja« zu sagen, was wiederum voraussetzt, zwischen beidem – je nach Situation und immer im Maß der eigenen Wahrhaftigkeit – unterscheiden zu können. Wer mit klarem Kopf Erwartungen von außen und die Stimme im eigenen Inneren auseinander zu halten vermag, ist auch fähig, beides in Einklang zu bringen. Nur wer aus ganzem Herzen »nein« zu sagen frei ist, kann auch aus ganzem Herzen »ja« sagen.

Nach außen hin »nein« zu sagen ist oftmals angezeigt, wenn wir zu uns selbst »ja« sagen wollen. Nicht immer müssen wir erfüllen, was andere von uns erwarten. Manchmal könnten wir, aber wollen nicht, einfach so, ohne besonderen Grund. Wie wir uns auch entscheiden, wichtig ist, dass wir uns entscheiden und nicht unbedacht ein »Ja« oder ein »Nein« aussenden.

Ich sage »ja«
oder auch »nein« –
genau so, wie ich es meine ...

GEDANKEN ÜBER DEN VERGANGENEN ODER DEN KOMMENDEN TAG

Am Ende oder am Anfang eines Tages:
so oder so?

»Endlich, ich habe es wieder geschafft« ...?

»Schade, schon wieder vorbei« ...?

»Ich freue mich auf morgen« ...?

»Der morgige Tag geht auch vorbei« ...?

»Ich hoffe, dass mir niemand etwas tut« ...?

»Ich vertraue darauf, alles wird gut« ...?

...

Jeder Tag wird gut –
auf seine Art und Weise ...

WÜNSCHE ...

Ich habe den Wunsch
– nach einem Menschen, der mich liebt

Ich habe den Wunsch
– nach einem Gott, der mir gibt

Ich habe den Wunsch
– nach einem Leben voller Glück

Ich habe den Wunsch
– nach Ewigkeit und Augenblick

Ich habe den Wunsch
– nach Freiheit und nach Wind

Ich habe den Wunsch
– beschützt zu sein wie ein Kind

Ich habe den Wunsch
– nach einer Arbeit, die mir gefällt

Ich habe den Wunsch
– nach Wohlstand und genügend Geld

Ich habe den Wunsch
– dass das Leben mir Gutes bringt ...

Ich habe den Wunsch,
– dass mein Plan gelingt ...

Ich habe viele Wünsche ...

ABSCHALTEN

Wir sollten uns nicht zu Sklaven unserer Grübeleien und Gedanken machen. Wir haben das Recht abzuschalten, wenn wir genug davon haben. Wie wir das Licht im Zimmer oder die Zündung unseres Autos ein- und ausschalten, können wir auch, wenn uns danach ist, unsere Gedankengänge »ausschalten«.

Machen Sie sich bewusst, was Sie belastet, und spüren Sie noch einmal ganz konkret, wie sich diese Situation anfühlt ... Stellen Sie sich langsam, aber gezielt darauf ein, all das für eine gewisse Zeit hinter sich zu lassen. Bestimmen Sie einen Augenblick und sagen dann laut und deutlich: »Aus!« Mit dem »Aus« lassen Sie Ihren ganzen Körper sprechen, indem Sie beispielsweise eine beendende Gestik mit den Händen anzeigen. Stehen Sie auf, verlassen Sie den Platz der alten Gedanken und wenden Sie sich anderen Dingen zu. Genießen Sie vor allem die »Auszeit«.

Ich nehme mir eine Auszeit,
wann immer ich sie brauche ...

326

FREUNDSCHAFT: NEHMEN UND GEBEN

Meine Freunde
- teilen mit mir Freude und Leid
- auch ich bin mit ihnen zu teilen geneigt

Meine Freunde
- haben Zeit und Worte für mich
- und brauchen auch Aufmerksamkeit für sich

Meine Freunde
- akzeptieren mich so, wie ich bin
- und ich nehme ihre Stärken und Schwächen hin

Meine Freunde
- geben mir Halt und Sicherheit
- füreinander da zu sein sind wir bereit

Meine Freunde
- geben und nehmen mir
- ich sage »danke« und auch »bitte« dafür

Meine Freunde
- sind wunderbare Gefährten, sie begleiten mich
- und erhoffen auch das Gleiche für sich ...

Freundschaft ist etwas Wunderbares.
Es ist schön, Freunde zu haben
und Freund zu sein ...

327

FRIEDEN SCHLIESSEN: ZUFRIEDEN SEIN

Ich kann zufrieden sein und mich zufrieden fühlen, wenn ich Frieden schließe mit den Angelegenheiten meines Lebens. Dazu muss ich ordnen, wo Chaos herrscht, und vereinen, wo Grenzen entzweien.

Indem ich meinen Gegnern die Hand reiche, meine Vergangenheit als Teil meiner Geschichte annehme und mir selbst gegenüber meine Fehler und Schwächen eingestehe und zulasse, schaffe ich die Voraussetzung dafür, dass Schattenseiten und Ungesundes sich von mir verabschieden können. Dadurch dass ich an die kritischen Dinge offen und ehrlich herantrete, Licht in all die Schattenseiten bringe und sie liebevoll akzeptiere, schaffe ich Versöhnung.

Es mag schwierig sein und manchmal anstehen, über den eigenen Schatten zu springen, Gefühle zu überwinden und den Verstand über sie siegen zu lassen. Aber es lohnt sich – allemal!

Habe ich Frieden geschlossen, das Kriegsbeil begraben, kann sich heilsame Energie in mir und meinem Leben ausbreiten – spürbar als Friede und Freude, Freiheit und kleines Glück ...

Ich schließe Frieden –
und bin zufrieden ...

STEHEN ODER GEHEN?

Wenn wir uns verändern und wachsen, betrifft dies nicht nur uns selbst. Auch unsere Mitmenschen spüren es und sind dann nicht selten verunsichert und irritiert. Dadurch dass wir unser jetziges oder bisheriges Leben hinterfragen und anders ausrichten, fühlen sie sich – manchmal widerwillig – aufgefordert, ihre Lebensweise zu bedenken. Wir sollten uns bewusst sein, dass uns dann von außen her eher Zweifel entgegenkommen als Zustimmung und Unterstützung. Die Menschen um uns möchten lieber, dass alles so bleibt, wie es ist, und dass wir so bleiben, wie wir sind. Denn sie ahnen, dass es auch Auswirkungen auf die Beziehungen zu ihnen haben wird und empfinden es als bedrohlich, wenn wir uns plötzlich in eine neue Richtung bewegen.

Nichtsdestotrotz müssen wir abwägen, was uns wichtiger ist: den eigenen Weg – vielleicht allein – weiter zu gehen und der neu eingeschlagenen Richtung zu folgen oder wie bisher – gemeinsam – da stehen zu bleiben, wo wir sind. Da die Mitwelt häufig nicht bereit ist mitzugehen, beginnt mancher eine Art »Tangotanz«, der ihn mal einen Schritt nach vorn, dann einen Schritt zur Seite und gegebenenfalls wieder zurück zur Ausgangsposition bringt – einen Tanz, bei dem er sich schrittweise in Bewegung und veränderter Position zu ihren Umständen erlebt. Manche tanzen, bis ihnen schwindelig wird. Andere werden mit der Zeit solchen Tanzens überdrüssig und schauen lieber anderen dabei zu. Wiederum andere kommen gar so sehr in Schwung, dass sie sich plötzlich auf einer ganz anderen Tanzfläche mit einem neuem Tanzpartner und neuer Musik wiederfinden ...

Soll ich stehen
oder gehen ...?

WIND IN DEN SEGELN

Ich stelle mir vor,
wie ein Schiff mit einem großen Segel
auf dem Ozean meines Lebens zu treiben,
bei angenehm kühler Luft, bei leichtem Wind,
der Himmel klar und der Horizont weit,
blau – ich sehe viel, viel Blau ...

Die Sonne scheint strahlend hell und mit ganzer Kraft,
auch Vögel begleiten mich und mein Schiff,
während ich die Kraft des großen Ozeans spüren,
ja sie fast einatmen kann,
und die unendliche Kraft des Windes,
die mich mit voller Energie mitten ins Leben treibt ...

Während der Wind mein Segel erfasst,
unterstützt er auf wunderbare Weise mein Vorwärtskommen
und alles scheint völlig mühelos und ganz von selbst zu geschehen ...
Während der Wind bläst und bläst und bläst
und jede Faser meiner Segel von ihm erreicht wird,
befinde ich mich in Harmonie und in vollem Schwung
und lasse mich treiben,
so schnell ich will,
wohin ich will,
und solange ich will ...

Wind
in meinen Segeln spüren ...

330

BEREIT FÜR GUTE ARBEIT

Ich kenne Menschen, ohne schulischen oder beruflichen Abschluss, die einer geregelten Arbeit mit geregelten Einkommen nachgehen. Ich kenne auch Menschen mit abgeschlossenem Universitätsstudium, die in Werbeagenturen, Steuerkanzleien ... mit vergleichbarem Einkommen fast rund um die Uhr arbeiten. Unter englischem oder amerikanischem Logo dürfen Sie sich wichtig fühlen – wenn sie auch keineswegs unersetzbar sind. Nicht selten werden Sie systematisch zu »workaholics« getrimmt.

Was ist es, was Menschen im 21. Jahrhundert plötzlich freiwillig in solche Abhängigkeiten treibt? Früher gab es Sklaverei, Leibeigenschaft und ähnlich ausbeuterische Systeme. Heute – findet man Anerkennung und Bewunderung, wenn man Tag und Nacht zu schuften bereit ist, solange das geht.

Könnte es ein Mangel an innerem Selbstwertgefühl sein, was Menschen in solche ausbeuterischen Abhängigkeiten treibt? Könnte es eine willkommene Ablenkung sein durch ihre ein- bzw. ausnehmende Tätigkeit? Oder ist es der Drang, irgendwann einmal ganz groß rauszukommen? Und dafür nimmt man all die persönlichen, sozialen und gesundheitlichen Risiken in Kauf?

Ist es so und ist es in Ordnung, sich selbst und womöglich seine Beziehungen auf Kosten des Berufs leiden zu lassen? ... Haben wir nicht alle das Recht, zu fairen, menschlichen Bedingungen unsere Arbeitskraft anzubieten? Haben wir nicht alle die Würde, würdevoll unserer Arbeit – wie auch immer sie aussieht – nachzugehen?

Leben, um zu arbeiten ...?
Arbeiten, um zu leben ...?

ICH BIN ICH UND UNGENORMT

Normung macht Sinn,
wenn es um Schrauben, Fenster, Türen, Bretter, Umschläge und
Briefhüllen geht ...

Dadurch dass Dinge genormt sind, erhalte ich sie an vielen Orten,
in den allgemein üblichen Ausführungen, zu berechenbaren Preisen ...

Alles, was an Produkten von der Norm abweicht, gilt als Sonder-
anfertigung und muss eigens in Auftrag und Produktion gegeben
werden.

Was könnte es für mich als Menschen bringen,
normal, genormt zu sein wie all die Schrauben und Fenster?

Hat das Leben mich genormt?
Bin ich genormt gedacht?
Sicher nicht!

Was immer ich bin –
ich bin ich –
und du bist du –
jeder ist ein Unikat ...

Die Kunst des Trauerns
und Vertrauens

DER TRAUER IHRE ZEIT GEBEN

Warum ist das gescheh'n, warum musstest du geh'n,
warum bin ich allein, wo kannst du nur sein?

Wo ist deine Seele, wo ist deine Liebe,
wo ist dein Herz, was ist das für ein Schmerz?

Wieso gingst du von mir, wieso bist du nicht hier,
wieso bist du gestorben, hab ich dich verloren?

Wie wird es weitergeh'n, wie kann ich's versteh'n,
wie soll ich ohne dich leben, weshalb musstest du geh'n?

Weshalb bin ich allein, weshalb hilft es, wenn ich wein',
weshalb bist du nicht mehr hier, wann kommst du wieder zu mir?

Wann werden wir uns wiederseh'n,
wann der Schmerz, die Angst vergeh'n,
wann werd' ich versteh'n, warum ist es gescheh'n?

*Ich spüre meine Trauer
und gebe ihr Zeit und Raum ...*

VERBUNDEN SEIN UND SICH DENNOCH LÖSEN

»Ich war doch längst aus- und umgezogen,
weit weg in eine andere Stadt –
und doch lebte ich noch lange,
lange Zeit im Hause meiner Eltern.«

Ablösung von Menschen, Dingen, Situationen, von alten Zeiten ... von Gebundenheiten mancher Art – immer wieder wichtig und niemals ganz zu bewältigen. Die schwierigste Ablösung ist gewöhnlich die des Kindes von seinen Eltern: das Verlassen des Elternhauses, das Umziehen in eine andere Stadt ... Selbst nach Jahren des Auszugs und trotz der räumlichen Distanz fällt es manchmal schwer, sich aus unreifer Verbundenheit zu lösen. So manches aus der Sicht der Eltern ist verinnerlicht worden, auch Vorurteile, Verhaltensmuster, Ängste und Rituale. All das hat entscheidend zum Werden der eigenen Persönlichkeitsstruktur beigetragen und übt als Über-Ich noch immer Kontrolle über uns aus – wenn auch oft unbemerkt und unbewusst.

Eine Ablösung muss z. B. auch am Ende einer Psychotherapie stehen, dem »Arbeitsbündnis« zwischen Therapeut und Klient, bei dem sich Bindungen entwickelt haben. Bindungen, die Gefühle erzeugten wie Geborgenheit und Vertrautheit – und am Ende zum »Abschluss« gebracht werden müssen. Erst dann lebt der Klient frei sein eigenes Leben – ohne äußere Unterstützung oder Begleitung.

Wir kommen immer wieder an Schwellensituationen in unserem Leben, in denen es für unser Vorankommen wichtig ist, Altes hinter uns zu lassen. Dann müssen wir uns ablösen – gewissermaßen die Nabelschnur durchschneiden und den Atem der Veränderung in uns fließen lassen – unabhängig und frei ...

Verbunden sein mit dem Hier und Jetzt –
von Vergangenem mich liebevoll lösen ...

VIELLEICHT IRGENDWANN

Vielleicht irgendwann
werde ich finden,
ohne zu suchen,
den verborgenen Schatz der Zufriedenheit.

Vielleicht werden manche Wünsche sich erfüllen
und anderes Streben wird ewig leben.

Vielleicht werde ich entdecken,
ohne zu verlieren,
vermissen und begehren
und doch glücklich sein.

Vielleicht werd' ich den Himmel seh'n,
vielleicht schon bald auf Erden.

Vielleicht wie ein Engel sein,
der der Sonne entgegenfliegt,
begleitet von viel Sonnenschein,
voll Freude selbst den Tod besiegt.

*Vielleicht
irgendwann ...*

SPIRITUALITÄT ERBITTEN

Es gab eine Zeit, da stand ich auf am Morgen und dankte Gott für den neuen Lebenstag. Es gab eine Zeit, da lebte ich meinen Tag, einen nach dem anderen und dankte Gott für diese Welt. Es gab eine Zeit, da ging ich abends zu Bett und dankte Gott, ohne genau zu hinterfragen »wofür«. Ich sagte nicht nur »danke«, ich fühlte auch »danke«. Ich war Kind, erfüllt mit Spiritualität. Der Himmel war mir nah ...

Was sage ich heute
am Beginn eines neuen Tages?

Was denke ich heute
während des Tages über diese Welt?

Was fühle ich heute,
wenn ich am Abend zu Bett gehe?

Hilf mir, Gott,
dass mein Fühlen, Denken und Handeln wieder
erfüllt sind von dem, was man Spiritualität nennt.

Hilf mir, Gott,
dass ich wieder Dankbarkeit empfinden kann
für mich und mein Leben.
Ich hoffe, dass eine erfüllte Zukunft
heute, hier und jetzt beginnt ...

AUFSTEHEN UND HANDELN

Ruhig da zu sitzen, ganz still und leise, die Stirn nicht gerunzelt, die Nase nicht gerümpft, die Augen nicht lachend, auch nicht weinend, der Mund, nichts sagend, einfach ruhig – so machen es Menschen, die sich in einen Entspannungszustand begeben und vorübergehend heraustreten aus dem Alltag und seinen Abläufen. So machen es auch Menschen, die sich zurückziehen, wenn Angst oder Unsicherheit sie plagen. So machen es ebenso depressive Menschen, die sich nicht mehr in der Lage sehen, Verantwortung für ihre Wünsche und Bedürfnisse zu übernehmen und nächste Schritte zu tun.

Wenn wir uns hinsetzten und keinen Grund mehr sehen, wieder aufzustehen, beginnt ein Teufelskreis. Wenn wir aufhören zu handeln, sind wir nicht mehr Herr im eigenen Haus.

Was will ich?
Will ich passiv abwarten und zusehen, was das Leben aus mir macht?
oder:
Will ich aktiv planen und handeln, damit in meinem Leben geschehen kann, was ich mir wünsche?
Worauf warte ich?

Liebevoll horche ich in mich hinein, was mir fehlt.
Sobald ich weiß, was ich mir wünsche, stehe ich auf
und schaffe die Voraussetzung dafür,
dass das Leben meine Wünsche erfüllen kann.
Ich vertraue, dass ich die Kraft zum Handeln habe.
Ich vertraue, dass das Leben mir gibt, was mir fehlt.
Alles werde gut ...

UNABHÄNGIGKEIT ANSTREBEN

Solange wir uns in einer Abhängigkeit befinden, sind wir besonders verletzbar und empfindsam. Abhängigkeit lenkt unsere Aufmerksamkeit auf andere und anderes, weg von der eigenen Person. Abhängigkeit bewirkt, dass wir passiv abwartend – ohne dabei selbst tätig zu werden – auf die Unterstützung von außen hoffen.

So verbringen wir viel mehr Zeit und Energie damit, unsere Umgebung dazu zu bringen, unseren Wünschen zu entsprechen, als dass wir selbst für sie einstehen. Was nach außen hin so aussieht, als sei es bequem und mühelos – das Warten auf andere –, kann in Wirklichkeit sehr viel kräftezehrender sein, als für sich selbst sorgend aktiv zu werden.

Sobald wir beginnen, unsere Geschäfte selber in die Hand zu nehmen, werden wir weniger empfindlich und verwundbar, was die Menschen unserer Umgebung und das Leben überhaupt betrifft. Die Erfahrung, dass wir selbst bewirken können, was wir erwarten, gibt uns das Gefühl der Sicherheit und der eigenen Stärke. So steigt mit dem Maß an Eigenständigkeit nicht selten auch die Freude und die Lust am Leben.

Mit einer recht verstandenen Unabhängigkeit ist es möglich, sowohl Freiheit der eigenen Person als auch Sicherheit in den Beziehungen zu anderen Menschen zu erfahren. Dadurch gewinnt unser Leben an Lebenswert.

Ich löse mich aus allem,
was mich abhängig macht –
Gedanken, Gefühle, Erwartungen,
Menschen ...

IM FRIEDEN SEIN TROTZ ALLEM

»Im Wollen und im Streben
vergaß ich manches Mal,
was ich bereits besaß.«

Im Frieden sein
– trotz all der noch unerfüllten Wünsche und Sehnsüchte.

Zufrieden sein
– trotz all der noch offenen, ungeklärten Dinge.

Im Frieden sein
– trotz all der noch ausstehenden, erwarteten Veränderungen.

Zufrieden sein
– trotz all der noch zu bewältigenden, unerledigten Schritte.

Im Frieden sein,
– trotz aller Unzufriedenheit und aller Unruhe.

Im Frieden sein
– schon heute!

Trotz allem –
ich bin zufrieden,
im Frieden schon heute ...

340

LEBEN MIT DEN ELTERN

Ich war gerade dabei, das zu tun, was man »an sich selbst arbeiten« nennt. Ich traf mich einmal im Monat mit einer Gruppe Gleichgesinnter und unserem Therapeuten. Einige von uns waren schon Therapeuten, auch ich. Ich war aber nicht nur Therapeut, ich war auch Lehrer und Partner, Freund, Bruder, Enkel ... – und auch Kind, Kind meiner Eltern. Wir gingen tiefenpsychologisch an unsere Probleme heran. Eines Tages sollte die Beziehung zwischen mir und meiner Mutter durchleuchtet werden. Ich sollte endlich erwachsen werden, mich loslösen vom Elternhaus und eigene Wege gehen. In einer Art Tagtraumübung sprach ich mit meiner Mutter. Und es dauerte nicht lange, bis ich sie mit »bösen« Worten beschimpfte und ihr zuletzt den Tod wünschte. Ich war wütend, zornig und sehr aufbrausend – so vieles, was geschah, so vieles noch Offenes und Ungeklärtes zwischen uns ... Einiges, was ich sagte, tat mir schon Sekunden später leid. Während der Tagtraumübung nahm ich meine Mutter wieder in die Arme und versöhnte mich mit ihr. Es waren die Schuldgefühle ihr gegenüber und der Wunsch nach Wiedergutmachung. Es war auch ein Muster innerhalb unserer Beziehung, was da deutlich wurde. Ich verstand es und wurde wieder wütend und zornig.

Endlich fing ich damit an, mich an das, was die Psychologie als »Elternmord« bezeichnet, heranzuwagen – »Elternmord« im Sinne des Aufdeckens von noch offenen Konflikten und Emotionen der Beziehung.

Wenige Wochen später starb meine Mutter. Sie starb mit 48 Jahren, unerwartet. Plötzlich hatte ich nur noch Liebe für sie – keine Wut, keinen Zorn – nur mehr Liebe...

Was immer war,
was immer ist,
ich versuche,
mit meinen Eltern (in mir) zu leben ...

FEHLER – BOTSCHAFTEN DES UNBEWUSSTEN

*»Und dabei war ich doch sicher,
das Richtige getan zu haben.«*

Fehler ziehen Konsequenzen nach sich. Fehler werden oft erst im Nachhinein bewusst – wenn sich herausstellt, dass aufgrund einer vorangegangenen Entscheidung etwas anderes entsteht als das, was wir erwartet haben. Gerade jene Ereignisse, die uns mit unangenehmen Teilen unserer selbst oder unseres Lebens konfrontieren, die wir bewusst oder unbewusst vermeiden wollten, bezeichnen wir gerne als Versagen. Fehler ziehen nicht nur Konsequenzen nach sich; sie sind selbst Konsequenzen – unserer Persönlichkeit und unserer Lebensumstände. Sie entstehen genau dann, wenn wir uns mit ungelösten Konflikten nicht auseinandersetzen wollen, wenn wir nicht willens sind, die Schwachstellen unseres Seins zu erkennen, oder nicht bereit sind, uns mit ihnen bewusst und ehrlich auseinander zu setzen.

Wenn wir nicht erahnen, wer und was wir wirklich sind, tief im Inneren unseres Herzens, wenn wir nicht spüren, was gut oder schlecht für uns ist, wie sollen wir da die Lösung kennen? Wie könnten wir da sicher sein, das Richtige zu tun oder getan zu haben? Genau hier sind wir auf jene Botschaften des Unbewussten angewiesen, die wir Fehler nennen. Fehler weisen uns den Weg und bringen uns dem Ziel näher. Sie zeigen uns die Richtung. Sie geben uns die Möglichkeit, die Richtung zu ändern, stehen zu bleiben, mit Vollgas vorauszufahren oder umzukehren. Sie sind Wegweiser des Lebens, unseres Lebens. Sie sind jeweils die ganz individuellen Konsequenzen unserer individuellen Art des Daseins. Erst dann, wenn wir den Hintergrund, die Ursache für unsere Fehler und damit auch den Sinn- und Sprachgehalt erkennen und bereit sind, diese unbewussten Inhalte bewusst werden zu lassen, können wir in Zukunft auf diese Art von Fehlern verzichten.

Auch Fehler sind wichtig ...

DEM LEBEN EINE CHANCE GEBEN

Hinter dem starken Bedürfnis, Situationen schnell durchschauen, einschätzen oder beurteilen zu wollen, stecken eine Angst und eine Schwäche: Wenn wir uns rasch ein Bild von Dingen und Vorgängen verschaffen, können wir diese einordnen, überschaubarer, kontrollierbarer machen. Angst vor der Unsicherheit gegenüber Neuem, Ungewohnten verringert sich, wird gebunden – aber nur vordergründig.

Denn diese Haltung ist es auch, die uns vorschnell abwerten lässt und somit von vornherein eine günstige Entwicklung erschweren oder verhindern kann. Wenn ich z. B. unsicher bin, ob ein Arbeitsplatzwechsel mir meine erwünschten Möglichkeiten des beruflichen Aufstiegs bieten wird, oder ob das Leben mir gibt, was ich brauche, ob alles so wird, wie ich es mir vorstelle, habe ich die Möglichkeit, mit dieser Unbestimmtheit über einen ungewissen Zeitraum schwanger zu gehen, die Situation und deren Entwicklung sozusagen auszutragen, offen für alles Weitere ... Fehlt mir jedoch ein solch offenes Vertrauen, werde ich alles versuchen, den Lauf der Dinge auf krampfhafte Weise zu kontrollieren. Dies kann eine »Früh-« oder »Spätgeburt« zur Folge haben. Beides ist nicht optimal. Womöglich neige ich auch dazu, durch voreilige, negative fixierte Bewertungen die Schwangerschaft meiner Lebensphase ganz abzubrechen.

Wie wär's, Gott, dem Leben und mir selbst zu vertrauen? Wie wär's, mit der Sicherheit zu leben, dass all das geschehen wird, was geschehen soll, zum richtigen Zeitpunkt, am richtigen Ort, auf die richtige Art und Weise? Wie wär's, damit aufzuhören, Dinge vorschnell zu bewerten, abzuwerten? Wie wär's, dem Leben, unserem Leben ein Chance zu geben?

Dem Leben vertrauen, heute und morgen.
Indem ich ihm die Chance gebe,
schaffe ich die Voraussetzung,
dass alles gut wird ...

VOM GEBRAUCH DES GELDES

»Ein Alter liebt die Taler; ein Junger liebt sie auch,
nur jener zum Verstecken und dieser zum Gebrauch.«
LOGAU: SINNGEDICHTE

Es ist keine Schande, Geld haben zu wollen. Geld gibt uns Möglichkeiten, Dinge zu kaufen, Dinge, die nicht durch Beten oder Loslassen zu uns kommen, sondern dadurch, dass wir für sie mit einem erworbenen Zahlungsmittel bezahlen. Geld kann das Leben bereichern, wenn wir damit umzugehen verstehen. Gibt jemand mehr aus, als er besitzt, kann ihn dies in große finanzielle Nöte bringen. Hat ein anderer das Sparen und Knausern – einem dicken Bankkonto zuliebe – zum absoluten Lebensprinzip erhoben, während er seine mittels Geld zu befriedigenden Wünsche unterdrückt, stellt sich auch hier die Frage nach einem sinnvollen Einsatz.

Ich kläre von Zeit zu Zeit, worin meine finanziellen Ziele bestehen. Wie viel Geld benötige ich für künftige Aktivitäten? Wie viel habe ich real zur Verfügung? Wie viel sollte ich sparen, um einen Kredit zu tilgen, ein gewünschtes Guthaben zu erreichen oder für mein Alter vorzusorgen? Und will ich auch genießen, wenn es zur Verfügung steht? Genau dafür ist es da.

Auch Geld hat sein Gutes,
kann Licht und Schatten sein –
wie eine Energie ...

WAS IST MEIN?

»Manchmal frage ich mich, was eigentlich noch übrig bliebe,
nähme ich all die Fremdbestimmungen aus meinem Leben.«

Was ist mein
— von dem, was ich denke?

Was ist mein
— von dem, was ich fühle?

Was ist mein
— von dem, was ich tue?

Was ist mein
— von dem, was ich meine?

Was ist mein
— von dem, was ich habe?

Was ist mein
— von meinem Leben?

Was ist mein
— von mir?

Was ist wirklich mein?

Ist es nicht wunderbar,
ich selbst
zu sein ...?

RESTPOSTEN GELTEN LASSEN

Wir müssen nicht alles erledigen und auflösen, klären oder bereinigen – nicht heute und auch nicht morgen. Vieles wird offen bleiben, vieles muss offen bleiben in einem Leben, das lebt.

Es gibt ihn nicht, den Zustand des Abgeschlossenen, nicht in diesem Leben, nicht solange wir leben. So wird es immer Worte geben, die nicht gesagt, und Gedanken, die nicht gedacht wurden. So wird es Gefühle geben, die nicht gefühlt, und Handlungen, die nicht vollzogen wurden. So ist das Leben und so sind wir als Teil von ihm.

Es ist wichtig, dass wir uns darüber im Klaren werden, dass wir nicht perfekt zu sein brauchen. Es ist gar nicht möglich. Wir können es ebenso wenig wie ein anderer. Und vielleicht ist es äußerst überflüssig und unsinnig, dies überhaupt anzustreben.

Unsere Aufgabe heißt leben. Manche mögen empfehlen: »Lebe, als wäre es der letzte Tag!« Andere raten: »Lebe, als wäre es der erste Tag!« Hauptsache wirklich leben.

Ich lebe:
offen und weit –
an jedem Tag ...

AUFRECHT UND WAHRHAFTIG

»Allzeit traurig ist beschwerlich,
Allzeit fröhlich ist gefährlich,
Allzeit aufrecht, das ist ehrlich.«
HAUSINSCHRIFT

Im Sinne einer ganzheitlichen Lebenspraxis macht es keinen Sinn, irgendeine Rolle zu spielen. Es ist unnötig und äußerst müßig, das, was wir sein wollen, oder das, was wir glauben, was andere an uns haben wollen, künstlich darzustellen. Wir arbeiten nicht an uns, um schauspielerische Fähigkeiten zu entwickeln; wir streben nach seelischer Gesundheit und Ausgeglichenheit in allem, was wir tun und sind.

So hart wir auch arbeiten, so viel wir auch sähen, es kann nicht gelingen, allzeit zu ernten. Nicht jeder Tag und auch nicht jeder Lebensabschnitt ist dazu gedacht, dass wir uns immerzu in gleicher Art und Weise erleben. Vielmehr erwarten uns äußere Veränderungen, die dazu da sind, dass wir sie zum Anlass nehmen, uns innerlich weiterzuentwickeln. Wir werden reagieren, so oder so, uns bewegen oder versuchen, still zu stehen. Es liegt an uns, im Zug des Lebens mitzufahren. Er kennt kein Halten, auch in der Stille nicht.

Wenn wir uns darin üben, aufrichtig zu sein in all dem, was wir fühlen, denken oder tun, werden wir uns als offen, vielfältig und lebendig erleben und diese Offenheit und Klarheit auch in unsere Beziehungen tragen. Unser Leben kann werden, was es ist: ein Lebensfluss.

Ist das Leben auch beschwerlich –
allzeit aufrecht, das ist ehrlich ...

MITEINANDER REDEN – OFFEN UND WAHR

»Miteinander zu reden, offen und ehrlich,
kann so heilsam sein.«

Kein Mensch lebt für sich allein. Wir sind soziale Lebewesen, sind angewiesen auf andere. Wir brauchen Menschen und möchten ebenso von ihnen gebraucht werden. Menschen sind wichtig für uns; genauso wollen wir wichtig sein für andere.

Gerade jenen Menschen gegenüber, die wir für unseren Lebensweg als besonders wichtig erachten, bringen wir hohe Erwartungen entgegen. Gleichermaßen spüren wir Erwartungen ihrerseits. Dies macht das Zusammenleben nicht selten schwierig. Vor allem dann, wenn Erwartungen einerseits und die Bereitschaft, Erwartungen zu erfüllen, andererseits sich nicht decken. Wenn z. B. ein Partner dem anderen nicht geben will, was der andere erwartet, entstehen Gefühle der Frustration. Wo Gefühle der Frustration sich einstellen, wachsen entweder Resignation oder aber auch Aggression.

Offene und klare Worte können helfen, den andern so zu sehen, wie er ist, und mich selber so mitzuteilen, wie ich bin. Sie können helfen, Frustration, Resignation oder Aggression von vornherein zu vermeiden. Offene und ehrliche Worte geben einer Beziehung oder Partnerschaft mehr Qualität und Tiefe. Offenheit und Ehrlichkeit verbinden, wo Verschlossenheit trennt und Kälte verbreitet.

Offen und ehrlich miteinander reden
kann so heilsam sein ...

VERTRAUEN

Vertrauen,
- auch wenn das Leben es nicht immer gut mit mir meint,
- auch wenn nicht alles so ist, wie es scheint,
- auch wenn ich manchmal traurig bin.

Vertrauen,
- auch ohne tieferen Sinn,
- ohne zu wissen wieso und warum.

Vertrauen,
- mit Herz und Verstand,
- mit Kopf und mit Hand.

Vertrauen,
- selbst wenn nichts mehr vertraut mir scheint.
- auch wenn meine Seele weint.

Ich will vertrauen,
nichts als vertrauen ...

ALTE BLÄTTER FALLEN LASSEN

Draußen wird es kalt. Es wird Winter. Und seit Wochen fordert der Herbst die Bäume auf, ihre alten Blätter fallen zu lassen. Die Bäume verabschieden sich von dem, was im Frühling an ihnen zu wachsen begann und im Sommer in voller Blüte stand. Nun wird es Winter. Der Sommer ist vorbei. Die Bäume brauchen ihre Blätter nicht mehr.

Ein Gleichnis der Natur – auch das Menschleben hat seine Jahreszeiten, Zeiten zum Fallenlassen alter Geschichten, zum Loslassen all dessen, was früher wichtig war, jedoch zu welken begann: auch alte Beziehungen, die nicht mehr tragen, Erwartungen, Ängste und deren Energie raubende Enge, Abhängigkeiten und Neigungen, die unserer Seele im Wege stehen. Wir können zulassen, dass all das fortzufliegen beginnt wie die Blätter im Wind ...

In manchen Bereichen meines Lebens
ist es längst Herbst geworden.
Es ist an der Zeit, alte Blätter fallen zu lassen.
Der Wind weht davon, was nicht mehr zu mir gehört.
Ich lass es geschehen, weil ich weiß,
dass der Frühling mich zu seiner Zeit nicht vergisst
und mich erneut mit neuen Lebensblättern beschenkt ...

ALLES, WAS ICH WIRKLICH BRAUCHE, WIRD SEIN

»Bittet, dann wird euch gegeben.«
AUS DER BIBEL

Wenn ich einen Anfang brauche, wird ein Anfang bei mir sein.
Wenn ich ein Ende brauche, wird ein Ende bei mir sein.
Wenn ich einen Morgen brauche, wird ein Morgen bei mir sein.
Wenn ich einen Abend brauche, wird ein Abend bei mir sein.
Wenn ich einen Tag brauche, wird ein Tag bei mir sein.
Wenn ich eine Nacht brauche, wird eine Nacht bei mir sein.
Wenn ich einen Frühling brauche, wird ein Frühling bei mir sein.
Wenn ich einen Herbst brauche, wird ein Herbst bei mir sein.
Wenn ich einen Sommer brauche, wird ein Sommer bei mir sein.
Wenn ich einen Winter brauche, wird ein Winter bei mir sein.
Wenn ich Urlaub brauche, wird ein Urlaub bei mir sein.
Wenn ich Arbeit brauche, wird Arbeit bei mir sein.
Wenn ich Gesundheit brauche, wird Gesundheit bei mir sein.
Wenn ich Krankheit brauche, wird Krankheit bei mir sein.
Wenn ich Leben brauche, wird Leben bei mir sein.
Wenn ich ein Sterben brauche, wird Sterben bei mir sein ...

Was immer ich wirklich brauche –
selbst wenn ich nicht darum bitte,
es wird bei mir sein ...

NATUR UND KULTUR

Kultur ist die von Menschenhand gestaltete Natur. Kultur ist Ackerbau und Viehzucht. Kultur ist Sitte und Brauch. Kultur ist Musik, Malerei, Tanz, Schauspiel, Dichtung ... Entsprungen aus dem Bedürfnis der modernen Erlebnisgesellschaft, dient Kultur heute wesentlich der Lust und Unterhaltung. Menschen von heute, die die Natur allmählich »in den Griff« bekommen haben, lassen sich Kultur zudem etwas kosten und sind gerne bereit, etwas tiefer in die Tasche zu greifen.

So groß die kulturellen Leistungen einzelner Menschen oder Völker auch waren oder sind, man sollte nicht vergessen, dass die Natur in ihrer reinen und vom Menschen unberührten Form längst vorher da war und erst die Voraussetzungen für Kultur schuf. Die Natur ist die Mutter von allem. Alles, was durch Menschengeist und -hand künstlerisch und auch künstlich aus ihr gemacht wird, kann nur Abbild von ihr sein.

In der modernen Welt ist es wichtig, dass wir nicht gänzlich die Verbindung zur Natur verlieren. Wir sollten nicht übersehen, was die Natur aus sich selbst heraus und ohne menschliche Manipulation hervorbringt. Wann immer möglich, sollten wir den natürlichen Gesang von Vögeln der Musik einer Hifi-Anlage vorziehen und lebende Pflanzen ihren Artgenossen aus Kunststoff. Wenn wir Natur nur noch darin erleben, dass wir im Sommer die Wohnung klimatisieren, während wir sie im Winter heizen, wer vermag dann noch zwischen Kultur und Natur zu unterscheiden?

Die Natur gibt unendliche Kraft –
sie ist die Mutter von allem ...

DAS GEFÜHL
DER GEFÜHLLOSIGKEIT

Kein Auf
kein Ab
kein Links
kein Rechts
kein Vor
und kein Zurück

nicht gut
nicht schlecht
nicht wollen
nicht sollen
nicht dürfen
und nicht müssen

ohne Freude
ohne Leid
ohne Raum
ohne Zeit
ohne Ich
und ohne Du

Meine Gefühle
kehren zurück ...

PROJEKTIONEN ERKENNEN

»Was dein Auge an andern sah,
wird andern nicht an dir entgehen,
wir stehen uns selber viel zu nah,
um unsre Fehler selbst zu sehen.«

TIEDGE

Projektion nennt die Psychologie den Abwehrmechanismus, der bewirkt, dass wir unangenehme und unerwünschte Charaktereigenschaften und Verhaltensweisen an uns selbst nicht wahrnehmen, an anderen Menschen dagegen besonders bemerken. So können wir an unserer Umwelt beobachten, studieren, verurteilen ..., was innerlich in uns selbst zu sehr angstbesetzt ist. Das Erkennen der eigenen abgelehnten Lebensanteile an anderen Menschen schafft so eine Art Distanz von den kritischen Bereichen des eigenen Lebens und zugleich eine Entfremdung von uns selbst.

Wir sollten hellhörig werden, wie wir andere Menschen beurteilen, was uns an ihnen auffällt, was wir an ihnen schätzen oder ablehnen. Nicht selten nehmen wir an anderen genau jene Eigenschaften wahr, die wir selbst nicht zu leben bereit sind. Sehr häufig versuchen wir, bei anderen zu bekämpfen, was wir uns selbst nicht erlauben oder zugestehen.

Ich bin ich –
du bist du –
alles ist gut ...

VON ZÜGEN ABSPRINGEN, DIE NICHT
»NACH HAUSE« FAHREN

Sich von etwas zu verabschieden, was einst von großer Bedeutung für uns war, kann sehr weh tun. Manchmal haben wir schon lange Zeit nur als Beobachter verfolgt, was geschieht, und das Ende war in Sicht. Dann wurden wir von den Ereignissen überrumpelt und stehen gelassen, bevor wir sie jemals hätten verlassen können. So oder so – wenn wir ein Stück Vergangenheit hinter uns lassen, weil es darin keine Zukunft mehr gibt, so ist dies meist eine schwere und schmerzvolle Prüfung.

»Neu anfangen«, »alles hinter sich lassen« – wenn dies nur einfacher wäre! So vieles, was uns noch verbindet, so vieles, was noch ungelebt und ungesagt geblieben ist. Wie soll man sich verabschieden und stark und selbstbewusst genug sein, um das Leben wieder in die Hand zu nehmen, wenn man sich innerlich leer und verlassen fühlt, wenn man nicht weiß, wie es weitergehen soll und die Angst vor der Zukunft so groß ist?

Vielleicht werden wir gewahr, dass all das, vor dem wir uns fürchteten und das zu groß uns erschien, in dem Moment, in dem wir es aus uns selbst heraus angehen, viel kleiner wird und lebbar. Vielleicht stellen wir fest, wenn wir dann endlich vom Zug abspringen, der nicht »nach Hause« fährt, dass dieser ohnehin schon zu fahren aufgehört, ja, längst zum Stillstand gekommen ist. Möglicherweise fängt der Boden uns viel sanfter auf, als wir es je vermutet hätten, weil die Zeit ohnehin längst reif dafür war.

Ich habe die Kraft, vom Zug abzuspringen,
der ohnehin nicht »nach Hause« fährt
zu dem, der ich eigentlich bin ....

DIE SCHÖNHEIT IN MIR

Gott hat mich erschaffen und geformt
in einer Einzigartigkeit –
kein Mensch wie ich,
kein Gesicht wie das meine,
nicht gleich mit anderen,
nur ich für mich
und für diese Welt
als Kind der Sterne und des Himmels
mit all seiner Grenzenlosigkeit,
dass ich mich selbst erkennen kann
und frei und offen bin
und lachen kann und will,
dass ich nach draußen geh'
und wieder heim von dir,
dass ich die Schönheit seh',
die so unendlich groß und weit
und unvergleichlich ist in mir.

Unendliche Schönheit
ist in mir ...

MICH SELBST LIEBEN

Mich selbst zu lieben hat nicht das Geringste mit Egoismus oder Narzismus zu tun. Mich selbst zu lieben ist Ausdruck einer gesunden, freundschaftlichen und zutiefst angemessenen Einstellung der eigenen Person gegenüber. Wer sich selbst liebt, kann auch das Leben lieben. Wer das Leben liebt, kann andere Menschen lieben. Wer andere Menschen liebt, kann von anderen Menschen geliebt werden. So ist die Lektion des Sich-selbst-Liebens wohl eine der heilsamsten und Glück bringendsten auf unserem Weg überhaupt.

Manch einer muss mühsam lernen, sich selbst zu lieben. Vielen ist diese Liebe in ihrer Erziehung verschlossen geblieben, die Zuwendung und Anerkennung grundsätzlich von der Erfüllung bestimmter Leistungen abhängig machte. Da wir aber vor allem in Situationen, in denen wir als Kind und auch in späteren Jahren liebevoll behandelt wurden, uns auch selbst als liebevoll und liebenswert erleben durften, braucht es uns nicht zu wundern, wenn wir noch heute so sehr danach streben, anderen mehr als uns selbst zu gefallen.

Wie auch immer wir Liebe bisher erfahren haben und an welche Bedingungen sie auch immer geknüpft war, ein reifer Mensch sollte lernen, sich selbst die Liebe angedeihen zu lassen, die er sucht. Seine Aufgabe ist es, sich selbst zu finden und zu lieben, um mit dieser Liebe dann auch nach außen hin zu wirken. Dabei wird die Liebe, die wir uns selbst und anderen Menschen zuteil werden lassen, auch wieder zurückkommen und neue Liebe säen. Letztendlich werden wir erfahren, dass Begriffe wie »Leistung« und »Bedingung« in Sachen Liebe nicht das Geringste verloren haben.

Ich lebe,
weil ich geliebt bin –
warum sollte ich mich dann nicht lieben ...?

DIE KRAFT UMZUKEHREN

Vielleicht ist der Weg, den wir gerade gehen, nicht der richtige, nicht der richtige für uns. Mag sein, dass wir spüren, dass wir mit diesem Weg unser Ziel nicht erreichen werden, nicht heute und nicht morgen. Möglicherweise kommen wir eher um, anstatt an.

Wenn wir erkennen, das wir uns auf einem Holzweg befinden, dass unsere Gedanken, Gefühle und Handlungen eher Negatives als Positives bewirken, dann sollten wir umkehren. Wenn wir gewahr werden, dass wir uns von den eigentlichen Zielen immer weiter distanzieren, dann ist es höchste Zeit, die Richtung zu ändern.

Wo immer ich auch stehe, heute, jetzt und hier, wo immer ich auch gehe, ich habe stets die Wahl und die Kraft, umzukehren und meinem Leben eine andere Richtung zu geben.

Ich habe jederzeit
die Wahl und die Kraft
umzukehren ...

ICH BIN GLÜCKLICH

Im Rahmen eines Selbsterfahrungsseminars, welches ich vor einigen Jahren mit einer Gruppe Arbeitsloser leitete, lud ich die Teilnehmer ein, sich für einige wenige Minuten einem so genannten Satzergänzungstest zu widmen. Ihre Aufgabe bestand darin, auf einem Blatt Papier begonnene Sätze zu vervollständigen. Die Satzanfänge, die darauf standen, lauteten z. B.: »Es wäre schön ...« – »Ich wünsche mir ...« – »Meine Eltern ...« und schließlich »Ich bin ...« Jeweils galt es, die Sätze spontan zu Ende zu formulieren.

Es war spannend, zu welch unterschiedlichen Aussagen die Teilnehmer kamen. Auf den Satzteil »Ich bin ...« ergänzte ein Mann mit den Worten »arbeitslos«. Ein anderer schrieb »45 Jahre alt«. Eine Frau meinte, sie sei »... zu dick«. Was hätte ich wohl selbst ergänzt?

Da war noch eine Frau, eine zurückhaltende Russin, die erst seit wenigen Wochen in Deutschland lebte, kaum der Sprache mächtig, mit einem Medizinstudium, das hier nicht anerkannt wurde. Da war sie, die fremde Akademikerin und Arbeitslose, die nicht nur ihren Abschluss, sondern auch – außer ihren Mann – die ganze Familie zurückgelassen hatte und dennoch auf die Wörter »Ich bin ...« schlicht und ergreifend mit »glücklich« antwortete. »Ich bin glücklich«, sagte sie und lächelte dabei. Und ohne, dass wir wirklich verstehen konnten, glaubten wir ihr.

Trotz allem –
bin ich glücklich ...?

BEDÜRFNIS NACH GEFÜHL

Sicher – wir haben Bedürfnisse – grundsätzliche und zum Überleben notwendige. Wir haben das Bedürfnis nach Nahrung, nach Kleidung, nach einem Dach über dem Kopf. Mehr noch: Wir haben auch das Bedürfnis nach Gefühlen.

Freude
– sie belebt und beschwingt, macht froh und schließt Freundschaft.

Lust
– sie ist geheimnisvoll und prickelnd, macht kreativ und lebendig.

Geborgenheit
– sie behütet und beschützt, gibt Sicherheit vor dem Dunklen in der Welt.

Wut
– sie lässt kochen und brodeln, gibt Energie und lässt Dampf ab.

Trauer
– sie macht nachdenklich, ruhig und still.

Angst
– sie macht verletzlich, schüchtert ein oder lässt aggressiv sein.

Gefühle – unzählige – lassen leben und zeigen, was in uns ist, öffnen unser Erleben und offenbaren, wo wir bedürftig sind.

Ich habe ein Recht
auf all meine Gefühle –
die Boten meiner Befindlichkeit ...

MICH FÜHREN LASSEN

Es kann so kräftezehrend sein, wenn ich meine, mir über alles und jeden unsere Gedanken machen zu müssen. Es ist zermürbend und ermüdend, jeden Schritt des Lebens zu planen und jedes Ereignis kontrollieren zu wollen.

Warum lasse ich nicht zu, dass ich göttliche Unterstützung erfahre? Warum lasse ich mich nicht darauf ein, meine Angelegenheiten mit Hilfe einer höheren Kraft zu regeln? Wie herrlich und bereichernd könnte es sein, einfach mal abzuschalten und auszuspannen, in dem Wissen, dass dennoch für mich gesorgt wird!

Ich lasse mich führen, lasse mich ein auf das Leben und seine Erfahrungen. Ich lasse zu, dass Dinge kommen und Dinge gehen. Ich nehme an, was mir gegeben wird, und lasse los, was mir genommen wird. Ich nehme das Leben, wie es kommt und vertraue darauf, dass alles genau in der richtigen Weise, zum rechten Zeitpunkt und am richtigen Ort geschieht, auch wenn ich es erst nicht verstehe.

Wenn ich mich ein Stück weit führen lasse und dem mir Zugedachten vertraue, können notwendige und für mich bestimmte Ereignisse leichter in mein Leben treten. Wenn ich mich hingebe in solche Zuversicht, wird eintreffen, was wichtig für mich ist.

Führe mich!

HARMONIE ZWISCHEN FREIHEIT UND GEBORGENHEIT

Je weniger ich mir zugestehe, in Freiheit und Selbstständigkeit zu leben, desto eher versuche ich, auch andere in ihren Aktivitäten einzuengen. Je größer die Angst vor der eigenen Grenzenlosigkeit, umso eher ist es das Ziel, auch den andern durch Grenzen kontrollierbar zu machen.

Alle Versuche, diese Kontrolle aufrechtzuhalten, kosten sehr viel Kraft und Lebensenergie. Das ständige Vermeiden und »Aus-dem-Weg-Gehen« von irgendwelchen Situationen nimmt mir schließlich den Blick, das Leben kreativ mitzugestalten.

Ein Teufelskreis beginnt und bewirkt nicht selten genau das, was ich eigentlich die ganze Zeit verhindern wollte. Es kommt zum Ausbruch, zum unkontrollierbaren! Zum Ausbrechen des Partners oder zum eigenen Ausbrechen, in welcher Weise auch immer, womöglich auch zum Ausbruch einer Krankheit.

Sorgen wir dafür, dass Harmonie einkehrt zwischen dem Bedürfnis nach Sicherheit und dem Bestreben nach Freiheit. Beides brauchen wir. Und beides sollten wir auch jedem anderen Menschen zugestehen.

Ich und du –
wir sind frei.

Auch in Freiheit
können wir geborgen sein.

Harmonie entsteht
zwischen Freiheit und Geborgenheit ...

MICH TRAUEN ZU TRAUERN

Wenn wir Trauer empfinden, ist dies eine natürliche Reaktion auf ein Verlusterlebnis. Da gibt es so vieles, was wir im Laufe unseres Lebens verlieren können: Jugend, Gesundheit, Arbeit, Geld, Beziehungen, Freunde, Partner, Wohnort, Ideale, Werte, Hoffnungen, Vertrauen ...

Man spricht von einem Trauerjahr, wenn ein naher Angehöriger gestorben ist. Ein Trauerjahr, welches uns erlaubt, ohne den geliebten Menschen in offener Traurigkeit zu verbringen. Ein Jahr, in dem sich Tage jähren dürfen, glückliche wie traurige, Tage, an denen jemand geboren wurde, Tage des Kennenlernens, Tage besonderer Nähe, Tage der Feste und der Tag des Abschiednehmens.

Trauer lässt sich nicht in Tage eingrenzen, auch nicht in Jahre. Trauer ist unberechenbar und ändert ständig ihr Gesicht. Trauer ist abhängig von dem, was wir verloren haben, von der Beziehung, die wir gelebt haben, von unserer derzeitigen Situation und von uns selbst. Trauer ist ein Recht, das wir haben. Nur wer sich traut, seine Trauer zu spüren und zu leben, kann sich – wenn die Zeit reif dafür ist – auch von ihr verabschieden.

Ich wünsche uns allen die Kraft, unsere Trauer – so wie wir sie erleben – auch zu durchleben – egal, was unsere Umwelt dazu sagt.

Ich traue mich,
zu trauern ...

DEZEMBER

Einem Stern folgen

ABWEHR IM BUND MIT MIR SELBST

Wenn wir uns bedroht fühlen, sei es durch eine äußere oder durch eine innere Gefahr, neigen wir vielleicht dazu, die Angst zunächst abzuwehren. Diese Abwehr kann in klaren und durchaus nachvollziehbaren Handlungen geschehen, wenn wir z. B. einer Situation bewusst aus dem Wege gehen. Vielleicht unternehmen wir aber auch den Versuch, an den unerwünschten Umständen etwas zu verändern. Abwehr kann jedoch ebenso verdeckt und unbewusst stattfinden, z. B. in Form eines innerseelischen Rückzugs in erstarrte Gefühle.

Dadurch dass wir uns zurückziehen, machen wir uns bis zu einem gewissen Grad unempfindlich gegen äußeres Leid. Wir meiden einfach jene Situationen oder Menschen, die uns gefährlich werden könnten. Vielleicht stumpfen wir sogar ab und verlieren dauerhaft den Zugang zu unseren – schmerzvollen – Gefühlen, was zugleich bedeuten kann, dass uns auch unsere freudvollen Gefühle fremd werden.

Wenn wir uns isolieren von Ereignissen oder Mitmenschen, die wir als unzuverlässig, unkontrollierbar oder gar feindlich erleben, ist das die eine Sache. Wenn wir uns von uns selbst und unserem eigenem Empfinden distanzieren, ist dies eine ganz andere. Sich von der Liebe anderer unabhängig zu machen, sich ihrem Einfluss zu entziehen um ihrer negativen Energie zu entgehen, mag – trotz der Einschränkungen der eigenen Lebensmöglichkeiten – vielleicht sogar ein Stück weit sinnvoll sein. Unabhängigkeit uns selbst gegenüber ist dagegen von vornherein zum Scheitern verurteilt.

Was immer ich abzuwehren versuche –
stets geschieht dies im Bund mit mir selbst ...

VON DER VORFREUDE

»Das ist der Liebe schönste Zeit,
vom ersten Blick zum ersten Kuss,
wo du, schon reich in Seligkeit,
schon ahnst, was dann noch kommen muss.«
NACH STEPHAN MILOW

Manche sind der Ansicht, dass man sich nicht zu sehr auf Veränderungen freuen soll, die noch nicht eingetreten sind; man könnte bitter enttäuscht werden! Tatsächlich hat wohl jeder seine Erfahrungen mit Frustrationen gemacht, nachdem er sich so sehr auf etwas freute. Nichts desto trotz: Freude ist Freude. Selbst für den Fall, dass eine Vorfreude uns in der erhofften Weise nicht auch als Freude zuteil werden sollte, gab es das Vorher und ein wenig von dem, wonach wir uns sehnten.

So kann die Zeit der Vorfreude eine sehr schöne, wenn auch nicht die tatsächlich oder letztendlich erstrebte sein. Schließlich soll ja auch geschehen, worauf wir uns freuen. Und wenn sich dann ein Traum realisiert, wollen wir nicht wie bisher die Fantasie, sondern das Leben genießen.

Obwohl Vorfreude zu einem Zeitpunkt stattfindet, da sich ein Vorhaben noch im Werden befindet, steckt doch schon viel Lebendigkeit auch in ihr. Wenn wir es zulassen, empfangen wir Gutes und Schönes – vor allem, wenn wir offen dafür sind, enttäuscht zu werden. Auch in einer Enttäuschung zur rechten Zeit steckt eine Lektion des Lebens.

Ich freue mich auf ...

DAS ERLEBEN DER LEBLOSIGKEIT

Lebendigkeit heißt sicher nicht nur atmen, essen, trinken, schlafen ... Wir sind Menschen, sind eine Persönlichkeit. Wir haben Stärken und Schwächen, Leidenschaften, Ängste und Träume. Wir haben Interessen und Begabungen, Wünsche und Sehnsüchte. Wir sind anders als die anderen und können diese Andersartigkeit und Individualität leben, indem wir sagen, was wir denken, und danach handeln, wie wir fühlen ...

Wir sind zudem soziale Wesen und wollen Kontakte zu anderen, verspüren das Bedürfnis, mit Gleichgesinnten Gemeinsamkeiten auszutauschen. Wir wollen uns geistig, seelisch oder auch körperlich anderen mitteilen. Wir sehnen uns nach Freunden, Partnern, nach Familie. Schließlich brauchen wir andere Menschen, um am »Du« unser »Ich« zu erkennen.

Nicht zuletzt streben Menschen nach Geborgenheit im Spirituellen, wünschen sich Gott, einen guten Plan, eine liebende Kraft, die uns beschützt und uns die letzten Sinnfragen erschließt.

Um uns wirklich lebendig zu fühlen, gilt es, uns selbst zu erkennen, so, wie wir sind, uns nach außen hin und mit anderen Menschen auszudrücken und im Glauben an eine göttliche Kraft dem Leben zu vertrauen. Wenn wir uns selbst und unsere Mitwelt – in materieller wie in ideeller Hinsicht – erleben, sind wir wahrhaft lebendig.

Ich und
du und
Gott ...

DAS SCHNECKENHAUS VERLASSEN

Wer am Leben teilhat, Kontakte pflegt, Aufgaben übernimmt, Träume
hat ..., der wird von Zeit zu Zeit auch Enttäuschungen und Frustrationen erleben. Auch sie sind Teil des Menschenlebens. Empfinden wir
solche Erfahrungen als zu schmerzvoll oder von Angst besetzt, könnten wir geneigt sein, uns ins stille Kämmerlein zu verkriechen. Vielleicht mag es uns so gelingen, gewissen unangenehmen Erfahrungen
auszuweichen; ebenso entziehen wir uns aber auch neuen, unvertrau-
ten Chancen des Reifens.

Innerer Rückzug kann nie die Lösung äußerer Konflikte sein. Denn
immer sind Probleme und Unstimmigkeiten, die wir mit anderen Menschen erleben, Ausdruck dessen, was sich in uns und mit uns selbst
noch nicht im Einklang befindet.

Sich immer wieder zu öffnen, dem Leben immer wieder eine Chance
zu geben, das Schneckenhaus ganz bald zu verlassen – darin besteht
einzig die Möglichkeit, Glück und Zufriedenheit, Freiheit und weiten
Raum zu erfahren ...

Ich mache mich nicht zur Schnecke.
Ich verlasse das Schneckenhaus ...

EREIGNISSE JÄHREN SICH

Wir sind eingebunden in Jahreskreise, in Jahreszeiten, verbunden mit Tageszeiten, mit Bräuchen, Sitten, Ritualen. Wir sind Teil eines wiederkehrenden Lebensrhythmus, der vieles aus vergangenen Jahren wieder ans Ufer spült, Jahr für Jahr.

Mit den Ereignissen werden auch Gefühle und Stimmungen wieder wach, lassen uns im Heute noch einmal das Gestern erleben. Haben wir z. B. einer Situation, einer Entscheidung, einem Empfinden ... von gestern bislang nicht ausreichend Aufmerksamkeit geschenkt bzw. sahen wir uns nicht in der Lage, auf eine für uns angemessene Weise damit umzugehen, so erinnert oftmals der Jahreskreis daran, dieses Problem oder jenes Thema doch noch zu betrachten, zu durchleuchten, zu erlösen. Wir bekommen erneut die Aufforderung, uns einer Sache zu stellen, sie zu bearbeiten, um endlich in Frieden zu kommen mit ihr und wieder ein Stück freier zu werden.

Wenn Tageszeiten, Jahreszeiten und Rituale andeuten, dass bestimmte Ereignisse sich jähren, kann unerlöst Vergangenes nochmals zur Chance einer neuen Gegenwart werden. So erhalten wir Jahr für Jahr, auch im Advent, das Angebot, ein Stück mehr loszulassen, anzunehmen, zu vergeben, Freundschaft zu schließen ... – was auch immer notwendig ist für unseren Weg.

Hilf mir, Gott, wiederkehrende Jahrestage
als Chance zu nutzen ...

Stärke mich in meiner Kraft, zu tun oder zu lassen,
wozu ich bisher nicht in der Lage war ...

Dann kann alles gut werden ...

LEBENSPLANUNG UNTER VORBEHALT

Hinter jedem Plan steckt die Idee, ein Vorhaben strukturieren und verwirklichen zu wollen. Pläne markieren eine Richtung, zeigen Ziel und Weg.

Planend versuchen wir, schon heute die Zukunft in den Griff zu bekommen. So üben wir uns im vorauseilenden geistigen Bewältigen von Geschehnissen, deren Existenz es noch gar nicht gibt, und begrenzen so die Unsicherheit und Ungewissheit gegenüber Neuem und Unbekanntem. Wir planen, weil wir auf Erfüllung hoffen. So sollen Bausparverträge den späteren Kauf eines Hauses sichern oder Rentenversicherungen den verdienten Lebensabend finanzieren ... Wer investiert, erwartet auch eine entsprechende Rendite.

Was ist, wenn wir plötzlich feststellen, dass ein Plan sich ändert, weil wir uns ändern? Was ist, wenn Pläne sich nicht erfüllen, weil der Partner, der Arbeitgeber oder unsere Lebensumstände nicht bereit dazu sind? Was ist, wenn die einst aufgestellte Rechnung nicht aufgeht, wir uns verrechnet haben?

Ich habe Wünsche und Erwartungen.
Ich habe das Recht, deren Erfüllung zu planen.
Es ist gut, wenn ich weiß, was ich will,
und bereit bin, dafür zu handeln.
Ebenso aber vertraue ich einem Plan,
der größer ist als der meine.
Ich vertraue auf den Plan Gottes,
den Plan meines Lebens,
der sich erfüllt für mich,
ohne dass ich ihn selber entwerfe,
ohne dass ich ihn kenne.   ∽

AUFHÖREN, MICH IM KREIS ZU DREHEN

»Manchmal habe ich das Gefühl,
mein ganzes Leben drehe sich im Kreis.«

Sich im Kreis drehen, eingesperrt sein, ohne vorwärts und rückwärts, ohne rechts oder links, einfach nur herum – ist das nicht schrecklich? Sich im Kreis drehen wie ein Rad im Getriebe, fremdbestimmt und gezwirbelt, ohne Eigenleben ... Sich im Kreis drehen, schwindelig werden, fast aufs Durchdrehen angelegt, abspulen wie eine Spindel ...

Wenn ich das Gefühl habe, mich im Kreis zu drehen, weil ich mir wieder einmal zu viel zumute, gestresst und k. o. bin, weil ich abermals gearbeitet habe, wie ich es schon längst nicht mehr wollte, oder weil ich erneut behandelt wurde, wie ich bereits vor längerer Zeit beschlossen habe, mich nicht mehr behandeln zu lassen, dann ist es höchste Zeit, die Notbremse zu ziehen und auszusteigen aus dem Teufelskreis. Wenn ich meine Gefügigkeit längst überschritten habe, sollte ich dringend abspringen vom Karussell der Fremdbestimmtheit.

Nur ich selbst bin in der Lage, meine krank machenden Mechanismen zu durchbrechen. Ich selbst nur kann gegenüber meiner Umwelt meine Grenzen setzen, kann zulassen oder ablehnen. Ich allein entscheide, ob ich im Rhythmus fremder Apparaturen irgendwann ausraste und durchdrehe oder aber mich im Einklang mit mir selbst durchs Leben bewege.

Ob kreuz und quer,
ob hin und her –
alles ist besser,
als mich in fremden Kreisen zu drehen ...

372

GUTES TUN FÜR MICH SELBST

Wieder einmal hatte ich einen langen Arbeitstag hinter mich gebracht. Ich machte Angebote, stellte als Lehrer mein Wissen und mein Können bereit, redete, unterstützte, kontrollierte und korrigierte. Alles, was ich tat an diesem Tag, bezog sich auf andere und diente anderen. Ich selbst fühlte mich am Ende ausgelaugt und leer.

Abends hatte ich vor, einen Entspannungskurs zu besuchen, nur für mich. Müde vom Tag wollte ich zunächst darauf verzichten, überredete mich aber dann doch, meiner Müdigkeit zum Trotz mir dies zu gönnen. Ich setzte mich ins Auto und fuhr zum vereinbarten Ort, zu dem Ort, an dem ich Schüler war, ein anderer der Meister. Nun wurde mir ein Angebot unterbreitet, für mich Wissen und Können bereitgestellt. Mein Tun wurde kontrolliert und korrigiert. Alles, was an diesem Abend geschah, bezog sich nur auf mich. Und plötzlich fühlte ich mich wieder kräftig und erfüllt, als hätte der Tag gerade erst begonnen.

So konnte ich wieder einmal die Erfahrung machen, wie gut es tut, selbst im Mittelpunkt der eigenen Aufmerksamkeit zu stehen. Ich konnte all meine Bemühungen, Gutes zu tun, an mir selbst erfahren, war Absender und Empfänger zugleich. Vor allem aber war ich selbst Ursache dafür, dass mir Gutes wiederfuhr.

Ich tue mir
alles erdenklich Gute ...
Und heute?

DINGE IN ANGRIFF NEHMEN

»Angriff ist die beste Verteidigung ...«
DEUTSCHES SPRICHWORT

Manchmal lassen wir zu, dass Dinge, Menschen, Situationen uns bedrohen, allein dadurch, dass wir von vornherein eine passive, untätige Haltung ihnen gegenüber einnehmen. Wir schieben Aufgaben vor uns her und vermeiden, uns ihnen zu stellen. Wenn sich Lernmöglichkeiten bieten, gehen wir ihnen konsequent aus dem Weg, so lange, bis es irgendwann nicht mehr geht. Dann erst, wenn bestimmte Dinge uns fast über den Kopf gewachsen sind, wenn Entwicklungen uns überrollen, dann erst sind wir oftmals bereit zu handeln.

Andererseits kennt jeder von uns das befreiende und erhebende Gefühl, die Erfahrung zu machen, bestimmten Aufgaben und Anforderungen gewachsen zu sein. Haben wir erst einmal damit begonnen, uns mit einem Problem auseinander zu setzen, nehmen wir ihm bereits den Wind aus den Segeln. Wir halten es in Zaum und es beginnt sich uns ein Lösungsweg zu offenbaren.

Aktiv, aus eigener Kraft an Dinge heranzugehen gibt ein Gefühl von Stärke. Ehrlich, aus sich selbst heraus Lösungen anzustreben, zeugt für die Fähigkeit, mit dem Leben zu korrespondieren. Wenn wir lernen, Dinge in Angriff zu nehmen, bevor sie für uns gefährlich werden und wir uns ihnen gegenüber verteidigen müssen, wird sehr viel mehr Frieden einkehren, mit Dingen umzugehen. Und nicht zuletzt werden wir friedlicher mit uns selbst umgehen.

Ich habe die Kraft,
Dinge in Angriff zu nehmen,
bevor sie mich angreifen ...

SEIN, WAS ICH BIN

einatmend die reine Luft oder
die Füße badend in einem kühlen Bach,

zurückgelehnt an einen Baum oder
die Flügel schwingend wie ein Vogel,

begrenzt wie ein Teich oder
weit wie das Meer,

geborgen wie ein Kind oder
frei wie der Wind,

traurig wie schwere Wolken oder
hell wie das Licht,

strahlend wie die Sonne oder
zornig wie der Sturm.

Könnt' ich nur sein,
wer ich bin ...

ICH HABE DIE KRAFT, DIE ALLES SCHAFFT

Ich habe die Kraft
- zum Leben, zum Geben, zum Sein,
- für mich, für dich, für uns und die Welt ...

Ich habe die Kraft
- für Liebe und Freiheit,
- für Freude und Glück
- und für alles, was mir gefällt ...

Ich habe die Kraft
- für den Tag und die Nacht,
- für Sommer und Winter,
- für ein »Ja« und ein »Nein« ...

Ich habe die Kraft
- zu sagen, was ich denke,
- und zu tun, was ich will,
- zu erkennen, was ich fühle,
- und frei zu sein ...

Ich habe die Kraft
- für Höhen und Tiefen,
- für ein Auf und ein Ab
- und für jede Menge Mut ...

Ich habe die Kraft,
- dem Leben zu vertrauen,
- auf mich selbst zu bauen
- und für ein »Alles wird gut« ...

Ich habe Kraft ...

EINEM STERN FOLGEN

Wie ein Stern

- so hell und leuchtend,
- so weit weg und doch so nah ...

- so geheimnisvoll und mystisch,
- so rätselhaft und doch so vertraut ...

- so still und leise,
- so fremd und doch so bekannt ...

- so beständig und unaufhörlich,
- nicht einfach nur so dann und wann ...

So sind meine Ziele und Ideale,
denen ich folgen kann.

Ich folge einem Stern ...

TRAUER UM MICH SELBST

»Manchmal glaube ich,
ich schaffe all das nicht mehr.«

Manch einer kennt die Angst, dem Leben und seinen alltäglichen Aufgaben nicht mehr gewachsen zu sein. Hinter diesem Gefühl des Ausgeliefertseins, der Schwäche oder der Unfähigkeit, das Leben zu bewältigen, verbirgt sich nicht selten eine Trauer – Trauer um uns selbst.

Anderen zu dienen, Befehlen zu folgen, zu geben, ohne zu nehmen, sich anzupassen, sich ruhig zu verhalten, einzustecken, ohne auszuteilen ... all dies sind Verhaltensweisen, die anderen Menschen Raum geben, sich auszubreiten – uns jedoch wird dieser Raum entzogen. Und während unsere Umgebung immer stärker und dominanter wird, erleben wir uns selbst mehr und mehr zurückgesetzt und eingeschränkt.

Hinter der Angst, das Leben nicht wirklich leben zu können, steckt häufig die unbewusste Erkenntnis, dass man so, wie man gerade lebt, das Leben eines Fremden führt. Es steckt die Angst dahinter, dass man dieses fremdbestimmte Leben nicht weiter führen kann und will. Dies würde aber bedeuten, dass langjährige Verhaltensmuster nun durchbrochen werden müssten, dass alte Beziehungen plötzlich unter neuem Licht zu betrachten wären. Ja es wäre nötig, mitunter »nein« zu sagen, selbst einmal etwas zu verlangen, ohne dafür eine Gegenleistung zu bieten, selbst etwas zu nehmen, ohne zu geben ... – letztlich neue Wege zu gehen, ein neues Leben zu leben, das eigene!

Nimm mir, Gott meine Angst
vor mir selbst und meinen Bedürfnissen.
Und gib mir auch die Kraft,
mich davon zu lösen,
es immer nur anderen recht zu machen ...

Das Leben lieben

Nicht immer bekommen wir vom Leben, was wir erwarten. Nicht immer erwarten wir vom Leben, was wir bekommen. Manchmal nimmt uns das Leben, was wir lieben. Manchmal gibt uns das Leben, was wir hassen. Oft verstehen wir die Lektionen des Lebens nicht, können nicht gleich nachvollziehen, was es damit bezwecken will. In manchen Dingen bleibt uns ein Leben lang der Sinn verwehrt.

Wenn wir harte Zeiten durchmachen, kann es nicht darauf ankommen, alles, was geschieht, zu verstehen und den vollen Sinn zu ergründen. Wir können fragen und fragen, um Antwort bitten und nach einer Lösung flehen – und werden vielleicht dennoch nicht verstehen. Wir können trauern und weinen, fluchen und schreien – und werden dennoch nicht verstehen.

Dennoch zu leben – vielleicht kommt es nur darauf an. Vielleicht erschließt sich uns die Antwort des Lebens erst, wenn wir es zurücklassen, im Tod. Vielleicht erfahren wir nie, warum, weshalb und wieso geschieht, was geschieht. Vielleicht aber wird gerade erst deswegen alles gut.

Gott, lass mich verstehen,
was es zu verstehen gibt.
Lass mich akzeptieren,
was es zu akzeptieren gibt.
Lass mich nehmen,
selbst wenn ich nicht verstehe ...

WIE DER BAUER AUF DEM SCHACHFELD

Wie der Bauer auf dem Schachfeld hin und her geschoben, versetzt, neu platziert, zurück und nach vorn, nach rechts und nach links, einem Spiel dienend – dem Spiel anderer. Ausgeliefert sein und das Schicksal in den Händen Fremder ...

Wir müssen uns nicht hin und her schieben lassen wie eine Schachfigur. Wir müssen nicht mitspielen in einem Spiel, das nicht das Unsere ist. Wir sind keine Marionetten. Wir leben. Wir leben! Wir sind echt und wir leben!

Wir haben Beine, um zu gehen, haben Hände, um zu handeln, haben einen Verstand, um zu denken. Vor allem haben wir ein Herz, das uns fühlen lässt, wenn etwas nicht in Ordnung ist. Wir haben eine Seele, die rebelliert, wenn wir sie verleugnen. Eine Seele, die in uns empfinden lässt – Freude oder Schmerz, Ohnmacht oder Kraft ... Wir haben es nicht nötig, uns als Skulptur ansehen und behandeln zu lassen. Wir haben es nicht nötig, im Schach-Matt zu enden. Wir sind Geschöpfe Gottes. Wir sind Form und Inhalt zugleich. Wir sind Mensch!

Tag für Tag gelingt es mir mehr und mehr,
mich aus falschen Spielen zu befreien.
Ich bin Mensch und ein Geschöpf Gottes –
geliebter Mensch ...

ICH WILL

»›Ich will!‹ Das Wort ist mächtig, spricht's einer ernst und still,
die Sterne reißt's vom Himmel, das eine Wort ›Ich will!‹«
F. HALM

Bekommen wir, was wir wollen, oder wollen wir, was wir bekommen? Im ersten Fall gehören wir jenen, die wissen, was sie wollen. Trifft allerdings der zweite Fall zu, sind wir wohl unsicher hinsichtlich unserer selbst und unserer Zielsetzung.

Zu wissen, was man will, und dabei sicher zu sein, dass das Angestrebte gut und richtig für uns ist, das ist das Eine. Das andere besteht darin, seinen Wunsch und sein Wollen anzumelden, laut zu sagen: »Ich will« – vor sich selbst und vor anderen – dies unterstreicht die Absicht, aus dem Wollen heraus einen konkreten Weg zur Wirklichkeit einzuschlagen. Die Worte »Ich will« drücken auf kurze, aber kräftige Weise aus, dass ein Mensch bereit ist, für sich selbst einzutreten.

Stellen Sie sicher, was Sie wollen. Wenn Sie wissen, was Sie wollen, trauen Sie sich, dies von ganzem Herzen zu erwarten. Vertrauen Sie darauf, dass Ihnen gegeben wird, was Ihnen entspricht – auf ganz natürliche Weise, zum richtigen Zeitpunkt, am richtigen Ort. Planen Sie, aber lösen Sie sich, wenn nötig, wieder los von Ihrem ursprünglichen Plan. Nehmen Sie an, was kommt. Alles wird gut!

Ich will ...

MANCHMAL HABE ICH ANGST

Manchmal möchte ich sterben, aus Angst vor dem Leben.
Manchmal möchte ich leben, aus Angst vor dem Tod.

Manchmal möchte ich alles, aus Angst vor dem Nichts.
Manchmal möchte ich nichts, aus Angst vor dem Alles.

Manchmal möchte ich gehen, aus Angst vor dem Bleiben.
Manchmal möchte ich bleiben, aus Angst vor dem Gehen.

Manchmal möchte ich nach außen, aus Angst vor dem Innen.
Manchmal möchte ich nach innen, aus Angst vor dem Außen.

Manchmal möchte ich werden, aus Angst vor dem Sein.
Manchmal möchte ich sein, aus Angst vor dem Werden.

Manchmal habe ich Angst.
Manchmal habe ich Angst.

Lass, Gott, mich meine Angst annehmen.
Lass mich Freundschaft schließen mit ihr.
Lass mich mich von ihr verabschieden.
Lass mich sie los- und gehen lassen ...

VERÄNDERUNG BRAUCHT ZEIT

Manchmal wollen wir uns verändern; manchmal müssen wir uns verändern. Während sich die eine Veränderung relativ rasch vollzieht, lässt die andere auf sich warten. Jede Veränderung braucht Zeit – ihre Zeit.

Wenn wir gewisse Dinge nicht erwarten können, wenn wir versuchen, Vorgänge zu beschleunigen oder Entscheidungen treffen, bevor sie ausgereift sind, führt dies in den wenigsten Fällen zum gewünschten Ziel. Gleichermaßen werden Verhaltensweisen wie das Vermeiden, Abwehren, Verleugnen oder der Rückzug nicht bewirken, was wir uns wünschen.

Veränderung braucht Zeit, den richtigen Zeitraum und Zeitpunkt. Sie braucht ebenso ein offenes Ohr. Nur in Ruhe und auf die natürliche Entwicklung vertrauend können wir aus uns selbst heraus vernehmen, was der nächste Schritt in unserem Leben sein möchte, was als Nächstes zu tun ist. Müssen wir vorwärts, geradeaus, noch einmal einen Schritt zurück, erst einmal stehen bleiben – was auch immer ... Wenn wir uns die Zeit nehmen für uns selbst und was sich in uns entwickeln will, ohne künstliches Beschleunigen und ohne zu betäuben, kommen wir – nicht zu früh und nicht zu spät – genau pünktlich ans Ziel, an unser Ziel.

Achtsam reifen lassen, was wachsen will –
Dann kommt es zum rechten Zeitpunkt –
Was zu tun ist, werde ich tun.
Was zu unterlassen ist, werde ich unterlassen –
gelassen und achtsam ...

MIR FREI NEHMEN

Wie oft fühle ich mich in Gedanken an irgendein Problem gebunden! Wie oft sperre ich mich ein in mein selbst gemachtes Gefängnis von Schuldgefühlen, Wut oder Aggression! Viel zu oft mache ich mich abhängig von Konflikten und Krisen, bin unterworfener Leibeigener, lebe ein fremdes Leben und spiele ein falsches Spiel. Nicht wenige sind eingebunden in Abhängigkeit, erleben sich kontrolliert. Andere leiden an ihren eigenen, erstarrten Verhaltensmustern und sehen den Ausweg nicht.

Wenn wir noch nicht so weit sind, uns gänzlich zu befreien von dem, was uns schadet, gibt es doch jederzeit die kleinen Schritte im Vorfeld: Wir könnten Mittel und Wege erkunden, uns gezielt von unserem Konfliktmilieu zu distanzieren – gedanklich zumindest, etwa mittels der Vorstellung: Wer wäre ich ohne mein Konfliktmilieu ...? Wir könnten – zumindest gedanklich – uns in einen gesunden Abstand begeben und der Wirkkraft eines solchen Gedankens vertrauen.

Haben wir eine Sache – zumindest gedanklich – erst einmal aus der Ferne oder von einem anderen Standpunkt aus betrachten können, entwickelt sich insgeheim ein anderer Blick, der mit anderen Augen und einer neuen Sicht an die Dinge herangeht, die zuvor unlösbar schienen. Machen wir so die Erfahrung, dass wir in der Lage sind, uns – zumindest gedanklich – in eine heilsame Sphäre zu versetzen, werden wir spüren, welch konstruktive Kraft allein darin wohnt.

Je mehr es dann gelingt, ganz bewusst und für bestimmte Zeit uns frei zu nehmen von dem, was uns bedrückt, desto eher öffnet sich die Tür, uns zu anderer Zeit mit demselben in kreativer Weise auseinander zu setzen. In dem Maße, wie wir lernen, Altem ein »Nein« zu sagen, kann ein »Ja« zu Neuem Kraft bekommen.

Wie auch immer –
wenn ich es für richtig halte,
nehme ich mir frei davon ...

DIE BEDÜRFNISSE UNSERES INNEREN KINDES BEACHTEN

Wir sind erwachsen, eine Binsenweisheit. Zumindest glauben wir das. Vom Alter und unserem äußeren Erscheinungsbild her sind wir erwachsen; doch unser Inneres sieht das nicht selten anders. Da sind wir mit unserer Kindheit noch weit mehr verbunden, als wir meist ahnen.

Damals – noch Kind – waren wir abhängig von unserer Umwelt. Wir brauchten die positive Zuwendung von außen, um leben und erwachsen werden zu können. Besonders angenehm war es, wenn das eine oder andere Verlangen auf besonders liebevolle Weise befriedigt wurde. So machte z. B. das Hören von Märchen das Zu-Bett-Gehen viel angenehmer, weil sie von der Mutter oder dem Vater vorgelesen wurden und wir ihre Nähe spürten. Oder das Schmücken des Weihnachtsbaumes kündigte Geschenke an und ein gemeinschaftliches Fest in der Familie. So haben wir gelernt, das Eine zu fordern (etwa die Gute-Nacht-Geschichte), um gleichzeitig auch das andere – das eigentlich Gewollte – zu bekommen (etwa die Nähe der Mutter). So haben Bedürfnisse meist mehrfache Bedeutung. Wie wir nicht allein deshalb essen und trinken, um nicht zu verhungern oder zu verdursten, so steckt auch in vielen anderen Wünschen ein Streben nach Geborgenheit, nicht selten nach vertraut kindlicher Geborgenheit. Wenn z. B. ein Vater seinem 10-jährigen Sohn zu Weihnachten eine Eisenbahn schenkt, dann geschieht dies manchmal nicht ohne eigenes Interesse. Da soll das »äußere« Kind ein Geschenk stellvertretend erhalten, das für das »innere« Kind einst unerfüllt blieb. Sobald wir mit Tätigkeiten oder Träumen in Kontakt treten, von denen wir als Kind fasziniert waren, erschließt sich uns ein ganz vertrauter und zutiefst uns innewohnender Raum unserer selbst.

Wie vertraut sind mir die Bedürfnisse
meines inneren Kindes ...?

WEIHNACHTEN RÜCKT NÄHER

»Ein Kind ist geboren,
irgendwo, irgendwann …
Meine Mutter starb im Krankenhaus,
letztes Jahr, kurz vor Weihnachten.«

Weihnachten,
–   das Fest der Liebe und der Freude …

Menschen hungern.
Menschen sterben.
Menschen weinen.
Menschen töten.
Menschen streiten.
Menschen leiden
–   am Fest der Liebe und der Freude …

Hilf mir, Gott,
dass auch ich meinen Stern erkenne,
dass auch mir sich eine Unterkunft ergibt,
dass auch ich gebären kann, was ich in mir trage,
dass auch ich gebettet bin in einer kalten Nacht …

WUNSCH UND HOFFNUNG

»Wunsch und Hoffen ertranken,
glatt liegen Seele und Meer.«

FRIEDRICH NIETZSCHE: DIE SONNE SINKT

Wenn Wunsch und Hoffen ertranken, dann entweder weil wir vor lauter Wunscherfüllung nichts mehr zu wünschen haben, weil nichts mehr offen und alles erfüllt ist. Oder aber – und das ist wahrscheinlicher – weil wir vom Leben tief verletzt und enttäuscht sind, was die Erfüllung unserer Wünsche betrifft. Wenn wir immer wieder erhielten, was wir nicht wollten, wenn wir verloren, was wir mochten, wenn wir nicht los wurden, was uns belastete, oder nicht bekamen, was wir uns wünschten, kann dies dazu geführt haben, dass wir irgendwann damit begannen, immer weniger zu hoffen.

Zu leben ohne Wunsch und Hoffnung kann im Sinne des Buddhismus – wenn es aus einer bewussten Zielsetzung heraus entsteht –, die weiseste und reinste Form des Daseins überhaupt bedeuten. Wenn wir allerdings aufhören zu hoffen aufgrund der Frustrationen der Vergangenheit, weil wir uns schützen wollen vor weiteren Schmerzen oder aus dem Gefühl heraus, eh nichts Gutes verdient zu haben, ist dies ein Zeichen tiefer Verletzung.

Wir sollten uns nicht scheuen, unsere Wunden und Narben zu betrachten. Sollten versuchen, Freundschaft zu schließen mit dem, was war. Vielleicht ist es dann möglich, im Nachhinein zu erkennen, warum geschah, wie es geschah. Sollten uns aufraffen loszulassen, all das, was wir hergeben mussten, und zuzulassen, was wir gehalten sind anzunehmen. Sollten uns vor allem wieder entschließen zu hoffen.

Ich wünsche
und hoffe ...

RUHE UND STILLE

Wenn ich in diesen Tagen durch die Straßen gehe, um etwas Ruhe und Stille von der »besinnlichsten und stillsten Zeit des Jahres« in mich aufzunehmen, habe ich Pech. Ruhe und Stille – sie gehören schon lange nicht mehr zur Weihnachtszeit. Viel zu sehr bin ich umgeben von Geräuschen, grellen Farben und einer Flut von Gegenständen. Viel zu unbedacht lasse ich mich berieseln von den endlosen Programmen, die allerorts und jeder Zeit geboten werden. Viel zu dominant erscheint das Außen zu sein, als dass ich mich noch meinem Inneren widmen wollte.

All das nehme ich in Kauf, obwohl ich weiß, dass Ruhe und Stille nur in mir selbst zu Hause sein können. Ruhe und Stille, in der ich Abstand nehme vom Gestern und Morgen. Ruhe und Stille, in der nur der Augenblick wichtig ist. Ruhe und Stille, die so viel heilsamer ist als jeder Ton und jedes Bild von außen – ein Gefühl des Geborgenseins, entstanden in mir selbst ...

Ich kann mich anlehnen an die Erfahrung, bei mir selbst in guten Händen zu sein. Bevor dieses Erleben der Ruhe und Stille in mir möglich wird, braucht es, dass ich für Augenblicke Abschied nehme von all dem mächtigen Außen ...

Dann erst wird sich allmählich eine Ruhe und Stille einstellen, die mir in der Hektik dieser Tage sonst versagt bleibt.

Ruhe und Stille –
in mir selbst ...

GESCHENKE, DIE WIR BEKOMMEN –
NICHT NUR ZU WEIHNACHTEN

Mal abgesehen von der wunderbaren biblischen Geschichte, die Mitte dieses Festes der Weihnacht ist – als wir noch Kinder waren, waren es vor allem die Geschenke, die uns beeindruckten. Noch heute kreist dieses Fest um Geschenke; man mag es beklagen oder nicht. Nicht zu beklagen und ganz am Weihnachtsgeheimnis ist es, wenn es nicht nur um materielle Dinge geht, sondern auch die Menschenseele beschenkt wird mit Zeit und Aufmerksamkeit.

Wenn das Leben seine Gaben verteilt, können wir darauf vertrauen, dass es genau weiß, was wir brauchen. Ein Stern am Himmel beleuchtet unseren Weg und die nächsten Schritte und beschenkt uns mit seinen Wegzeichen. Wir können darauf vertrauen, dass wir mit jedem Geschenk – ob es auf unserem Wunschzettel steht oder nicht – vorbereitet und gerüstet werden auf das hin, was auf uns zukommt.

Wenn das Leben uns beschenkt, dann ist es – wie am weihnachtlichen Gabentisch. Es wartet wie der Schenkende darauf, dass ich das Geschenk auspacke, weil es verschmitzt, wie es ist, sehen will, was ich für Augen mache. Hinter all den schönen Schachteln und Tüten steckt der wahre Gehalt. Hinter der Aufmachung und dem ersten Eindruck können wir erst im Laufe der Zeit den Sinn der jeweiligen Geschenke erkennen.

Ich öffne (mich
für) die Geschenke des Lebens ...

FEIERTAGE ODER TRAUERTAGE?

Feiertage – freie Tage, sie sind dazu bestimmt, dass wir loslassen: die Arbeitshektik, den Stress und den Druck des Alltags. Feiertage sind dazu da, um zur Ruhe zu kommen, die Auszeit zu genießen und gemeinsam mit lieben Freunden oder der Familie ein Fest zu feiern, das Leben als Fest.

Für viele sind Feiertage jedoch genau das Gegenteil. Da sind Feiertage zu Trauertagen geworden. Tage, die noch mehr als gewöhnliche Arbeitstage verpflichten. Die noch mehr Stress und Druck bewirken als die vertrauten Arbeitstage, die zur Gewohnheit geworden sind. Da werden Feiertage – aus welchen Gründen auch immer – mit Menschen »verbracht«, mit denen es eigentlich nichts zu feiern gibt. Man lässt sich ein auf alljährliche »Rituale«, die mit uns und unserem Bedürfnis nach friedvoller Auszeit und Feiern nicht das Geringste zu tun haben.

Vielleicht wäre es an der Zeit, echte Rituale zu finden, den Stall aufzuräumen, dem Kind in der Krippe, auch dem Kind in jedem der Anwesenden eine Stimme zu geben: ob es friert, was es braucht, was es uns sagen will, was es dir und dir und mir sagen möchte ...

Feiertage oder Trauertage ...?
Wenn es nur meine Tage sind
und die all derer, die ich liebe ...

DEN NAGEL AUF DEN KOPF TREFFEN

Warum nicht sagen, was wir denken, was wir wollen? Warum nicht klar, direkt und offen unser Leben leben und sein, was wir sind? Warum nicht?

Manchmal können wir uns einreden, dass wir andere schonen und behutsam behandeln wollen. Dann wiederum glauben wir, dass wir uns selbst nichts Gutes damit täten, würden wir unserer Mitwelt konsequenter, wahrhaftiger begegnen. So oder so – mit dem Hammer in die Luft zu schlagen macht wenig Sinn!

Wir sollten damit aufhören, uns ständig auf faule Kompromisse einzulassen oder falscher Diplomatie anzuhängen. Wir sollten damit aufhören, unsere Gefühle und Gedanken zu verleugnen. Wir haben die Kraft, endlich Eigenverantwortung in unsere Lebensführung zu bringen. Und je mehr Stimmigkeit wir in unseren Worten und Taten wagen, desto befriedeter und glücklicher wird uns unser Leben erscheinen – drinnen sicher, draußen womöglich weniger ... Aber worauf kommt es denn letztlich an?

Meist macht es Sinn, den Nagel auf den Kopf zu treffen!

Ich treffe den Nagel
auf den Kopf –
aus meiner Mitte heraus ...

MENSCHEN, DIE UNS BEGLEITEN

»Zeige mir die Begleiter deines Lebens,
und ich sage dir, wer du bist.«

Was ist mit uns? Eine Frage, die wir uns oft stellen. Zurecht, schließlich verbringen wir alle Zeit unseres Lebens mit uns selbst. Was ist dann mit unseren Mitmenschen? Was ist mit unseren Freunden, Angehörigen, Arbeitskollegen – mit den Menschen, die uns begleiten? Wie steht es um unsere Weggefährten? Welche Hoffnungen haben sie? Was haben sie für Ängste? Was haben sie, was wir haben? Was haben sie, was wir nicht haben? Worin sind wir uns ähnlich, worin unterscheiden wir uns?

Die Gefährten unseres Lebens haben sehr viel mit uns zu tun. Sie gehen nicht umsonst mit uns ein Stück gemeinsamen Weges. Manche sind in vielem uns ähnlich, haben ähnliche Ziele und handeln nach ähnlichen Motiven. Andere wiederum sind Vertreter jener Eigenschaften und Handlungsweisen, die oberflächlich gesehen nicht zu unserem Repertoire gehören. Verhaltensweisen vielleicht, die wir an uns selbst bekämpfen, unterdrücken, möglicherweise vermissen – die aber dennoch oder gerade deshalb latent in uns vorhanden sind.

Wenn wir herausfinden, in Begleitung welcher Menschen wir uns wohl oder unwohl fühlen, können wir viel über uns selbst erfahren. In der Regel schätzen wir an anderen genau jene Eigenschaften, die wir auch an uns selbst als gut bewerten. Eigenschaften hingegen, die wir an anderen abwerten, weisen darauf hin, wo wir selbst Probleme oder Defizite haben, wo eine Haltung oder Einstellung verändert oder korrigiert werden möchte. An Menschen, die uns begleiten, erkennen wir unsere eigene Position im Leben, erkennen wir, wo wir stehen. Letztendlich sind sie ein perfektes Spiegelbild für uns.

Die Menschen meines Lebens
zeigen mir ...

ECHT SEIN

»Es kostet Kraft, sehr viel Kraft,
eine Rolle zu spielen.«

Warum spielen wir eine Rolle, viele Rollen, weshalb sind bereit, von einer Rolle in die andere zu schlüpfen? Warum versuchen wir, dann und wann etwas darzustellen, etwas Äußerliches in Szene zu setzen, was wir innerlich gar nicht sind? Warum nehmen wir in Kauf, das, was wir sind, zu verleugnen, um für das, was wir nicht sind, als o. k. bewertet zu werden, auch wenn wir selbst uns dabei nur noch k. o. fühlen können? Warum täuschen, beschwindeln, machen wir unserer Mitwelt und letztlich auch uns selbst etwas vor?

Die Antwort ist klar: aus Angst und Unsicherheit. Wir sind angreifbar und befangen, was uns selbst betrifft. Vielleicht haben wir als Kind zu wenig Lob und Bestätigung erhalten. Möglicherweise gab man uns das Gefühl, nicht wichtig, nicht richtig zu sein. Oder wir mussten uns Anerkennung stets erarbeiten durch das, was und wie wir etwas sagten, taten ..., auch wenn dies nicht im Geringsten damit zu tun hatte, was wir wirklich sagten, taten, wollten.

Die Zeiten sind vorbei, in denen ich hilflos wie ein kleines Kind um die Gunst einer mir überlegenen Umwelt zu kämpfen hatte. Die Zeiten liegen hinter mir, in denen ich meinen Selbstwert von äußeren Bedingungen oder anderen Menschen abhängig machen musste. Ich weiß und habe längst durchschaut, was hinter all dem steckt. Ich bin frei ...

Echt sein
und frei ...

ZEIT HABEN FÜRS LEBEN

»Ich wünsche dir nicht alle möglichen Gaben.
Ich wünsche dir nur, was die meisten nicht haben ...

Ich wünsche dir Zeit für dein Tun und dein Denken,
nicht nur für dich selbst, sondern auch zum Verschenken ...

Ich wünsche dir Zeit – nicht nur so zum Vertreiben.
Ich wünsche, sie möge dir übrig bleiben ...

Ich wünsche dir Zeit, nach den Sternen zu greifen,
und Zeit, um zu wachsen, das heißt, um zu reifen ...

Ich wünsche dir Zeit, zu dir selber zu finden,
jeden Tag, jede Stunde als Glück zu empfinden ...«
DEUTSCHES GEDICHT – AUTOR UNBEKANNT

Menschen leben in einer Zeiteinteilung von Jahrtausend, Jahrhundert, Jahrzehnt, Jahr, Monat, Woche, Tag, Stunde, Minute und Sekunde. Als moderne Menschen fürchten wir, die Zeit laufe uns davon. Wir glauben, wir müssten noch schneller laufen, um sie einzuholen oder sie gar zu überholen. Das geht nicht.

Haben wir mal Zeit, dann müssen wir sie uns um die Ohren schlagen oder aber die Zeit gar vertreiben.

Jeder Tag unseres Lebens schenkt uns 24 Stunden. Das sind 1 440 Minuten oder 86 400 Sekunden. Genug Zeit – so müsste man glauben, um Zeit zu haben zum Leben ...

Ich habe Zeit genug,
mein Leben zu leben ...

OFFENE WÜNSCHE ALS ZEICHEN DER LEBENDIGKEIT

»Eher fließt die gelbe Welle
von der Mündung zu der Quelle,
eh mein Herz ein Nichts begehrt.«
LI-TAI-PO: AUF DEM GELBEN FLUSS
[M. FLEISCHER]

Vielleicht fragen wir uns – gerade am Jahresende – wie es mit unserem Leben weitergehen soll. Was möchten wir verabschieden? Was möchten wir erreichen? Was soll bleiben, wie es ist? Was muss sich ändern?

Solange wir fragend unser Leben betrachten, befinden wir uns in Kommunikation mit uns selbst und kommen wir in Berührung mit unserer Quelle und dem großen Lebensfluss, von dem wir ein Teil sind. Wir erkennen die Dynamik, die hinter allem steckt und werden bereit für anstehende, vielleicht Not wendende Veränderungen. Begehren stellen sich ein, die unserer Persönlichkeit und unserem Wesen entsprechen.

Dinge zu begehren macht deutlich, dass wir mit dem Leben noch einige Rechnungen offen haben. Es zeigt, dass wir immer noch offen sind für bestimmte Veränderungen, unabhängig von bereits gelebten Lebensjahren.

Solange wir hoffen, befinden wir uns im Fluss mit dem Leben. Solange wir hoffen, erhalten wir Gründe zu leben. Solange wir hoffen, leben wir.

Ich lebe –
und ich hoffe –
alles wird gut ...

WIEDER EIN JAHR

Wieder ein Jahr –

ein Jahr,
– das ich geschafft habe,
– oder ein Jahr, welches mich geschafft hat?

ein Jahr,
– das viel zu schnell zu Ende ging,
– oder ein Jahr, welches endlich vorbei geht?

ein Jahr,
– das mir gegeben hat,
– oder ein Jahr, welches mir nahm?

ein Jahr,
– in welchem ich vieles gemacht habe,
– oder ein Jahr, das auch aus mir etwas gemacht hat?

ein Jahr,
– wie kein anderes
– und Teil meines Lebens.

Auch das vergangene Jahr
ist Teil meines Lebens –
ich nehme es an
und schließe Frieden mit ihm ....

GUTE GEDANKEN FÜR JEDEN TAG

Anselm Grün, MIT HERZ UND ALLEN SINNEN
EIN JAHRESLESEBUCH

Texte von Anselm Grün für jeden Tag. Eine Quelle der Inspiration, zugleich ein moderner Seelenführer zu einem Leben aus ganzem Herzen und mit allen Sinnen.
400 Seiten mit 12 Abbildungen, Halbleinen mit Lesebändchen
ISBN 3-451-26793-4

Phil Bosmans, LEBEN JEDEN TAG
EIN JAHRESLESEBUCH

Kurze, prägnante Texte für jeden Tag. Hier zeigt sich die Kunst von Phil Bosmans, mit Menschen ins Gespräch zu kommen, sie voller Sympathie und Humor unmittelbar anzusprechen.
400 Seiten mit 12 Abbildungen, Halbleinen mit Lesebändchen
ISBN 3-451-26715-2

Anton Rotzetter, WO AUF ERDEN DER HIMMEL BEGINNT
EIN JAHRESLESEBUCH

Die Texte dieses Lesebuches begleiten durch das ganze Jahr und inspirieren zu einem christlichen Leben, in dem sich der Himmel auf Erden zeigt.
400 Seiten mit 12 Abbildungen, Halbleinen mit Lesebändchen
ISBN 3-451-27590-2

Erhältlich in jeder Buchhandlung!

HERDER

WEISHEIT FÜR KOPF UND HERZ

Anthony de Mello, WAS WEISS DER FROSCH VOM OZEAN
WEISHEIT FÜR KOPF UND HERZ

Neue Weisheitsgeschichten und Parabeln: Das Buch erschließt die
ergiebigsten Quellen in Anthony de Mellos Schrifttum. Eine Einführung
durch William Dych, einem engen Freund des spirituellen Meisters,
bereitet dazu den Weg. »Die Texte dieses Buches lassen de Mellos Herz
spüren« (Megan McKenna).
192 Seiten, Pappband – ISBN 3-451-27595-3

Anthony de Mello, GESCHICHTEN, DIE GUT TUN
WEISHEIT FÜR JEDEN TAG

Das liebevoll gestaltete Lesebuch versammelt die 365 schönsten Weisheitsgeschichten von Anthony de Mello und begleitet tiefgründig und
heiter durch das Jahr. Gelassenheit und Inspiration für jeden Tag.
256 Seiten, Halbleinen – ISBN 3-451-27348-9

Anthony de Mello, DER SPRINGENDE PUNKT
WACH WERDEN UND GLÜCKLICH SEIN

Eine unkonventionelle Anleitung zu einem Leben frei von Zwängen, frei
von Enttäuschungen, frei von Ängsten. Wer den Mut hat, sich darauf
einzulassen, wird es erleben. Ein Buch, das Spaß macht und die Tiefe
des Lebens auslotet!

224 Seiten, Halbleinen – ISBN 3-451-27323-3

Erhältlich in jeder Buchhandlung!

HERDER

GEFÜHLE UND GEDANKEN

Andrea Schwarz, ICH MAG GÄNSEBLÜMCHEN
UNAUFDRINGLICHE GEDANKEN

Der absolute Bestseller von Andrea Schwarz. Das Geheimnis dieser kurzen, einfachen Texte ist das Gänseblümchen: Aus dem Alltag heraus und für den Alltag schreibt die Erfolgsautorin eben unaufdringliche Gedanken, die zu lesen oder zu hören einfach gut tun.
96 Seiten, Halbleinen – ISBN 3-451-27364-0

Andrea Schwarz, KLEINE DRACHEN SIND EBEN SO
DIE MÄRCHEN VOM DRACHEN HAB-MICH-LIEB UND SEINEN FREUNDEN

Selbstfindung und Angenommensein, das sind die zentralen Themen der Geschichten um den kleinen Drachen »Hab-mich-lieb.«
160 Seiten, Halbleinen mit Lesebändchen – ISBN 3-451-26460-9

Andrea Schwarz, BUNTER FADEN ZÄRTLICHKEIT

»Diese Momentaufnahmen aus dem Leben von Andrea Schwarz eignen sich hervorragend dazu, die eigenen Gefühle nachzuprüfen, um sich selbst richtig zu sehen. Ein lesens- und bedenkenswertes Buch«. *(Das neue Buch)*
96 Seiten, Halbleinen – ISBN 3-451-27290-3

Andrea Schwarz, MICH ZART BERÜHREN LASSEN VON DIR
EIN HOHES LIED DER LIEBE

Über Poesie findet Andrea Schwarz einen neuen, spirituellen Zugang zum Hohen Lied.
96 Seiten, Halbleinen – ISBN 3-451-26961-9

Erhältlich in jeder Buchhandlung!

HERDER

DIE »KULTBÜCHER« VON PHIL BOSMANS:
JETZT VÖLLIG ÜBERARBEITET UND NEU GESTALTET

VERGISS DIE FREUDE NICHT
ISBN 3-451-27591-0

BLUMEN DES GLÜCKS MUSST DU SELBST PFLANZEN
ISBN 3-451-27592-9

LIEBE WIRKT TÄGLICH WUNDER
ISBN 3-451-27686-0

JA ZUM LEBEN
ISBN 3-451-27687-9

Je Band: 96 Seiten mit vielen Farbbildern, Pappband

Eine stille Revolution: die Buchfolge von Phil Bosmans - seit 25 Jahren wächst die Zahl seiner Leserinnen und Leser: weil das, was er schreibt, immer aktuell ist.
Existentielle Fragen sind es, die Bosmans beantwortet: gelassen und optimistisch, zärtlich und klar – einfach überzeugend.

Erhältlich in jeder Buchhandlung!

HERDER